ELITES, DEMOCRACIA E POLÍTICA LOCAL
A eleição da classe política
nos municípios da Bahia (1988-2016)

Proibida a reprodução total ou parcial em qualquer mídia
sem a autorização escrita da editora.
Os infratores estão sujeitos às penas da lei.

A Editora não é responsável pelo conteúdo deste livro.
O Organizador e os Autores conhecem os fatos narrados, pelos quais são responsáveis,
assim como se responsabilizam pelos juízos emitidos.

Consulte nosso catálogo completo e últimos lançamentos em **www.editoracontexto.com.br**.

ELITES, DEMOCRACIA E POLÍTICA LOCAL
A eleição da classe política nos municípios da Bahia (1988-2016)

Giuseppe Federico Benedini
(Organizador)

Copyright © 2020 do Organizador

Todos os direitos desta edição reservados à
Editora Contexto (Editora Pinsky Ltda.)

Montagem de capa e diagramação
Gustavo S. Vilas Boas

Preparação de textos
Lilian Aquino

Revisão
Daniela Marini Iwamoto

Dados Internacionais de Catalogação na Publicação (CIP)

Elites, democracia e política local : a eleição da classe política nos municípios da Bahia (1988-2016) / Roseane Alves dos Santos...[et al.] ; organizado por Giuseppe Federico Benedini. – São Paulo : Contexto, 2020.
224 p.

Bibliografia
ISBN 978-65-5541-003-7

1. Ciência política 2. Política e governo 3. Bahia – Eleições 4. Bahia – Políticos I. Santos, Roseane Alves II. Benedini, Giuseppe Federico

20-2921   CDD 320.918142

Angélica Ilacqua CRB-8/7057

Índice para catálogo sistemático:
1. Política e governo : Bahia

2020

Editora Contexto
Diretor editorial: *Jaime Pinsky*

Rua Dr. José Elias, 520 – Alto da Lapa
05083-030 – São Paulo – SP
PABX: (11) 3832 5838
contexto@editoracontexto.com.br
www.editoracontexto.com.br

"Pense num absurdo, na Bahia tem precedente."
Octávio Mangabeira

AGRADECIMENTOS
Gostaríamos de agradecer, por sua preciosa ajuda:
– à Profa. Dra. Daniela Ressurreição Mascarenhas Benedini;
– ao Prof. Dr. Grégoire Van Havre;
– aos diretores do Departamento de Ciências Humanas, campus v – Santo Antônio de Jesus, da Universidade do Estado da Bahia: Profa. Me. Cláudia Pereira de Sousa, Profa. Me. Maria Izabel Freitas Santos de Matos e Prof. Dr. João Evangelista do Nascimento Neto;
– aos colegas: Prof. Me. Vinícius Sales do Nascimento França, Prof. Dra. Edinelia Maria de Oliveira Souza e Prof. Dr. Edinaldo Antônio de Oliveira Souza;
– aos depoentes e às demais pessoas que colaboraram para a realização deste livro.

SUMÁRIO

INTRODUÇÃO 9

A PARTICIPAÇÃO DAS MULHERES
NOS PROCESSOS ELEITORAIS
DO MUNICÍPIO DE BOQUIRA 31
Luciana Silva Sousa

PODER LOCAL E CLIENTELISMO POLÍTICO:
A EXPERIÊNCIA ELEITORAL
NO MUNICÍPIO DE DOM MACEDO COSTA 53
Jeovanio Alves Moreira

POLÍTICA LOCAL NO MUNICÍPIO DE LAJE:
A HEGEMONIA DO "25"
E O MITO DA FAMÍLIA ALMEIDA 77
Roseane Alves dos Santos

O CARISMA E O EXERCÍCIO DA DEMOCRACIA
NO MUNICÍPIO DE MUNIZ FERREIRA 115
Taize dos Reis Souza

HEGEMONIA POLÍTICA:
O LEGADO DO PARTIDO DOS TRABALHADORES
NO MUNICÍPIO DE MUTUÍPE   141
Jamire Borges Santos

AS ELEIÇÕES NO MUNICÍPIO DE TAPEROÁ:
DESDE A DEMOCRATIZAÇÃO AOS NOSSOS DIAS   165
Milane Santos Rocha

A ELEIÇÃO DA CLASSE POLÍTICA
NOS MUNICÍPIOS DA BAHIA: UMA AMOSTRAGEM   181
Giuseppe Federico Benedini

APÊNDICE   209

REFERÊNCIAS   211

OS AUTORES   221

INTRODUÇÃO

A presente coletânea foi elaborada pelo grupo de pesquisa denominado "Elites, Democracia e Política Local" e contém os trabalhos de seis jovens licenciados em História pela Universidade do Estado da Bahia (DCH V – Santo Antônio de Jesus), que já haviam participado, na qualidade de bolsistas, do Programa de Iniciação Científica da Uneb, entre os anos de 2013 e 2016. Portanto, cada um dos primeiros seis capítulos que constituem este estudo, dedicado à política local no estado da Bahia, é oriundo de uma experiência individual, conduzida pelo pesquisador no próprio município de origem, mas baseada em uma metodologia que foi elaborada em conjunto, sob minha supervisão. Todas as pesquisas estruturaram-se a partir de três momentos fundamentais. Inicialmente foi realizado um levantamento dos dados relevantes e quantificáveis (nome, sobrenome,

nome na urna, sexo, cor da pele, naturalidade, data de nascimento, idade quando eleito, grau de escolaridade, ocupação profissional, residência, religião, eventual parentesco com outros políticos locais, partido de filiação, coligação de apoio e número de votos obtidos) referentes a 48 mandatos de prefeito, 47 de vice-prefeito e 482 de vereador, eleitos entre 1988 e 2016 nos seguintes municípios do interior do estado: Boquira, Dom Macedo Costa, Laje, Muniz Ferreira, Mutuípe e Taperoá. Em seguida, buscaram-se novos indícios relacionados à trajetória pública desses políticos locais, recorrendo às evidências disponíveis no site do Supremo Tribunal Eleitoral, nos arquivos dos fóruns e das câmaras municipais, nos jornais de difusão estadual e na memorialística produzida *in loco*; tais informações foram complementadas por meio de entrevistas com os próprios políticos e com outros eleitores das seis cidades. Finalmente, concluída a fase da coleta dos dados e sistematizados os mesmos em quadros sintéticos, gráficos e tabelas, procedeu-se ao momento analítico propriamente dito, a partir do qual cada um dos pesquisadores formulou uma hipótese acerca das características da elite política do próprio município. Foi, assim, abordada toda uma série de questões, a saber: o papel das lideranças carismáticas em nível local e sua relação com as classes dirigentes tradicionais; o peso eleitoral de coligações e partidos políticos, sua durabilidade e sua evolução no tempo; o significado que o conceito de "hegemonia política" pode revestir em nível municipal; a utilização de práticas demagógicas de tipo populista na construção do consenso eleitoral; o espaço que mulheres, negros e cristãos protestantes ocuparam nas elites políticas locais e a importância que certas figuras profissionais, em detrimento de outras, têm na conformação das mesmas etc. Note-se que o procedimento adotado pelo nosso grupo de pesquisa foi de tipo indutivo, alicerçado sobre um método que não teve outra função além de permitir o confronto entre as informações obtidas em campo e nos arquivos. Estamos, de fato, convencidos de que há de se ter muito cuidado, particularmente no domínio da Ciência Política, ao começar um estudo pela reflexão teórica ao invés de começar pela apreciação dos dados empíricos, sobretudo se nele estiverem envolvidos jovens com pouca experiência de pesquisa. Os riscos para estes, mesmo que bem orientados, é que fiquem desalentados pela distância existente entre as teses que foram elaboradas em outros âmbitos espaciais e temporais e o próprio objeto de estudo ou, ao contrário, que aceitem tais teorias de maneira acrítica, como postulados necessários para interpretar a realidade. Com isso não quisemos diminuir a importância de uma sólida preparação teórica, mas preferimos aconselhar os nossos pesquisadores a se dedicar à literatura específica somente após ter completado o levantamento e a análise dos dados quantitativos. Foi assim que eles conseguiram identificar aspectos da classe dirigente municipal que não somente suscitaram seu interesse, mas sobre os quais dispunham, ao mesmo tempo, de informações suficientes para formular hipóteses cientificamente verificáveis. Resta saber se tais hipóteses podem ser generalizáveis em outros contextos e, para isso, no capítulo de minha autoria que encerra o volume, tentei sintetizar os dados das pesquisas individuais em uma espécie de perfil estatístico das elites políticas das seis localidades. Assim, aplicando a mesma metodologia a novos estudos de caso, conduzidos por pesquisadores diferentes e em outras prefeituras, será possível confirmar ou desmentir as conclusões às quais chegamos.

POR QUE UM ESTUDO QUANTITATIVO SOBRE A POLÍTICA LOCAL NO BRASIL?

Os estudos sobre as eleições municipais se encontram hoje em franco desenvolvimento, constituindo uma das linhas de pesquisa mais promissoras da Ciência Política brasileira. Uma das razões que levaram cientistas humanos e sociais, sobretudo a partir de 1988, a prestar maior atenção à realidade local foi, por exemplo, a possibilidade de analisar, numa escala reduzida, a sobrevivência de práticas políticas herdadas do passado após as primeiras eleições nas quais todos os brasileiros puderam escolher seus representantes por sufrágio universal, sem restrição aos direitos políticos ativos dos cidadãos analfabetos. Como assinalou Ottman:

> Ao enfocar o processo de redemocratização no Brasil, diversos autores têm enfatizado que práticas como o populismo, o personalismo, a patronagem e o clientelismo ainda são vigentes na vida política, até mesmo no âmbito das experiências de democracia participativa. Muitos desses autores argumentam que essa persistência de elementos políticos "tradicionais" inibe o surgimento de instituições democráticas mais sólidas e de uma cultura política mais democrática. Embora essa interpretação pessimista tenha muito a dizer sobre as deficiências da democracia brasileira recente, deixa de examinar o espaço que se abre entre os pontos de referência do "tradicional" e do "democrático". Mais importante, deixa de observar o quanto essas práticas políticas tradicionais estão se transformando nos contextos de democracia participativa, no qual de fato figuram, para melhor ou para pior.[1]

Tais comportamentos "tradicionais", no agir político do povo brasileiro, poderiam ser sintetizados na famosa frase de Faoro, segundo o qual: "O homem do sertão, da mata e da pampa sabe que o chefe manda e ao seu mando se conforma".[2] Todavia, como é possível verificar efetivamente a persistência desse tipo de comportamento no contexto da redemocratização? Uma profusão de material (teses, artigos, livros, memórias, coletâneas de documentos etc.) tem sido elaborada e publicada. Alguns desses trabalhos enfocam as eleições municipais de uma forma global, outros abordam localidades e aspectos específicos ou períodos delimitados. Há inúmeros outros que, analisando a história sociopolítica nacional, tratam direta ou indiretamente da política local. Ainda se sente falta, porém, de um estudo sistemático que, partindo da análise quantitativa de informações estatisticamente relevantes, referidas às elites políticas locais, chegue a confirmar ou confutar conclusões "impressionistas" e generalizações feitas a partir de casos particulares. Por exemplo, analisando a composição das bancadas partidárias no Congresso Nacional entre 1990 e 1998, Leôncio Martins Rodrigues consegue encontrar

> os seguintes elementos de similitude entre o Brasil e os outros países [...]:
>
> 1) Heterogeneidade e seletividade ocupacional no recrutamento de membros e candidatos por parte de partidos de tendências ideológicas diferentes, incidindo sobre um pequeno grupo de categorias profissionais, como os professores, os profissionais liberais, os funcionários públicos e os empresários.
>
> 2) Importância de categorias como funcionários, professores e profissionais liberais, das *talking professions* e das profissões que permitem mais tempo livre e/ou grande flexibilidade no horário de trabalho sem graves prejuízos para a renda pessoal, como acontece com alguns tipos de funcionários públicos, com os professores, com os jornalistas, com os intelectuais e com os dirigentes sindicais.

3) Participação relevante, mas minoritária, dos empresários, executivos e homens de negócios no interior dos parlamentos das democracias capitalistas.

4) Baixa proporção de parlamentares originários das classes operárias e populares e, mais ainda, de agricultores e camponeses.

5) Aumento, no interior dos partidos, da proporção de empresários, homens de negócios, comerciantes e pessoas de classe alta à medida que se caminha para a direita do espectro ideológico e, num sentido contrário, aumento de políticos de classe média (intelectuais, funcionários, professores de ensino médio) e, em medida menor, de trabalhadores (geralmente, sindicalistas) quando se caminha para o centro e para a esquerda.[3]

Agora, seria interessante observar em que maneira o esquema acima delineado se ajusta também à escala da representação política estadual e municipal. Seria útil verificar, especialmente, a validade das afirmações dos pontos de número 3 e 4 da lista anteriormente reproduzida, referidas àqueles municípios do interior onde o setor primário é preponderante, as relações de tipo comunitário são mais fortes ou nos quais as despesas para as campanhas eleitorais são relativamente mais baratas. Posto que também é verdade, como justamente adverte Odaci Luiz Coradini, que: "mesmo [...] trabalhos mais diretamente centrados na sociografia de candidatos a cargos legitimados eleitoralmente, tendem a circunscrever as 'lógicas sociais' em seu recrutamento às origens ou universos socioprofissionais",[4] o dado profissional pode ser mantido como um ponto de partida, sem por isso se abandonar o determinismo classista. Como se lê ainda em Rodrigues:

apesar da curta história dos partidos brasileiros, de suas frágeis estruturas organizatórias e da falta de coesão ideológica (pelo menos quando comparada aos partidos europeus), os eleitores mostraram certos apegos habituais a um determinado partido ou a uma orientação ideológica geral.[5]

Trata-se de uma regra comum ou a influência partidária tem outro significado quando se trata de eleições locais? Outras variáveis podem ser igualmente consideradas como, por exemplo, as diferenças regionais. Novamente, na pesquisa de Rodrigues, apreendemos como:

> os deputados que são ou foram empresários ocupam quase a metade das bancadas do Norte e Nordeste. Nessas duas regiões, há pouquíssimos deputados que foram trabalhadores ou empregados. A conclusão quase instantânea, principalmente pelos dados sobre a força dos partidos nas regiões seria de que, nas mais atrasadas, as elites políticas originárias das classes empresariais e das classes altas, de modo geral, tenderiam a predominar. Mas a relação entre graus de modernização e composição da classe política local é mais complexa e requer análises mais detalhadas. O grupo empresarial tem mais peso no Sul do que no Sudeste, embora esta última região seja mais desenvolvida e industrializada. A proporção de parlamentares originários das classes trabalhadoras é maior no Rio Grande do Sul que em São Paulo, bem mais industrializado; a proporção de parlamentares do Norte que eram profissionais liberais ou tinham ocupação intelectual é a mais baixa entre todas as regiões, porém muito próxima

das encontradas no Sul e no Centro-Oeste. No Nordeste, a proporção de ex-profissionais liberais é elevada, mas a de professores é baixa. Já no Norte, os parlamentares que vieram do magistério são numerosos, com proporção aproximada à encontrada no Sul. Na verdade, os padrões partidários regionais, como não poderia deixar de ser, dependem das suas unidades constitutivas. Essas unidades, quer dizer, os estados, formam uma arena política própria, com forte autonomia ante o sistema político nacional. Cada unidade da federação é um sistema (ou um subsistema) com feições próprias. O resultado é que cada estado pode ter traços muito diferentes dos que predominam na região à qual pertence.[6]

Tampouco podemos esquecer que cada estado, por sua vez, é composto por mesorregiões e microrregiões com identidade própria, tanto do ponto de vista econômico como social, o que reflete, inevitavelmente, na esfera política. Poderíamos alegar, ademais, que o critério (ou o não critério) de cálculo da população urbana e rural utilizado pelo Instituto Brasileiro de Geografia e Estatística é bastante questionável, pois – talvez por um reflexo tradicional, que associa estereótipos negativos ao ambiente rural – exagera a importância numérica da população urbana, sem ter em devida conta nem a vocação econômica dos municípios menores, nem a distância física entre estes e os mais próximos centros industriais. Caso tais evidências fossem levadas em consideração, veríamos como, por exemplo, no caso da Bahia, a contraposição entre espaço urbano e espaço rural é muito acentuada, já a partir da própria distribuição da população no território. Dos 14.016.906 habitantes recenseados no ano de 2010, 2.675.656 (19%) moravam em Salvador, outros 556.642 em Feira de Santana,

306.866 em Vitória da Conquista, 242.970 em Camaçari, 204.667 em Itabuna, 197.965 em Juazeiro, 184.236 em Ilhéus, 163.449 em Lauro de Freitas, 151.895 em Jequié, 141.949 em Alagoinhas, 138.341 em Teixeira de Freitas, 137.427 em Barreiras, 126.929 em Porto Seguro, 118.047 em Simões Filho, 108.396 em Paulo Afonso, 100.196 em Eunápolis, ou seja, 5.555.631 baianos (39,6% do total) viviam nos 16 municípios com mais de 100.000 habitantes.[7] Por sua vez, as cidades citadas – fora Salvador, Camaçari, Lauro de Freitas e Simões Filho (que formam uma única região metropolitana) e os sistemas Ilhéus/Itabuna e Porto Seguro/Eunápolis – constituem, cada uma, um polo de atração pelas respectivas regiões circunvizinhas, os quais não poderiam ser mais distintos e distantes entre si. As diferenças entre a Região Metropolitana de Salvador (RMS) e, por extensão, entre a região do Recôncavo Baiano e o restante do estado remetem também à sua composição étnica. Sob esse ponto de vista, é assombroso pensar que Salvador – "a cidade mais negra do Brasil", como é apelidada – nunca tenha eleito, em toda a sua história, um prefeito cuja cor da pele seja preta; somente a partir desse dado seria fácil apontar a persistência de uma cultura política excludente, consequência de padrões racistas herdados do passado. Se tal interpretação não deixa de ser uma possibilidade a ser avaliada, vemos, por outro lado, que houve numerosos afrodescendentes entre os vereadores da capital baiana no período 1988-2016 e que, diferente de Salvador, algumas cidades do Recôncavo e também do restante do estado (onde a presença de indivíduos com ancestralidade africana é menos marcante) elegeram negros para comandar a administração municipal. A cor da pele (falar de "raça" é muito mais problemático), assim como outras características pessoais dos dirigentes políticos, se torna, portanto, um fator a ser estudado, principalmente em se tratando de um país no qual tal questão se vincula à própria hierarquização social.

ALGUMAS REFERÊNCIAS TEÓRICO-METODOLÓGICAS

A partir dos exemplos citados entende-se que as análises sobre a classe política brasileira como um conjunto, mesmo como mera formulação de hipóteses gerais de pesquisa, precisam ser verificadas também nos estados e, possivelmente, nos municípios, para confirmar até que ponto essas se adaptam à realidade. Nesse sentido, os estudos de caso contidos no presente volume visam investigar, sob uma perspectiva histórica e comparativa, os resultados das eleições municipais realizadas desde o fim do regime militar, além das características dos membros das classes políticas locais, evidenciando distinções e correspondências com as interpretações produzidas por historiadores e cientistas políticos no âmbito nacional e internacional. Assim, os resultados das pesquisas de campo do grupo "Elites, Democracia e Política Local" foram dialogando – para além da bibliografia consultada individualmente por cada um dos seus integrantes – com alguns autores que passaram a constituir, por assim dizer, suas referências em comum. As reflexões destes, por sua vez, foram combinadas com o método estatístico-quantitativo, para produzir resultados da maior exaustividade possível acerca dos casos particulares considerados.

Individualismo metodológico

A opção pelo individualismo metodológico weberiano se deu por compartilhar a afirmação segundo a qual: "Apenas o indivíduo possui uma mente; apenas o indivíduo pode sentir, ver, realizar e entender; apenas o indivíduo pode adotar valores e fazer escolhas; apenas o indivíduo pode agir".[8] O individualismo metodológico "implica que conceitos coletivos como grupos, nações e estados não agem ou não existem realmente; eles são apenas construções metafóricas utilizadas para descrever as ações similares ou conjuntas de indivíduos",[9] ou seja, que "não existem 'governos' por si sós; existem apenas indivíduos agindo harmoniosamente de uma maneira 'governamental'".[10] Segundo o próprio Weber: "Estes coletivos devem ser tratados unicamente como sendo os resultados e os modos de organização das ações particulares de agentes individuais, uma vez que apenas estes podem ser tratados como agentes no curso de uma ação subjetivamente compreensível".[11] O pensador alemão ainda esclarece: "Para propósitos sociológicos [...] não existe algo como uma 'personalidade coletiva' que 'aja'. Quando se faz referências, em um contexto sociológico, às [...] coletividades, está-se na verdade se referindo [...] a um certo tipo de desenvolvimento das ações sociais possíveis ou efetivas de pessoas específicas".[12] Adotar essa visão não significa descartar *a priori* a influência do meio sobre o indivíduo, mas simplesmente tentar reconduzir cada ação social ao seu ponto de partida necessário: a ação individual. É bastante lógico que métodos explicativos holísticos, que estudam grandes grupos sociais (nações, classes etc.), sejam os preferidos para descrever as mudanças estruturais ocorridas em coletividades muito amplas, na perspectiva historiográfica da longa duração. Como as nossas pesquisas se ocupam, porém, de pequenas comunidades, analisadas num curto período de tempo, tivemos a possibilidade de alcançar mais facilmente as motivações individuais que estão na base da ação social dos grupos em questão.

Micro-história

Pelo mesmo viés, decidimos experimentar as técnicas micro-históricas no estudo das classes políticas locais. O termo "técnicas" se refere ao fato de que concebemos essa abordagem mais como uma metodologia do que como uma teoria geral, segundo explicitado pelos próprios fundadores da micro-história: os italianos Giovanni Levi, Edoardo Grendi e Carlo Ginzburg. De acordo com este método,

> a teoria só tem um pequeno papel, como subalterna, para desempenhar, em relação ao papel muito maior do intérprete. Os sistemas de conceitos gerais pertencentes à linguagem acadêmica são inseridos nos corpos vivos da descrição densa, na esperança de dar expressão científica a acontecimentos simples, não para criar conceitos e sistemas teóricos abstratos. Portanto, a única importância da teoria geral é uma parte da construção de um repertório sempre em expansão do material densamente descrito, tornado inteligível através de sua contextualização, que servirá para ampliar o universo do discurso humano.[13]

Para Peter Burke, "a micro-história como uma prática é essencialmente baseada na redução da escala de observação, em uma análise microscópica e em um estudo intensivo do material documental"[14] e é justamente esse o objetivo que se propõe uma pesquisa que pretende, em última análise, verificar a representatividade no cenário nacional de dados colhidos a nível municipal sem, ao contrário, forçar a aplicação de esquemas gerais preconcebidos à realidade local. Não por acaso, segundo Jacques Revel, a micro-história é "a tentativa de estudar o social, não como um objeto investido de propriedades inerentes, mas como um conjunto de inter-relacionamentos deslocados, existentes entre configurações constantemente em adaptação".[15] Essa exigência já foi sentida por quem iniciou os estudos micro-históricos, como revela Levi numa entrevista concedida à *Revista de História* da Biblioteca Nacional:

> Para mim, havia ficado claro que a esquerda tinha uma leitura muita rígida da sociedade. Costumávamos ouvir que "os operários agem assim", "os camponeses, assado". Isto é falso! O fato é que a classe operária era um pouco de esquerda, um

INTRODUÇÃO

pouco de direita, um pouco de centro, um pouco católica, um pouco anticatólica, e assim por diante. Quando explode uma greve, alguns trabalhadores aderem a ela e outros não. Precisávamos esclarecer isso, ler a sociedade para além dos esquematismos que se usavam. Assim nasceu a micro-história.[16]

Mais adiante, o próprio Levi explica seu método para superar tais esquematismos:

> Dado um episódio, um lugar, um documento, devemos aplicar nele uma redução de escala. A micro-história é uma prática que implica o rompimento de hábitos generalizantes. Não buscamos a generalização das respostas, e sim das perguntas: quais são as perguntas que podemos criar e aplicar também em situações totalmente diferentes? Sendo bem sintético: estamos interessados na pergunta geral que emerge de uma situação local.[17]

É curioso notar como, na entrevista citada anteriormente, Levi faça também referência àquele que é o nosso problema de pesquisa específico, ou seja, as eleições municipais no interior do Brasil:

> Viajando por Minas Gerais, acompanhei a campanha eleitoral para a prefeitura de Ouro Preto. Um dia, fui ao comício do prefeito, que, me parece, foi reeleito. Um sujeito de direita, digamos assim. Nesse comício estavam presentes todos os notáveis locais de seu grupo conservador, o lado urbano e o subproletariado. No dia seguinte houve a manifestação de todos os partidos de esquerda, de caráter eminentemente rural e com grande participação juvenil. Esta forte polarização campo-cidade, elite conservadora e subproletariado *versus* trabalhadores, me impressionou bastante.[18]

21

Com certeza seria preciso verificar, à prova dos fatos, a análise feita por Levi (na qual, ironicamente, ele demonstra "uma visão um pouco rígida" da sociedade ouro-pretense), pois, com Beatriz Maria Alásia de Heredia e Carla Costa Teixeira, estamos conscientes de que "as eleições sinalizam um modo de perceber e atuar na política com especificidades e convergências que cobram uma reflexão sobre seus significados no Brasil".[19] De todas as maneiras, a aplicação do método micro-histórico ao estudo da política parece-nos muito estimulante e altamente promissor.

Teoria das elites

Sempre com o intuito de estudar um tipo determinado de classe política, teria sido pelo menos imprudente ignorar a contribuição que a chamada teoria das elites, fundamentada nos textos clássicos de Gaetano Mosca, Vilfredo Pareto e Roberto Michels, forneceu para a compreensão dos mecanismos de sua formação.[20] Assim, para Mosca:

> entre as tendências e os fatos constantes que se acham em todos os organismos políticos, um existe cuja evidência pode ser a todos facilmente manifesta: em todas as sociedades, a começar pelas mais mediocremente desenvolvidas e que são chegadas apenas aos primórdios da civilização, até as mais cultas e fortes, existem duas classes de pessoas: a dos governantes e a dos governados. A primeira, que é sempre a menos numerosa, cumpre todas as funções públicas, monopoliza o poder e goza as vantagens que a ela estão anexas; enquanto que a segunda, mais numerosa, é dirigida e regulada pela primeira, de modo mais ou menos legal ou de modo mais ou menos arbitrário e violento,

fornecendo a ela, ao menos aparentemente, os meios materiais de subsistência e os que são necessários à vitalidade do organismo político.[21]

A teoria das elites teve grande repercussão no contexto da Ciência Política norte-americana do segundo pós-guerra, através de autores como Harold Lasswell, Charles Wright Mills e Seymour M. Lipset;[22] particularmente interessantes para nossa pesquisa foram as tentativas de verificação empírica experimentadas, em contextos locais, por Floyd Hunter[23] e Robert A. Dahl.[24] A teoria das elites, por outro lado, foi alvo de contestação por parte de autores marxistas e "democráticos"; uma constante crítica que a ela vem sendo feita é que, na realidade, serviria diretamente aos interesses de grupos e partidos que têm como objetivo se manter no poder.[25] Esse tipo de objeção não invalida o valor epistemológico das formulações elitistas, as quais, obviamente, sempre precisam ser verificadas nos contexto ao qual se referem; nesse sentido, um perfeito exemplo da aplicação da teoria das elites à política municipal no interior do Brasil é a obra clássica de Victor Nunes Leal, *Coronelismo, enxada e voto*.[26] Também outros autores chamam a atenção para as diferentes características das elites políticas nos regimes democráticas:

> [...] o que o elitismo visa a demonstrar é que, com efeito, qualquer sistema político, mesmo o democrático, é dirigido por minorias. A democracia, contudo, se distingue por ter no poder não uma elite fechada, cristalizada em um só grupo que se reproduz internamente, e sim aberta, renovada por meio de um processo de livre concorrência pelos votos do eleitorado.[27]

Foi observado, ainda, como nas cidades brasileiras, "a importância atribuída à ocupação prévia de cargos não se restringe aos candidatos e, presumidamente, aos eleitores em potencial, sendo que também as lideranças têm nisso um dos principais critérios de recrutamento e seleção dos candidatos".[28] Seria essa, então, uma característica exclusiva da política nacional, a prova da existência de um elitismo democrático ou da "lei de ferro da oligarquia"?

Prosopografia

Finalmente, destaque-se a controvérsia acerca da incompletude do gênero biográfico e a busca de novos indícios relacionados à trajetória de prefeitos, vice-prefeitos e vereadores dos municípios baianos que apresenta, em contrapartida, a necessidade de retomar as discussões pertinentes aos vínculos estabelecidos entre a biografia e a escrita da História. De fato, nas últimas décadas do século XX, os liames entre a historiografia e o gênero biográfico transformaram-se radicalmente. "Nos últimos 40 anos, a biografia coletiva (segundo os historiadores modernos), a análise de carreiras (segundo os cientistas sociais) ou a prosopografia (segundo os antigos historiadores) desenvolveu-se como uma das mais valiosas e familiares técnicas do pesquisador histórico".[29] Para superar, portanto, a visão deformada que um simples levantamento quantitativo de dados inevitavelmente acarretaria – se não tivesse em devida conta as implicações relativas a cada âmbito social e às suas dinâmicas internas –, os nossos pesquisadores lançaram mão de uma metodologia que estuda a biografia do indivíduo a partir do grupo no qual ele está inserido. Assim se justifica nossa escolha pela prosopografia, definida como "a investigação das características comuns de um grupo de atores na história por meio de um estudo coletivo de suas vidas".[30] Trata-se de um estudo biográfico, mas que não perde de vista a dimensão supraindividual e se encontra, destarte, muito longe dos exageros de algumas tendências da historiografia pós-moderna, cuja motivação pode ser resumida nos seguintes termos: "Após um longo período de desgraça, durante o qual os historiadores se interessaram pelos destinos coletivos, o indivíduo voltou a ocupar um lugar central em suas preocupações".[31] Conforme Sabina Loriga, "a redescoberta da biografia vinculou-se principalmente às experiências com a história do cotidiano, a história oral, os estudos sobre a cultura popular e a história das mulheres",[32] mas também a história política participa – ou, talvez, nunca deixou de participar – desse movimento. Por sua vez, Levi admite que a biografia voltou ao centro das preocupações dos historiadores, ao mesmo tempo em que denuncia as suas ambiguidades. Para o autor, um aspecto significativo desse gênero vincula-se às relações entre história e narrativa, constituindo-se em um canal privilegiado, através do qual os questionamentos e as técnicas da literatura são transmitidos à historiografia.[33]

> Os historiadores têm se mostrado mais conscientes dos problemas evidenciados. Entretanto, as fontes disponíveis não os informam acerca da tomada de decisão dos atores históricos, mas somente sobre os seus atos. Fascinados com a riqueza das trajetórias e incapazes de dominar a singularidade irredutível da vida de um indivíduo, os historiadores passaram a abordar o problema biográfico de maneiras bastante diversas.[34]

Um dos maiores problemas colocados para os historiadores é: pode-se escrever a vida de um indivíduo? A esse respeito, os riscos da "ilusão biográfica" foram destacados por Pierre Bourdieu, para quem

> falar de "história de vida" é pelo menos pressupor que a vida é uma história e que uma vida é inseparavelmente o conjunto dos acontecimentos de uma existência individual concebida como uma história e o relato dessa história. Essa

noção coincide com a percepção do senso comum, que descreve a vida como um caminho, uma estrada, uma carreira, com suas encruzilhadas, ou como um caminho que se percorre (e deve ser percorrido), um trajeto, uma corrida, um *cursus*, uma passagem, uma viagem, um percurso orientado, um deslocamento linear, unidirecional, que tem um começo, etapas e um fim – "um fim da história".[35]

Logo, para o sociólogo francês:

> produzir uma história de vida, tratar a vida como uma história, isto é, como o relato coerente de uma sequência de acontecimentos com significado e direção, talvez seja conformar-se com uma ilusão retórica, uma representação comum da existência que toda uma tradição literária não deixou e não deixa de reforçar.[36]

Resulta evidente, entretanto, que as exigências para historiadores e romancistas não são as mesmas e, por conseguinte, as novas relações estabelecidas com a biografia alimentam a renovação da narrativa histórica, como também motivam o interesse por outras fontes, nas quais se poderiam descobrir indícios esparsos dos atos e das palavras do cotidiano, ausentes nos documentos de arquivo. Por fim, o gênero biográfico demanda uma constante atitude de criticidade dos seus cultores e uma postura de responsabilidade para com os produtos finais.

Toda biografia é um relato verossímil construído a partir de fontes diversas. Esse relato será uma versão dos fatos, criada a partir de depoimentos e documentos. No entanto, muitos indícios (uma carta ou uma entrevista) são interpretados pelo biógrafo, sem que se possa ter certeza sobre o grau de verdade da interpretação proposta. O biógrafo precisa ter a coragem e a ousadia de dar a sua versão dos fatos, de trazer ideias sobre as motivações de seu personagem – criando o interesse pelo relato biográfico, que deve ir além da mera exposição de fatos e dados.[37]

A biografia se aproximaria, então, do romance e da ficção, com a diferença de que, para se constituir em relato histórico-biográfico, a narração deveria necessariamente partir de evidências dadas por documentos e depoimentos, ou seja, ter algum compromisso com a verdade. Assim, para Roberto Ventura: "Para escrever uma biografia, é preciso confrontar testemunhos contraditórios e rever o que se conhece sobre o biografado à luz das fontes levantadas. É aí que o biógrafo pode descobrir fatos novos ou pistas até então desconhecidas".[38]

UM OLHAR DIFERENTE
SOBRE A POLÍTICA NOS MUNICÍPIOS

Reconstruir o perfil das classes dirigentes locais na era democrática significa contribuir para a história do Brasil contemporâneo e, frente a biografias nas quais emergem tantas lacunas – mesmo em se tratando de personagens públicos – e diante de sujeitos muitas vezes tão estigmatizados pelos meios de comunicação de massa e pela população em geral, não se demanda menos do que uma investigação historiográfica séria, a qual, por sua vez, não pode limitar-se apenas à análise de dados de arquivo, prescindindo de um estudo de campo. Somente o contato direto com a comunidade local pode proporcionar, de fato, uma visão correta do percurso e da formação dos representantes políticos municipais, dos interesses e liames (inclusive de parentesco) entre eles e, consequentemente, jogar luz sobre aqueles fenômenos gerais, dos quais hoje tanto se discute, como a sobrevivência do mandonismo, do clientelismo eleitoral e do nepotismo, da indiferença ideológica dos candidatos e da adesão preferencial dos eleitos ao governo etc., que são encontrados também nas esferas políticas superiores. Será, portanto, a pesquisa de campo que terá de descobrir os novos indícios e documentos indispensáveis para um estudo sistemático, ao mesmo tempo estatístico-quantitativo e prosopográfico, do objeto em análise. Estamos também convencidos de que esta seja tarefa de quem, nesses municípios, nasceu ou vive, seja porque, através de entrevistas, é capaz de obter informações que não seriam reveladas de bom grado a um forasteiro, seja porque isso ajudaria o próprio pesquisador a refletir sobre sua condição de cidadão e de membro de uma comunidade.

O objetivo que se propôs o grupo "Elites, Democracia e Política Local" foi identificar algumas características próprias dos dirigentes municipais na Bahia, não somente para diferenciá-los da representação política federal, como também para estabelecer possíveis termos de comparação com outras realidades locais brasileiras. Posteriormente, gostaríamos que as hipóteses formuladas no presente volume sejam confrontadas às mudanças macropolíticas ocorridas no período 1988-2016 na Bahia e no Brasil e que os principais resultados destas e de outras pesquisas possam ser sistematizadas em uma monografia ou em um banco de dados mais abrangentes. Uma síntese dessa envergadura permitiria, por exemplo, verificar se as lideranças partidárias que se sucederam no governo do estado e da Nação tiveram uma influência efetiva na renovação das elites políticas locais, ou se aqui prevaleceram os elementos de continuidade. Nesse sentido, através de uma análise exaustiva das eleições municipais em todas as 417 comunas da Bahia, será possível apurar a relação existente entre lógica personalista e alternância partidária na escolha dos candidatos locais e evidenciar as articulações entre representantes políticos e grupos de interesse no âmbito municipal, estadual e federal. Até que isso não ocorra, porém, nos contentamos em apresentar algumas questões propostas por estudos de caso conduzidos em poucos municípios do estado, por meio de um método que combinou levantamento estatístico e pesquisa qualitativa. Esperamos que isso, de alguma maneira, possa ajudar a consolidação de espaços de discussão, no âmbito de uma Ciência Política que não seja pautada na ideologia, e sim em dados factuais, ainda tão carentes nas instituições acadêmicas baianas.

Giuseppe Federico Benedini

Itaparica, 31 de maio de 2020

NOTAS

[1] OTTMAN, Goetz. Cidadania mediada. Processos de democratização da política municipal no Brasil. *Novos Estudos*. São Paulo, n. 74, mar. 2006, p. 155.
[2] FAORO, Raimundo. *Os donos do poder:* formação política do patronato político brasileiro. 7ª reimpr. Rio de Janeiro: Globo, 2017 [1ª ed.: 1957], p. 713.
[3] RODRIGUES, Leôncio Martins. *Partidos, ideologia e composição social:* um estudo das bancadas partidárias na Câmara dos Deputados. São Paulo: Edusp, 2002, p. 133-134.
[4] CORADINI, Odaci Luiz. *A extração social dos candidatos:* as eleições de 1990 e de 1994 no Rio Grande do Sul. Rio de Janeiro: NAU, 1999, p. 9.
[5] Idem, p. 43.
[6] RODRIGUES. Op. cit., p. 137.
[7] BRASIL. Instituto Brasileiro de Geografia e Estatística (IBGE). *Censo 2000*. Tabela - População residente, por sexo e situação de domicílio. Disponível em: <http://www.ibge.gov.br/home/estatistica/populacao/censo2000/universo.php?tipo=31o/tabela13_1.shtm&paginaatual=1&uf=29&letra=M>. Acesso em: 2 ago. 2013.
[8] ROTHBARD, Murray N. O individualismo metodológico. *Instituto Ludwig von Mises Brasil*, 15 de março de 2012. Disponível em: <http://www.mises.org.br/Article.aspx?id=1253>. Acesso em: 22 abr. 2013.
[9] Idem.
[10] Idem.
[11] WEBER, Max. *Wirtschaft und Gesellschaft*. 5. ed. Tübingen: Mohr Siebeck, 1980. Apud: SCHÜTZ, Alfred. *The Phenomenology of the Social World*. Evanston, Ill.: Northwestern University Press, 1967, p. 199.
[12] Idem.
[13] BURKE, Peter. *A escrita da história:* novas perspectivas. São Paulo: Editora da Unesp, 1992, p. 144.
[14] Idem, p. 139.
[15] BURKE. Op. cit., p. 160.
[16] LEVI, Giovanni. A História é uma busca da ciência infinita. *Revista de História*. Rio de Janeiro: Biblioteca Nacional, 13 fev. 2009. Disponível em: <https://pt.scribd.com/document/251551901/Giovanni-Levi-Revista-de-Historia>. Acesso em: 22 abr. 2013.
[17] Idem.
[18] Idem.

[19] HEREDIA, Beatriz Maria Alásia de; TEIXEIRA, Carla Costa; BARREIRA, Irlys Alencar Firmo (Org.). *Como se fazem as eleições no Brasil*. Rio de Janeiro: Relume Dumará, 2002, p. 32.
[20] Cf.: MOSCA, Gaetano. *La classe política*. Roma/Bari: Laterza, 1958; PARETO, Vilfredo. *Trattato di sociologia generale*. Torino: UTET, 1988 e MICHELS, Robert. *Sociologia dos partidos políticos*. Brasília: UnB, 1982.
[21] MOSCA, Gaetano. Op. cit. Apud BOBBIO, Norberto; MATTEUCCI, Nicola; PASQUINO, Gianfranco. *Dicionário de política*. Brasília: UnB; São Paulo: Imprensa Oficial do Estado de São Paulo, 2000, 2 v., p. 385.
[22] Cf.: LASSWELL, Harold. *Política*: quem ganha, o que, quando, como. Brasília: UnB, 1984; MILLS, Charles Wright. *L'elite del potere*. Milano: Feltrinelli, 1973; LIPSET, Seymour M. *O homem político*. Rio de Janeiro: Zahar, 1967 e, do mesmo autor, *Política e ciências sociais*. Rio de Janeiro: Zahar, 1972.
[23] HUNTER, Floyd. *Community Power:* a Study of Decision Makers. Chapel Hill-NC: The University of North Carolina Press, 1969.
[24] DAHL, Robert A. *Who Governs?* Democracy and Power in an American City. New Haven: Yale University Press, 2005.
[25] MALFATTI, Selvino Antonio. *A teoria das elites como uma ideologia para perpetuação no governo. Thaumazein*, Santa Maria-RS, v. 2, p. 1-12, 2008. Disponível em: <https://www.periodicos.unifra.br/index.php/thaumazein/article/view/185>. Acesso em 9 dez. 2014.
[26] LEAL Victor Nunes. *Coronelismo, enxada e voto*: o município e o regime representativo no Brasil. São Paulo: Alfa-Ômega, 1975 [1949].
[27] WEFFORT, Francisco Correia. *O populismo na política brasileira*. Rio de Janeiro: Guerra e Paz, 1980, p. 171.
[28] CORADINI, Otaci, *Em nome de quem?* Recursos sociais no recrutamento das elites políticas. Rio de Janeiro: Relume Dumará, 2001, p. 89.
[29] STONE, Lawrence. Prosopografia, *Revista de Sociologia Política*, Curitiba, v. 19, n. 39, jun. 2011, p. 115.
[30] Idem.
[31] LORIGA, Sabina. A biografia como problema. In: REVEL, Jacques (Org.). *Jogos de escala*: a experiência da microanálise. Rio de Janeiro: FGV, 1998, p. 225.
[32] Idem.
[33] Cf.: LEVI, Giovanni. Usos da biografia. In: FERREIRA, Marieta de Moraes; AMADO, Janaína (Org.). *Usos e abusos de história oral*. Rio de Janeiro: FGV, 1998. p. 167-169.
[34] Idem, p. 169.
[35] BOURDIEU, Pierre. A ilusão biográfica. In: FERREIRA; AMADO. Op. cit., p. 183-184.
[36] Idem, p. 184.
[37] VENTURA, Roberto. Biografia como micro-história. Apud: CARVALHO, Mario Cesar. Diálogo com a memória de um computador. In: VENTURA, Roberto. *Retrato interrompido da vida de Euclides da Cunha*. Organização Mario Cesar Carvalho e José Carlos Barreto de Santana. São Paulo: Companhia. das Letras, 2003, p. 12-13.
[38] Idem.

A PARTICIPAÇÃO DAS MULHERES NOS PROCESSOS ELEITORAIS DO MUNICÍPIO DE BOQUIRA

Luciana Silva Sousa

Boquira é um município do interior da Bahia, localizado na Chapada Diamantina ocidental, no alto sertão da Bahia, a 651 km de Salvador. Limita-se ao norte com Oliveira dos Brejinhos, ao sul com Macaúbas, ao leste com Ibipitanga e Ibitiara e ao oeste com Paratinga. O município, que em 2010 possuía 22.037 habitantes,[1] tem uma área total de 1.482,651 km². O topônimo *Boquira* é de origem indígena e significa "broto d'água", mas a primeira denominação utilizada para a localidade, por volta de 1816, foi "Sítio Macacos", devido à existência de muitos desses animais no povoado. Posteriormente, em virtude da presença de missionários que ali celebravam a festa de Nossa Senhora da Assunção (atual padroeira da cidade), o local passou a ser denominado "Vila Assunção de Nossa Senhora da Abadia". Em 29 de dezembro de

1934, ascendeu à categoria de distrito da cidade de Macaúbas e, em 6 de abril de 1962, atingiu a categoria de município.[2] Um dos fatores que impulsionaram a emancipação econômica e política de Boquira foi a mineração, cujos lucros trouxeram grandes benefícios para os moradores da cidade, como luz elétrica, água, assistência hospitalar e educacional. Entretanto, junto com esses avanços, notaram-se aspectos negativos, como os sérios problemas de saúde ocasionados pelo incorreto escoamento dos dejetos tóxicos e pelo trabalho na mina. Na década de 1990, a jazida de chumbo se esgotou, deixando muitos boqueirenses desempregados. Atualmente, a principal fonte de renda do município de Boquira é a prefeitura municipal, seguida pelo setor primário, no qual se destacam a agropecuária (criação de caprinos) e o plantio de feijão, milho e palma.[3]

Esta pesquisa iniciou-se a partir de um levantamento quantitativo – através de pesquisas nas atas da Câmara de Vereadores, nos documentos existentes na Prefeitura Municipal e em fontes eletrônicas, como o site do Tribunal Superior Eleitoral (TSE) – visando identificar os candidatos eleitos aos cargos de prefeito, vice-prefeito e vereador desde as primeiras eleições democráticas (1988). Assim, o objeto de estudo foi abordado a partir da análise de dados brutos, pesquisados por meio de instrumentos padronizados, que foram em seguida sistematizados. Posteriormente, entrou-se em contato com seis das sete mulheres que foram eleitas vereadoras entre 1988 e 2012, às quais foram entregues duas vias do termo de consentimento livre e esclarecido e um questionário, para que fosse respondido num segundo momento, sem a presença da pesquisadora. Além disso, foram realizadas entrevistas com as cinco mulheres que responderam ao questionário, a fim de obter informações pormenorizadas no que diz respeito à presença das mulheres nos processos eleitorais locais, partindo do pressuposto de que a participação feminina na política dos municípios baianos desempenha um importante papel e mereceria maior atenção, em face dos poucos estudos que foram realizados nessa área.

A QUESTÃO FEMININA NA POLÍTICA BRASILEIRA

O período de tempo analisado nesse estudo, com o objetivo de entender o processo de participação das mulheres na política municipal, é aquele compreendido entre 1988 a 2016, situado no contexto da redemocratização do país, após os duros e longos anos da ditadura militar. Para abordar essa temática é imprescindível falar sobre a categoria de gênero, pois ela

> [...] ajuda a compreender como são usadas, no cotidiano, as imagens do masculino e do feminino. Ainda mais serve para entender e explicar de que maneira as pessoas articulam essas representações, de acordo com seu interesse, com a situação e com relação em que se encontram.[4]

O conceito de gênero constitui um instrumento de mudança crítica e social, que surgiu a partir dos anos 70 do século XX, fomentando estudos sobre as desigualdades entre homens e mulheres e busca desconstruir e desnaturalizar o masculino e o feminino. Desse modo, "os estudos de gênero passaram a envolver duas dimensões: a ideia de que o gênero seria um atributo social institucionalizado e a noção de que o poder estaria distribuído de modo desigual entre os sexos, subordinando a mulher".[5] Segundo Santos, essa desigualdade de gênero, na nossa sociedade, "se manifesta em variadas formas sutis e repercute em uma violência cotidiana e silenciosa".[6] Nesse sentido, a violência de gênero está presente diariamente, quando as meninas são incentivadas a serem delicadas, a brincar de boneca, a ajudar nas tarefas domésticas e os meninos a serem agressivos, a brincar de carrinho e a sair para rua. Dessa forma, as mulheres são estimuladas a não participar dos movimentos que envolvam tomada de decisão e poder, como ocorre na política, onde a participação feminina acontece de forma desigual em relação aos homens. Durante muito tempo no Brasil, assim como em grande parte do mundo, às mulheres foi atribuída a realização de atividades próprias do domínio privado, como cuidar da casa, do marido e dos filhos. Assim, a estrutura social tradicional era organizada numa divisão de papéis, na qual a mulher era considerada o "sexo frágil", que precisava da proteção dos homens e, até tempos bastante recentes, a classe política brasileira era composta exclusivamente por esses últimos.

Mesmo não ocupando os espaços políticos, algumas mulheres lutaram para estar presentes no cenário público, mas apesar de que tenha havido, ao longo da história, muitos exemplos de participação política feminina a nível individual, de acordo com Stephanie Ferreira dos Santos Nascimento, foi somente "a partir do final do século XIX [que] essa realidade se transformou e as mulheres passaram a ser reconhecidas como cidadãs ao obterem o direito ao sufrágio".[7] No Brasil, o direito ao voto foi conquistado apenas em 1932; a obtenção desse direito foi resultado de um intenso movimento das mulheres, iniciado em 1919 e conhecido como movimento sufragista, para que também pudessem candidatar-se a cargos políticos em igualdade de condições com os homens. Tal conquista foi de grande importância para a luta de igualdade de direitos, mas não foi suficiente para acabar com as desigualdades existentes entre mulheres e homens. Vale ressaltar que, após obter o direito ao sufrágio, as mulheres tinham outro desafio, que era alcançar uma participação efetiva nas eleições. Nesse sentido, mesmo a mulher tendo conquistado o direito a votar e ser votada, naquela época não se concebia ainda sua participação significativa na política.[8] No espaço político-representativo, a luta feminina seguiu muito difícil, diante da escassez de candidatas eleitas. A primeira mulher a ocupar um cargo eletivo no Brasil foi Carlota Pereira de Queiroz, deputada federal entre 1934 e 1937, que antes de entrar na política se dedicou à educação infantil, sendo professora durante dez anos.[9] Consideramos importante citar o dado profissional, pois, como veremos mais à frente, todas as mulheres que ocuparam cargos eletivos na prefeitura de Boquira entre 1988 e 2012 são ou foram profissionais da educação.

Entre 1937 e 1945, ocorreu um retrocesso no que se refere aos direitos políticos tanto dos homens quanto das mulheres, pois o Brasil atravessou o período autoritário conhecido como Estado Novo. Nessa época, houve uma diminuição expressiva dos movimentos feministas, que perdurou até a década de 70. Foi somente a partir do começo dos anos 80 que esses ganharam nova força, "na luta por direitos mais amplos, inclusive voltados para a democratização do país".[10] No processo de redemocratização do Brasil, as feministas continuaram atuantes, mas com novas e mais amplas demandas, a exemplo do combate à violência contra a mulher. Assim, começaram a propor as reivindicações aos órgãos públicos, conquistando, em 1985, a implantação das Delegacias da Mulher e dos Conselhos Estaduais da Condição Feminina, que funcionavam, entretanto, de forma consultiva e propositiva, sem poder deliberativo.[11] Nesse mesmo ano foi criado o Conselho Nacional dos Direitos da Mulher, vinculado ao Ministério da Justiça, que, porém, durou apenas até 1989.[12] Outro marco importante na luta pela participação política das mulheres foi a promulgação da Constituição Federal de 1988, que garantiu diversos mecanismos de defesa dos direitos das mulheres e assegurou que a homens e mulheres seriam reconhecidos iguais direitos e obrigações. De origem mais recente é a Rede de Enfrentamento à Violência contra as Mulheres, definida pela Secretaria Especial de Políticas para as Mulheres como sendo a atuação articulada entre as instituições/serviços governamentais, não governamentais e a comunidade, visando ao desenvolvimento de estratégias efetivas de prevenção e de políticas que garantam o empoderamento das mulheres e seus direitos humanos, a responsabilização dos agressores e a assistência qualificada às mulheres em situação de violência.[13]

Nesse sentido, uma etapa fundamental foi a aprovação da Lei 11.340/06, conhecida como Lei Maria da Penha, em homenagem a Maria da Penha Maia Fernandes, que foi brutalmente agredida pelo seu marido, o que a deixou paraplégica. Essa lei tem como prerrogativa a criação de "mecanismos para coibir e prevenir a violência doméstica e familiar contra a mulher" (artigo 1º), dispondo sobre a criação de juizados de violência doméstica e familiar contra a mulher, e ainda define a necessidade da articulação de uma rede de atendimento, dotada de medidas de assistência e proteção às mulheres em situação de violência doméstica e familiar. Para isso, são conclamadas todas as esferas do governo e a sociedade civil no que se refere à promoção de ações para prevenção e o combate a esse tipo de violência.[14]

Diante de tantos avanços na luta por seus direitos é importante considerar que as mulheres também conquistaram maior espaço no mercado de trabalho. Ainda, embora as mulheres tenham começado a migrar do espaço privado para o público há décadas, essa participação foi restrita, inicialmente, de modo a associar às mulheres profissões tidas como "profissões do cuidado", sendo que:

> O cuidado, por exemplo, é visto como uma característica essencialmente feminina – para alguns uma responsabilidade natural, para outros, fruto da socialização das

mulheres. Muitas atividades profissionais associadas ao cuidado são consideradas femininas, como a enfermagem, o tomar conta de crianças pequenas, a educação infantil, etc. O ato de cuidar, fundamental na relação com a criança, deve ser entendido como uma atividade que envolve compromisso moral.[15]

Neste sentido, por exemplo, ser professora está ligado às ideias de cuidado, proteção, carinho, paciência, características estas atribuídas às mulheres até os dias atuais. Hoje, no entanto, é importante salientar que as mulheres não ocupam exclusivamente profissões ligadas ao cuidado e vêm conquistando espaços em profissões tidas como "masculinas", por exemplo, medicina, arquitetura, engenharia e administração. No entanto, há um caminho longo a ser trilhado na luta pela igualdade, pois além de ser pouca a participação feminina nas diversas profissões citadas há ainda uma notável diferença na remuneração média das mulheres e dos homens.

Voltando ao âmbito político, constata-se que, apesar dos avanços resultantes da Constituição de 1988, a participação das mulheres na política brasileira é ainda muito pequena. Por essa razão, mesmo após essa conquista, as mulheres permaneceram lutando para que houvesse verdadeira igualdade de direitos, com uma maior participação política feminina.[16] Diante disso, foi criada a cota eleitoral de gênero presente na Lei 9.504/97 que:

> Assegura a reserva de 30% e 70%, para cada gênero, do número de candidaturas a que os partidos políticos e coligações têm direito. É importante observar que os percentuais instituídos na lei de cotas não estão vinculados a nenhum dos sexos. A Lei é aplicável tanto para homens

quanto para mulheres. Sendo assim, se um partido político ou uma coligação tiverem à sua disposição um determinado número de candidaturas a serem registradas de acordo com a Lei 9.504/97, só poderão ser apresentados no máximo 70% dos homens e no mínimo 30% de mulheres, ou vice-versa.[17]

Nesta perspectiva, a cota eleitoral contribui para a participação feminina na política, na medida em que reconhece a existência da desigualdade entre homens e mulheres e permite a estas últimas oportunidades de maior espaço na cena pública. No entanto, vale ressaltar que a execução da política de cotas apresenta falhas devido à falta de fiscalização e de punição para quem não cumpre a lei, o que contribui para manter a disparidade existente. Ainda vale ressaltar que, diversas vezes, as mulheres são usadas como "laranjas" para o cumprimento formal da lei. O termo "laranja" refere-se às candidatas sem nenhuma vontade política própria, que são introduzidas na disputa apenas para que a legenda preencha o requisito da cota eleitoral de gênero. Geralmente essas mulheres são ligadas a outros candidatos por laços familiares. A tal propósito, podem-se destacar duas situações: uma em que as mulheres só registram a candidatura para cumprir a lei e a outra em que são candidatas com objetivo de serem efetivamente eleitas para assumir cargos antes ocupados por familiares que concorrem a outros mandatos ou que estão legalmente privados dos direitos políticos passivos. Por esse último motivo, bastante visível na esfera municipal, a autora do livro *As donas do poder* afirma:

> Depois de anos de acompanhamento da atuação da mulher nessa esfera do poder, tomamos consciência de que o caminho teórico a seguir deveria tomar como base

essa estrutura tradicional no município, já que a grande maioria das mulheres não tinha sua origem vinculada aos movimentos sociais, e sim ao velho esquema de reprodução das estruturas oligárquicas. Aqui, as mulheres são uma peça a mais nesse imenso jogo de controle e utilização privada do Estado.[18]

Apesar de todas as desigualdades existentes, em tempos mais recentes, as mulheres passaram a ocupar cargos de extrema responsabilidade e importância no âmbito político. O exemplo máximo é o caso de Dilma Rousseff, primeira mulher da história a ocupar a Presidência do Brasil.

A PRESENÇA DE MULHERES NO ESPAÇO PÚBLICO DE BOQUIRA

Desde a redemocratização, no município de Boquira, foram eleitas oito vereadoras, duas das quais conseguiram se reeleger por três mandatos consecutivos (1988-1996) e outras duas por duas vezes seguidas (2000-2004 e 2012-2016), mas jamais uma mulher chegou a ocupar o cargo de prefeita ou de vice-prefeita. A partir das análises dos dados coletados, é possível verificar imediatamente uma disparidade em relação ao número de homens e mulheres eleitos na Câmara dos Vereadores. De fato, a participação das mulheres na política boquirense ocorreu de forma muito tímida no período de 1988 a 2016, pois numa composição variável de 9 a 11 membros da Câmara Municipal, a média das vereadoras é de 1,75 elementos por cada legislatura, sendo que apenas em 1992 foram eleitas 3 mulheres, perfazendo 27,2% do total dos edis que ocuparam o cargo naquele ano. Esse cenário local reflete os panoramas políticos estadual e nacional, em que também é possível observar uma disparidade imensa entre o número de homens e mulheres que ocupam cargos representativos. Como se não bastasse, em Boquira percebe-se uma leve tendência à diminuição do número de representantes femininas, uma vez que somente uma vereadora foi eleita entre 2004 e 2012, tendência parcialmente revertida em 2016, com a eleição de duas vereadoras. Outro dado importante, que se relaciona com os resultados apresentados, refere-se à disparidade encontrada entre o número de mulheres e homens candidatos ao cargo de edil municipal, como pode ser visualizado na Tabela 1.

TABELA 1 – CANDIDATOS ELEITOS E NÃO ELEITOS
NO MUNICÍPIO DE BOQUIRA (1996-2016)

Ano	Candidatos Homens	Homens Eleitos	Candidatas Mulheres	Mulheres Eleitas	Total Candidatos	Total Eleitos
1996	34	9 (26,4%)	10	2 (20%)	44	11 (25%)
2000	30	8 (26,6%)	9	3 (33,3%)	39	10 (25,6%)
2004	30	8 (26,6%)	8	1 (12,5%)	38	9 (23,6%)
2008	30	8 (26,6%)	9	1 (11,1%)	39	9 (23%)
2012	40	10 (25%)	18	1 (5,5%)	58	11 (18,9%)
2016	49	9 (18,3%)	21	2 (9,5%)	70	11 (15,7%)

Fonte dos dados brutos: BRASIL. Tribunal Superior Eleitoral (TSE).

Dentre os 11 vereadores eleitos em 1988, apenas 2 foram do sexo feminino: a primeira, Laurice Cardoso Novato Leão, nascida em 12/02/1934, natural de Caturama-BA, branca, professora, com ensino médio completo e de religião católica, foi eleita pelo Partido da Frente Liberal (PFL), o mesmo do então prefeito Jurandir Xavier Brito; a segunda, Terezinha Xavier de Macedo, nascida em 16/04/1940, natural de Macaúbas-BA, negra, professora, com ensino fundamental incompleto e de religião católica, integrou a oposição pelo Partido do Movimento Democrático Brasileiro (PMDB). Em 1992, o número de mulheres na Câmara cresceu de duas para três vereadoras, o que representa um recorde para o município. Laurice Cardoso Novato Leão e Terezinha Xavier de Macedo se mantiveram no cargo de edil pelos mesmos partidos e, além delas, foi eleita, pelo PFL, Maria Josefina Alves de Menezes Cardoso, nascida em 14/09/1949, natural de Boquira, branca, professora, com ensino médio completo e de religião católica. Vale salientar que, em 1992, ascendeu à prefeitura Edmilson Rocha de Oliveira, então do Partido Democrata Cristão (PDC). Em 1996, acompanhando a eleição do prefeito Luiz Carlos Oliveira Machado, do Partido Trabalhista Brasileiro (PTB), as vereadoras Laurice e Terezinha ganharam seu terceiro mandato consecutivo, enquanto Maria Josefina não conseguiu se confirmar no cargo. Também integraram a Câmara Municipal eleita em 2000 duas vereadoras: a primeira, Nailde de Souza Rego Oliveira, nascida em 08/10/1964, natural de Boquira, parda, professora, com ensino médio completo, inscrita ao PMDB, assim como o prefeito eleito naquele ano, Marco Túlio Vilasbôas; a segunda: Maria da Conceição Machado França, nascida em 07/12/1950, natural de Boquira, parda, aposentada, com ensino médio completo, inscrita ao PTB.

Como foi dito anteriormente, nas três legislaturas entre 2004 e 2012, apenas uma vereadora esteve presente na Câmara: em 2004, Nailde Oliveira, do PMDB, se manteve no cargo, acompanhando a reeleição a prefeito do seu correligionário Marco Túlio, enquanto os pleitos de 2008 marcaram a volta de Edmilson Rocha de Oliveira, filiado agora do Partido da República. Da sua base de apoio, constituída também pelo Partido Comunista do Brasil (PCdoB), pelo Partido da Social Democracia Brasileira (PSDB) e pelo Partido dos Trabalhadores (PT), fez parte Maria Rosa da Conceição, nascida em 20/07/1963, natural de Boquira, branca, professora, com ensino médio completo, a qual se elege pelo PCdoB. Por fim, em 2012, esteve presente na Câmara somente a vereadora Jucinalva Viana Sousa, nascida em 20/03/1971, natural de Boquira, parda, com ensino superior completo, professora, filiada ao PMDB, o mesmo partido de Marco Túlio, que foi eleito prefeito da cidade pela terceira vez. Jucinalva confirmou seu mandato na Câmara eleita em 2016, onde é acompanhada por Sandra Silva Santana, nascida em 04/11/1974, natural de Boquira, parda, agricultora, com ensino médio completo, inscrita ao Partido Socialista Brasileiro, o mesmo do prefeito que prevaleceu nos últimos pleitos disputados no município, Luciano de Oliveira e Silva.

Em relação aos partidos pelos quais as vereadoras foram eleitas na Câmara de Boquira, percebe-se que nenhuma delas trocou de legenda entre um mandato e outro, fato bastante raro entre os políticos brasileiros. A maioria delas (três) era filiada ao PMDB: Terezinha Xavier de Macedo (por três mandatos consecutivos), Nailde de Souza Rego Oliveira (por dois mandatos consecutivos) e Jucinalva Viana Sousa (também por dois mandatos seguidos). Outras duas, Laurice Cardoso Novato Leão (por três mandatos consecutivos) e Maria Josefina Alves de Menezes Cardoso, foram eleitas pelo PFL, enquanto o PTB, o PCdoB e o Partido Socialista Brasileiro (PSB) elegeram uma vereadora cada. Confrontando esses dados com o total dos representantes eleitos na história democrática de Boquira, verificamos que o PFL/DEM (30), o PMDB (19) e o PTB (10) foram justamente os partidos que elegeram o maior número de vereadores, enquanto o PSB teve três representantes eleitos, todos na última legislatura, e o PCdoB esteve presente na Câmara Municipal apenas uma vez, entre 2009-2012, com a vereadora Maria Rosa da Conceição.

Ao falar das desigualdades existentes entre homens e mulheres é importante mencionar que, dentro desse último grupo, existem sujeitos em maior situação de vulnerabilidade, por exemplo, as mulheres negras, as lésbicas e as mulheres em situação econômica precária. Essas categorias sofrem maior preconceito e, com isso, têm menos oportunidades de acesso ao mercado de trabalho e aos direitos sociais. Isso reverbera também na política, em que a presença de mulheres pertencentes a essas categorias é bastante diminuta. De fato, em Boquira, entre 1988 a 2012, só foi eleita uma vereadora negra (Terezinha Xavier de Macedo), a frente de duas brancas e quatro pardas. Essa proporção é, porém, aproximadamente a mesma se observarmos o total de vereadores eleitos no período e reflete bastante fielmente a composição étnica do município.[19]

No que se refere à escolaridade das vereadoras de Boquira, a maioria delas (seis) tinha ensino médio completo, enquanto uma possuía ensino fundamental incompleto e uma outra ensino superior: Jucinalva Viana Sousa (pedagoga). Ela foi, aliás, um dos pouquíssimos edis eleitos em Boquira desde 1988 que alcançaram esse nível de escolaridade: além dela só houve Mário Cezar Nunes (eleito em 1988, 1992, 1996 e 2000) e Judson Almeida de Sousa (em 2016). Diferente é a situação no que concerne aos prefeitos e vices, a maioria dos quais fez curso universitário. Em geral, podemos afirmar que a média de escolaridade das vereadoras em Boquira se encontra aproximadamente no mesmo patamar daquele dos seus colegas homens.

É importante destacar que todas as sete vereadoras eleitas entre 1988 e 2012 eram ou são professoras no município, o que pode ter influenciado diretamente sua participação na política, por estarem inseridas em um ambiente que, possivelmente, as levasse a questionar e cobrar ações políticas em benefício da população. Essa atitude pode ser verificada na fala de uma das entrevistadas, Terezinha Xavier de Macedo: "[...] como professora leiga [...] nessa trajetória resolvi entrar na política para defender o direito da mulher e lutar também pelo direito social".[20] O fato de as vereadoras exercerem a função de professoras pode ter contribuído para serem eleitas, pois essas mulheres eram conhecidas na cidade pelos pais dos alunos e mantinham com eles, na maioria das vezes, uma relação de confiança. Do mesmo modo, pode-se supor que também as mães dos alunos e outras colegas de profissão, que almejavam ter mulheres inseridas na política local, as considerassem figuras representativas.

Nesse ínterim, é imprescindível discutir a relação entre gênero e profissão, uma vez que as mulheres ganham menos que os homens, mesmo desenvolvendo a mesma atividade, ou se encontram em posição subordinada em relação a estes. A maioria das mulheres, ademais, exerce profissões ligadas ao cuidado, pelas quais recebe piores remunerações. De acordo com dados de 2012 do Instituto de Pesquisa Econômica Aplicada (Ipea), nas universidades as mulheres constituem maioria em cursos como: Pedagogia, Serviço Social, Enfermagem, Nutrição, Psicologia e licenciaturas em geral, enquanto os homens prevalecem nas Engenharias e nas Ciências Exatas.[21] Em Boquira, todas as primeiras sete vereadoras eleitas (a oitava, Sandra Silva Santana, declarou ser agricultora) trabalharam na escola, um dos âmbitos profissionais com maior presença feminina. De fato, no município, encontram-se muitas mulheres no mercado do trabalho, mas sobretudo como professoras, enfermeiras, técnicas em enfermagem ou comerciárias, enquanto a maior parte dos homens que assumiu cargos de chefia nas secretarias da prefeitura é composta por engenheiros, médicos e advogados. A desigualdade no mercado do trabalho se reflete, portanto, no âmbito político local.

DESAFIOS DA PARTICIPAÇÃO FEMININA NA POLÍTICA DE BOQUIRA

Ao longo da nossa pesquisa sobre a representação feminina na política local de Boquira surgiram diversos questionamentos, os quais procuramos responder por meio dos depoimentos das mulheres que já tiveram experiências como vereadoras no município. Tais entrevistas, realizadas durante o ano de 2015, nos foram concedidas por cinco das sete mulheres eleitas no período 1988-2012: Terezinha Xavier de Macedo, Nailde de Souza Rêgo Oliveira, Maria Rosa da

Conceição, Maria Josefina Alves de Menezes Cardoso e Jucinalva Viana Sousa. Não foi possível realizar entrevistas com Laurice Novato Cardoso Leão, devido à incompatibilidade de horários, apesar de ela ter mostrado interesse em participar da pesquisa, e com Maria da Conceição Machado França, pois ela não se encontrava no município. As entrevistas foram organizadas em torno de questões como: "O que levou essas mulheres a participar da política de Boquira?", "Quais foram as dificuldades vivenciadas por essas mulheres na política?", "De que maneira é vista a mulher no contexto político local, tanto pelos colegas como pela comunidade?". As respostas que nos foram fornecidas podem ser consideradas pontos de partida para um debate sobre a necessidade de mais estudos acerca da participação feminina na política boquirense, com o intuito de fomentar outras discussões, mais amplas, sobre as práticas do empoderamento feminino nos municípios do interior.

O primeiro dado bastante importante que emerge das declarações das vereadoras é que três das cinco entrevistadas nos disseram que um dos motivos para o começo da sua carreira política foi a herança familiar: "Meu esposo sempre esteve envolvido com a política, ele foi vereador por vários mandatos, então considero que isso tenha influenciado na minha entrada na política".[22] A partir desse relato, percebe-se que a influência familiar representa um fator decisivo, pois essas mulheres já estiveram envolvidas com assuntos políticos dentro dos próprios muros domésticos. Algumas vezes, elas se sentiram obrigadas a fazer parte da vida política como representantes da família no poder, ou seja, sobretudo se os seus parentes já tinham um histórico de participação na cena pública municipal. Vemos, assim, que das cinco vereadoras entrevistadas, apenas duas não tinham parentes na esfera política local: Terezinha Xavier de Macedo e Jucinalva Viana de Sousa, as quais declararam ter ingressado na política por buscar melhorias para o município e como uma forma de lutar por políticas públicas e igualdade de direitos e oportunidades entre homens e mulheres. Em particular, na entrevista com a vereadora Jucinalva Viana Sousa, percebemos que um dos fatores que a motivaram nessa escolha foi o fato d'ela estar envolvida com os movimentos sociais nas associações comunitárias, relatando que a política foi uma oportunidade de fazer um trabalho mais abrangente, voltado para uma coletividade maior. Todavia, as outras três entrevistadas possuem parentes que ocupam ou ocuparam cargos políticos, a exemplo de Maria Rosa da Conceição, cujo esposo, Sinval Vieira de Sousa, foi vereador no município por três mandatos consecutivos. Na eleição de 2008, ela ingressou na Câmara dos Vereadores e o marido foi eleito vice-prefeito, porém, quatro anos mais tarde, ambos foram derrotados nas urnas. Nessa situação específica, que pode acontecer com outras mulheres na política, nota-se que a participação feminina ocorre de forma subordinada ao desejo de manutenção do poder por parte do cônjuge.

Em relação às dificuldades vivenciadas por mulheres na inserção e permanência na carreira política, pode-se citar a divisão sexual do trabalho, que sobrecarrega as mulheres com as tarefas domésticas e de cuidado com filhos, dificuldades que se estendem ao âmbito extradoméstico. De acordo com o Relatório Anual Socioeconômico da Mulher de 2015:

> No que tange à divisão sexual do trabalho e ao uso do tempo, observa-se que a jornada total das mulheres, somando-se o tempo dedicado ao trabalho principal (mais de 35 horas semanais) e aos afazeres domésticos (quase 21 horas semanais), era sempre superior à jornada total dos homens (quase 42 horas dedicadas ao trabalho principal e 10 horas aos afazeres domésticos). Além de receberem menor

remuneração pelo trabalho realizado, as mulheres rurais eram as que dedicavam mais horas semanais à realização de afazeres domésticos (em torno de 26 horas), em comparação com as mulheres urbanas (20 horas).[23]

Apesar dos avanços conquistados pelas mulheres na inserção no mercado de trabalho e na política, percebe-se ainda o acúmulo de tarefas, resultando em sobrecarga de trabalho, oportunidades de crescimento desigual e menos tempo para investir na própria carreira. Outro fator importante nessa conjuntura é o aumento no número de domicílios chefiados por mulheres, que "passou de 30,1% para 40,9%. Mais expressivo foi o aumento da proporção de mulheres cônjuges que contribuem para a renda das suas famílias, que passou de 39,1% para 65,8% no período".[24] E ainda, em relação aos afazeres domésticos, "as mulheres ocupadas despendiam, em média, 21,8 horas semanais, e os homens, 9,5".[25]

Contrariando, porém, os estudos que denunciam os vários desafios que as mulheres enfrentam na vida pública, quatro das cinco vereadoras entrevistadas relataram não ter encontrado dificuldades relacionadas à questão de gênero na sua atuação política. Desse modo, uma delas nos contou: "Não (tenho dificuldades). Os meus colegas, a sociedade, me trataram com muito respeito e admiração. Tive três mandatos consecutivos de 1989 a 2000. Fui vice-presidente da Câmara, tenho saudade".[26] Em relação a esse dado, pode se questionar, todavia, se essas mulheres realmente não encontraram dificuldades na carreira política advindas da questão gênero ou se não conseguiram identificá-las devido à naturalização das desigualdades existentes entre homens e mulheres.

Outro desafio enfrentado pelas mulheres na carreira política se refere aos recursos para financiar suas campanhas eleitorais, pois, muitas vezes, elas se tornam candidatas somente para preencher as cotas eleitorais de gênero e, uma vez eleitas, são tratadas pelos colegas como simples coadjuvantes. É nesse aspecto que é importante sinalizar como uma vereadora admitiu ter vivenciado dificuldades no âmbito político pelo fato de ser mulher:

> Me relaciono bem, porém, noto que há um certo preconceito. O sexo oposto sempre deixa transparecer que cargo político é coisa *pra* homens. Sempre são mais atendidos nas suas solicitações junto à administração local. As mulheres precisam participar mais, unir forças e acreditar que são capazes de somar desenvolvendo e demonstrando potenciais que muitas vezes estão ocultos. Potenciais estes capazes de otimizar mudanças na sociedade.[27]

A partir desse relato, fornecido, aliás, pela única das vereadoras de Boquira que tem graduação e especialização, podemos observar que no município, assim como em muitas outras localidades brasileiras, as mulheres já sofreram e ainda sofrem com os estereótipos impostos ao seu sexo. Na mentalidade tradicional que caracterizava e, muitas vezes, segue caracterizando os pequenos municípios do interior, esperava-se da mulher submissão e menor capacidade em relação à execução de determinadas atividades, pois considerava-se que havia tarefas que eram realizadas por homens e outras que somente as mulheres poderiam desenvolver. A política, obviamente, não fazia parte destas últimas. De fato, todas as depoentes, quando questionadas se consideravam suficiente a participação das mulheres dentro dos processos eleitorais de Boquira, estavam conscientes de fazer parte de uma exígua minoria: "[...] assim como em todo o Brasil, as mulheres são minoria no âmbito político".[28]

CONSIDERAÇÕES FINAIS

A escolha do tema desta pesquisa foi motivada pela necessidade de novos estudos sobre a política dos municípios baianos e, especificamente, sobre a participação feminina na política local; procuramos assim construir um estudo de caso sobre os processos eleitorais em Boquira no período de 1988 a 2016 e analisar os desafios enfrentados pelas mulheres que foram eleitas para ocupar cargos públicos nesse município. Podemos chegar, assim, a algumas conclusões: 1) que nunca uma mulher foi prefeita ou vice-prefeita no município de Boquira e que, também, sempre existiu uma grande diferença em relação ao número de homens e mulheres eleitos na Câmara Municipal ao longo do período considerado; 2) todas as vereadoras eleitas entre 1988 e 2012 eram ou são professoras no município; e 3) das oito mulheres eleitas entre 1988 e 2016, somente uma era negra e somente outra possuía grau de escolaridade superior.

A partir dos depoimentos que nos foram concedidos pelas próprias vereadoras, concluímos que a influência familiar foi um fator decisivo para o ingresso de algumas dessas mulheres na política, mas também que a participação feminina no espaço público do município contribuiu para despertar em outras mulheres a consciência da necessidade de transformar sua prática política, além de ampliar as discussões acerca dos papéis de gênero. É notório que as mulheres brasileiras têm conseguido avanços importantes em diversos campos, por exemplo, a eleição de uma presidente mulher, o aumento do grau de escolaridade, a crescente participação na economia e no mercado de trabalho e a criação de movimentos de mulheres que lutam por igualdade. Entretanto, no Brasil, há ainda muita luta e um longo caminho a trilhar até alcançar a igualdade entre homens e mulheres. Boquira reflete esse cenário de desigualdade ainda presente no contexto nacional e estadual, tanto no mercado de trabalho quanto, em especial, no âmbito político, que foi o foco deste estudo.

NOTAS

[1] BRASIL. Instituto Brasileiro de Geografia e Estatística (IBGE). *O Brasil em síntese.* Conheça cidades e estados do Brasil. Disponível em: <https://cidades.ibge.gov.br>. Acesso em: 24 mar. 2016.
[2] SANTOS, Aroldo Rodrigues dos. *Memórias de Macacos a Boquira.* Boquira: [s. e.], 2007, p. 141.
[3] Idem.
[4] NANJARÍ, Cecília Castillo. Gênero como categoria de análise para desvendar a violência contra as mulheres: um desafio para a educação teológica. *Caminhando.* São Paulo, v. 14, n. 2, p. 141-151, jul./dez. 2009, p. 144. Disponível em: <https://www.metodista.br/revistas/revistas-ims/index.php/Caminhando/article/view/1118/1142>. Acesso em: 2 abr. 2016.
[5] SANTOS, Helena Miranda dos. A importância de discutir gênero na psicologia. In: ANDRADE, Darlene Silva Vieira; SANTOS, Helena Miranda dos (Org.). *Gênero na psicologia:* articulações e discussões. Salvador: [s. e.], 2013, p. 23. Disponível em: <http://newpsi.bvs-psi.org.br/ebooks2010/PT/Acervo_files/genero_na_psicologia.pdf>. Acesso em: 9 abr. 2016.
[6] Idem, p. 27.
[7] NASCIMENTO, Stephanie Ferreira dos Santos. *Gênero e democracia:* a representação política feminina no poder legislativo de Salvador. Trabalho de conclusão de curso (graduação). Universidade Federal do Recôncavo da Bahia, Cachoeira, 2014, p. 12.
[8] OLIVEIRA, Kamila Pagel de. *A trajetória da mulher na política brasileira:* as conquistas e a persistência de barreiras. Texto para discussão. Belo Horizonte: Fundação João Pinheiro/Fapemig, 2013, p. 13. Disponível em: <http://www.eg.fjp.mg.gov.br/index.php/docman/publicacoes-2013/6-a-trajetoria-da-mulher-na-politica-brasileiraas-conquistas-e-a-persistencia-de-barreiras/file>. Acesso em: 1º abr. 2016.
[9] ORIÁ, Ricardo. Mulheres no parlamento brasileiro: Carlota Pereira de Queiroz. *Plenarium.* Brasília, v.1, n.1, p. 240-246, nov. 2004.
[10] OLIVEIRA. Op. cit., p. 5.
[11] COELHO, Leila Machado; BAPTISTA, Marisa. A história da inserção política da mulher no Brasil: uma trajetória do espaço privado ao público. *Psicologia Política.* São Paulo, v. 9, n. 17, p. 85-99, jun. 2009. Disponível em: <http://pepsic.bvsalud.org/scielo.php?script=sci_arttext&pid=S1519-549X2009000100006>. Acesso em: 30 abr. 2016.
[12] OLIVEIRA. Op. cit., p. 10.
[13] BRASIL. Presidência da República; Secretaria Nacional de Enfrentamento à Violência contra as Mulheres; Secretaria de Políticas para as Mulheres. *Rede de Enfrentamento à Violência contra as Mulheres.* Brasília: Coleção Enfrentamento à Violência contra as Mulheres, 2011, p. 7-8. Disponível em: <https://www12.senado.leg.br/institucional/omv/entenda-a-violencia/pdfs/politica-nacional-de-enfrentamento-a-violencia-contra-as-mulheres>. Acesso em: 9 abr. 2016.
[14] Cf.: BRASIL. Presidência da República. Casa Civil. Subchefia para Assuntos Jurídicos. Lei nº 11.340, de 7 de agosto de 2006. Disponível em: http://www.planalto.gov.br/ccivil_03/_ato2004-2006/2006/lei/l11340.htm. Acesso em: 12 abr. 2016.
[15] VIANNA, Cláudia Pereira. O sexo e o gênero da docência. *Cadernos Pagu.* Campinas, n. 17-18, p. 81-103, 2002. Disponível em: <http://www.scielo.br/scielo.php?pid=S0104-83332002000100003&script=sci_abstract&tlng=PT>. Acesso em: 9 abr. 2016.
[16] OLIVEIRA. Op. cit., p. 10.
[17] NASCIMENTO. Op. cit., p. 37.
[18] COSTA, Ana Alice Alcântara. *As donas do poder.* Mulheres e política na Bahia. Salvador: FFCH/UFBA, 1998, p. 14.
[19] BRASIL. Instituto Brasileiro de Geografia e Estatística. *O Brasil em síntese.* Op. cit. Acesso em: 24 mar. 2016.

[20] MACEDO, Terezinha Xavier de. *Terezinha Xavier de Macedo*: depoimento [set. 2015]. Entrevistadora: L. Silva Sousa. Entrevista concedida ao Programa de Iniciação Científica da Universidade do Estado da Bahia.

[21] CASTRO, Jorge Abrahão de; ARAÚJO, Herton Ellery (Org.). *Situação social brasileira. Monitoramento das condições de vida*. Brasília: Instituto de Pesquisa Econômica Aplicada – Ipea, 2012, v. 2. Disponível em: <http://repositorio.ipea.gov.br/bitstream/11058/3090/1/Livro_Monitoramento%20das%20condi%C3%A7%C3%B5es%20de%20vida%202.pdf>. Acesso em: 12 abr. 2016.

[22] CONCEIÇÃO, Rosa Maria da. *Maria Rosa da Conceição*: depoimento [set. 2015]. Entrevistadora: L. Silva Sousa. Entrevista concedida ao Programa de Iniciação Científica da Universidade do Estado da Bahia.

[23] BRASIL. Presidência da República; Secretaria Nacional de Enfrentamento à Violência contra as Mulheres; Secretaria de Políticas do Trabalho e Autonomia Econômica das Mulheres; Secretaria de Articulação Institucional e Ações Temáticas; Secretaria de Políticas para as Mulheres. *Relatório Anual Socioeconômico da Mulher* (RASEAM). Brasília, mar. 2015, p. 20. Disponível em: <http://www.biblioteca.presidencia.gov.br/publicacoes-oficiais/catalogo/dilma/spm_livro-relatorio-anual-socioeconomico-da-mulher_2015.pdf/view>. Acesso em: 2 jun. 2016.

[24] CASTRO; ARAÚJO. Op. cit., p. 20. Acesso em: 12 abr. 2016.

[25] Idem, p. 21.

[26] MACEDO, Terezinha Xavier de. *Terezinha Xavier de Macedo*: depoimento [set. 2015]. Entrevistadora: L. Silva Sousa. Entrevista concedida ao Programa de Iniciação Científica da Universidade do Estado da Bahia.

[27] SOUSA, Jucinalva Viana de. *Jucinalva Viana de Sousa*: depoimento [set. 2015]. Entrevistadora: L. Silva Sousa. Entrevista concedida ao Programa de Iniciação Científica da Universidade do Estado da Bahia.

[28] CARDOSO, Maria Josefina Alves de Menezes. *Maria Josefina Alves de Menezes Cardoso*: depoimento [set. 2015]. Entrevistadora: L. Silva Sousa. Entrevista concedida ao Programa de Iniciação Científica da Universidade do Estado da Bahia.

PODER LOCAL E CLIENTELISMO POLÍTICO: A EXPERIÊNCIA ELEITORAL NO MUNICÍPIO DE DOM MACEDO COSTA

Jeovanio Alves Moreira

O presente trabalho tenciona realizar um diagnóstico sobre a política local do município de Dom Macedo Costa entre 1988 e 2016, verificando como se tem estabelecido a relação entre administração pública e sociedade, desde a redemocratização do Brasil até os dias de hoje. Por meio de um estudo de caso, faz uma análise crítica a respeito de como se desenvolvem os processos político-eleitorais nas pequenas cidades brasileiras e de como são gerenciados os interesses das elites políticas e dos cidadãos comuns no campo local. Ao longo da pesquisa serão identificados os representantes da política partidária em Dom Macedo Costa, dando ênfase aos dois grupos políticos conhecidos como "Jacu" e "Beija-Flor", e serão analisados os papéis das classes populares nas disputas político-partidárias e eleitorais do município, ou seja, no exercício de sua cidadania. Visa-se, também, abordar a influência do "carlismo" e da sua rede de clientelas na política interiorana, com foco na experiência macedense, problematizando a política do Estado em relação aos municípios. É também objetivo deste trabalho identificar como funcionam as relações existentes entre os personagens envolvidos no cenário político local, que são os candidatos ao pleito, eleitos e não eleitos, as lideranças municipais e estaduais e os cidadãos comuns, que formam, sobretudo, as camadas populares. Os questionamentos que serão propostos, dentre outros, serão: "Quais são as engrenagens que movem as relações políticas?", "Como o político local cativa seu eleitorado?", e no caso dos políticos profissionais, "Quais estratégias são usadas para se obter sucesso eleitoral e se confirmar por vários mandatos em sequência?". Para tentar responder a tais inquietações, irei abordar o conceito, para mim central, de clientelismo, dentro das relações que ocorrem no jogo político do município.

BEIJA-FLOR E JACU: ORIGEM, TRAJETÓRIA, ALIANÇAS E RUPTURAS

A cidade de Dom Macedo Costa situa-se na Mesorregião Metropolitana de Salvador, a uma distância de 180 km da capital do estado; geograficamente, ocupa um espaço territorial de 93,22 km². Sua principal via de acesso é a BA-026, com 6 km de comprimento, que liga o município à BR-101, estando Dom Macedo Costa a 26 km de Santo Antônio de Jesus, de cuja Microrregião faz parte. De acordo com o censo do IBGE de 2010, em Dom Macedo Costa havia 3.874 habitantes, sendo que a população masculina somava 1.897 pessoas, enquanto a feminina era de 1.977 habitantes. Destes, 2.899 eram alfabetizados e 975 analfabetos, existindo assim uma expressiva população iletrada. No âmbito religioso, predomina o cristianismo na sua vertente católica, correspondendo a 85,5% da população, havendo 14,5% de evangélicos e 0,4% de espíritas. O eleitorado está dividido entre 1.799 (48,3%) eleitores de sexo masculino e 1.923 (51,6%) de sexo feminino.[1]

O município de Dom Macedo Costa tem a sua história vinculada desde o século XVII à grande freguesia de São Bartolomeu de Maragogipe, freguesia, esta, repartida em quatro no decorrer do século XVIII, entre elas a de São Felipe, criada em 1718. Nesta freguesia situava-se a fazenda São Roque, de propriedade da família Souza Pithon, que através de doações e arrendamentos propiciou as condições para o povoamento da área por centenas de agricultores dando origem ao Distrito de São Roque, mais conhecido como São Roque do Bate Quente, em virtude de haver muitas brigas e discussões. Criado em 1883, quando a família Souza Pithon ergueu a capela de São Roque, e que em 22 de maio do mesmo ano o Padre Francisco Felix de Souza Pithon rezou a primeira missa inaugurando a capela que hoje é a Igreja Matriz da cidade. Durante os estudos Sacerdotais, o Padre Pithon conheceu um grande religioso, o Arcebispo de Salvador em 1890, Dom Antônio de Macedo Costa, nascido em 1830, filho da cidade de Maragogipe a quem a vila pertencia no seu início, tornou-se amigo da família e de toda Vila. Em 04 de abril de 1962, o Distrito se emancipa politicamente e seus moradores resolvem dar o nome de Dom Macedo Costa, em homenagem ao grande amigo da família Souza Pithon e do povo da vila. Dom Macedo Costa, Município criado em 1962, pela Lei Estadual nº 1652 – de 04 de abril de 1962, sancionada, pelo governador da Bahia, General Juraci Magalhães, publicada no Diário Oficial de 06/04/1962, desmembrando da Cidade de São Felipe.[2]

As primeiras eleições locais após a emancipação do município foram caracterizadas pelo acirramento da disputa existente entre as duas principais lideranças do município até então, Pio Barreto e Zeca Barreto. Tal disputa refletia outra relação aguerrida no cenário político estadual, envolvendo o então governador, Juracy Magalhães, e um jovem líder emergente, Antônio Carlos Magalhães (conhecido pelo acrônimo ACM). Apesar de ACM ter sido projetado na política por Juracy, com o apoio a contragosto que este fez a favor da candidatura de Antônio Lomanto Júnior a governador do estado, em 1962, e com a independência do carlismo e suas articulações partidárias no interior do estado, as duas lideranças (ambas pertencentes à União Democrática Nacional – UDN) foram passando, gradativamente, de aliados para campos opostos da política baiana.

> A partir de certo momento, Juracy confiou a sucessão aos filhos, especialmente a Juracy Magalhães Jr., aliado de Lomanto no campo governista. Pelas mãos de *Juracyzinho,* o barco lomantista, navegando no acordo federal e na popularidade do candidato, seguiu orientado pelos faróis do governo.[3]

Pio Barreto tinha o apoio de Juracy Magalhães, já Zeca Barreto passou a integrar a aliança de Antônio Carlos Magalhães.[4] Contudo, mesmo havendo um acirramento nas disputas partidárias municipais, não há evidências para assegurar que houve verdadeira inimizade entre os atores da política local para além dos pleitos, nem entre essas duas lideranças e nem entre as que surgiram a partir delas. O grupo político comandado por Pio Barreto, primeiro prefeito de Dom Macedo Costa, ocupou por muitos anos o poder municipal, consolidando, com isso, uma tradição política em nível local; porém, como foi dito anteriormente, nesse período, que marca as décadas de 1960 e 1970, já se descortinava uma vertente oposicionista no município, liderada por Zeca Barreto. Contudo, pelo fato deste último não conseguir ganhar nenhuma das disputas pela prefeitura local, o grupo dele (o Arena 2) passou a ser popularmente denominado como "Jacu", num sentido pejorativo, pois se refere a uma ave do gênero *Penelope*, cujo aspecto é bastante desagradável. Já no final dos anos 1980, houve um rompimento no grupo da situação (o antigo Arena 1, também conhecido como "Beija-flor"), entre Antônio Barreto Mota (Veto) e Deraldo Barreto Piton (Dê), as duas lideranças que disputavam a herança política de Pio Barreto. O segundo passou, assim, a agremiar com a oposição, comandada por Zeca Barreto,[5] que já os moradores da cidade apelidavam de "Jacu baleado", por causa das suas sucessivas derrotas eleitorais.[6]

Faz-se importante expor que o surgimento da denominação dos grupos políticos conhecidos como "Beija-flor" e "Jacu" não aconteceu no município que é objeto desta análise, mas tem suas bases na cidade de Santo Antônio de Jesus, local onde, segundo Marcos Souza Batista, surgiram estes dois grupos.[7] Dessa forma, observa-se que os macedences se apropriaram das denominações originalizadas e popularizadas na cidade vizinha. Em Santo Antônio de Jesus, que se apresenta como um forte núcleo político e econômico da região, o nascimento dos grupos "Beija-flor" e "Jacu" se deu também na primeira metade da década de 1960, num período marcado por forte instabilidade política no país. Nessa época, segundo Batista, a administração da cidade circulava em torno de um único grupo político, que tinha como principal líder Antônio Fraga (do Partido Republicano), o qual não contava com uma oposição forte o suficiente para que houvesse uma alternância no poder executivo.[8] Todavia, ao haver uma importante dissidência dentro do PR local, os dissidentes lançaram a candidatura de José Trindade Lobo (UDN), que teve uma campanha abraçada pelas camadas populares, as quais, por conta da popularidade da música "Meu Beija-flor", do compositor Onildo Almeida, acabaram apelidando a formação dos correligionários de Trindade Lobo com o nome de "Beija-flor". Trindade Lobo foi vencedor desse pleito, marcando uma importante ruptura no histórico político local, e o seu grupo acabou se consolidando na política local. Haja vista a unificação da oposição ao prefeito eleito, surgiu então o grupo do "Jacu", assim apelidado em homenagem a duas aves que pertenciam a Fernando José de Aragão, proprietário do sobrado onde aconteciam as reuniões para articulação da campanha.[9]

O surgimento da contraposição entre "Beija-flor" e "Jacu" apresenta alguns aspectos bastante comuns na política local, principalmente no interior dos estados, em que, de um lado, um grupo nasce batizado ao calor dos comícios eleitorais, o que denota um apelo popular, enquanto outro é autodenominado pelos próprios integrantes partidários em oposição ao primeiro, apontando para uma polarização que viria se concretizar nos anos seguintes, entre os que eram vistos, respectivamente, como representantes das camadas populares ("Beija-flor") e da elite local ("Jacu"). Segundo o depoente João Ramalho, em Dom Macedo Costa "não tinha concorrência, aí a gente sempre se inspirava nas cidades maiores, né, lá tinha Jacu e Beija-Flor, aí aqui foi implantado do mesmo jeito, aqui foi absorvendo, aí criou esses grupos".[10] Não obstante, ao serem interrogados sobre o surgimento das alcunhas dos dois grupos, alguns dos entrevistados não se mostraram firmes em suas respostas, denotando, com isso, certo desconforto por não saberem ao certo o porquê desses apelidos terem ganhado popularidade no município. Entretanto, o mesmo João Ramalho ressaltou que o grupo "Beija-flor", liderado por Pio Barreto e, posteriormente, por Antônio Barreto Mota, prefeito do município por dois mandatos, ganhou forte tradição por vencer os pleitos municipais. "Só foi Veto e Dê, era feita a tabelinha, quando não era um grupo era o outro, foi Veto que colocou Dê na política, quando surgiu aquele grupo que eu falei, eles brigaram e aí rachou, rachou. Dê vai e entra junto com o outro grupo".[11] Com a ruptura entre essas duas lideranças do grupo do "Beija-flor" – após as eleições de 1988, vencidas por Veto, apoiado por Dê –, a oposição passou a lograr êxito na disputa para a prefeitura, pois teve o candidato Deraldo de Souza Piton ao seu lado, inaugurando, a partir dessa data, o começo da era de vitórias do grupo do "Jacu" no município. A partir daí, Veto, que até então era a figura política de maior influência local, não mais conseguiu fazer eleger os próprios candidatos ao cargo de prefeito e seu grupo, antes hegemônico, foi apelidado, pela fértil imaginação dos populares, de "Beija-flor de asa quebrada". Em um discurso proferido numa plenária da Câmara de Vereadores, o seu principal adversário, Deraldo Piton, evidenciou:

> Hoje também é uma data propícia para que eu cite a partir do meu governo, esse governo que na nossa campanha política dizia vamos fazer renascer, de fato Dom Macedo Costa está renascendo, só não renasce para aqueles que pouco enxergam porque para o adversário nada se realiza, mas aquele adversário que não tem uma boa visão, porque o adversário consciente faz a política em cima de oposição mas desviar a verdade, mesmo nesse mandato com a minha equipe, com meu vice, com todo esse povo, com essa Câmara de Vereadores, já construí mais de 70 casas para a pobreza, todo canto do município tem a marca do governo de verdade, independente de ajuda. Ajudasse, pois, quando as pessoas chegam pra mim pede ajuda para fazer um rancho, a [?] dá dois mil blocos e a prefeitura dá o restante. Se eu fosse citar essas ajudas mais de 100 casas estão feitas pelo meu governo [...].[12]

Nesse discurso, percebe-se que Dê, além de fomentar sua desavença com o ex-prefeito Veto, também destaca sua administração como progressista, na qual realmente a população estava conhecendo amparo. Por outro lado, no seu discurso, ele não se preocupa ao citar práticas clientelistas (doação de tijolos para a construção de casas particulares, neste caso) que continuaram vigorando. Dessa forma, o período que marcou a redemocratização do país também coincidiu com uma mudança nos caminhos da política local, mas há de se perguntar se essa tomada de poder por um grupo que nunca tinha conseguido vencer uma eleição para prefeito se deu somente pelo fato de um político influente da antiga situação ter passado para o lado da oposição ou se houve realmente uma mudança no comportamento dos líderes políticos para com a população.

Tais questões não podem ser facilmente respondidas, mas antes de se repensar nas dinâmicas das alianças entre figuras políticas, há de se considerar como a questão da identificação partidária (IP), "uma informação sintética e econômica que é utilizada pelo eleitor quando este avalia plataformas ambíguas feitas para lidar com futuros incertos",[13] tem agido em nível local. Em muitas regiões do país, o eleitorado vota muito mais por sua identificação com um determinado partido do que por uma análise pautada nos projetos oferecidos pelos candidatos. Essas preferências, porém, não são incondicionais, uma vez que "os partidos são inconsistentes ao longo do tempo, se a mobilidade social é excepcionalmente alta ou se novos *issues* emergem regularmente, a IP dos cidadãos pode flutuar".[14] Contudo, o eleitorado de Dom Macedo Costa nunca teve histórico de adesão ideológica, nem mesmo ao bipartidarismo forçoso (Arena *versus* MDB) que marcou o regime militar, no período entre 1964 e 1985. Ao contrário, o município reproduziu um fenômeno, recorrente no interior do estado, que delimitava a situação e oposição dentro do próprio partido governista, como relata um depoente: "Tinha Arena 1 e Arena 2, a ditadura queria apoio de todo mundo, ela lançou isso exatamente pra manter o monopólio, aí os dois partidos apoiavam a ditadura porque não tinha como".[15] Consequentemente, percebe-se que o viés tradicionalista do governo militar teve forte continuidade na Bahia, após a redemocratização, com a política do grupo "carlista", formado pelos aliados de Antônio Carlos Magalhães espalhados pelos vários municípios do estado, especialmente pelo próprio ACM "servir-se do quadro existente antes de dedicar-se a criar bases próprias".[16] Diante disso:

> [...] O interesse do mandatário estadual não se movia em direção a envolver-se nas disputas. O *script* que fazia descer aos municípios era o da unanimidade na política estadual, comandada pelo governador. A centralização do comando era a condição que lhe permitia administrar o estado com sucesso, auferindo, com um mínimo de custo político e em ritmo de insulamento burocrático, ao gosto do general Médici, a aclamação das elites e do povo pela obra modernizante e, com isso, apresentar-se em Brasília como eficaz quadro político da "Revolução".[17]

Vê-se, portanto, a característica pragmática que marcou o governo de ACM, o qual não procurava mudar as estruturas políticas locais, nem beneficiar determinadas lideranças em detrimento de outras, ao ponto de criar oposição à sua hegemonia política. Alguns depoentes relataram que, de fato, ACM tinha bom trânsito, no município, com todos os principais representantes da política local, porém, por ele ter uma relação mais estreita com Zeca Barreto, ocorreram eventos que marcaram o imaginário popular dos cidadãos macedenses em relação às visitas de ACM ao município. Contam, por exemplo, que em um comício, na praça pública, na época em que era deputado, ACM, ao ver o Sr. Júlio Ribeiro – comerciante local e liderança engajada na política – com um alto falante, na outra extremidade da praça, atrapalhando seu discurso, não aceitou a afronta. "O Antônio Carlos Magalhães era atrevido, foi quebrar o alto falante, entrou com tudo, aí o povo montou em cima e foi um cacete danado".[18] Da mesma forma, o depoente Zeu Lemos relatou que, em determinada ocasião, "Antônio Calos Magalhães invadiu um estúdio e deu tapa em um radialista";[19] esses eventos denotam o perfil autoritário de ACM.

> Em todos os lugares aqui da Bahia na época que reinou o PFL, era um curral de ACM, por isso que ficou no atraso esses anos todos, [...] esses prefeitos também se espelhavam em ACM, era o clientelismo, é o favor de um remédio, de um exame, então eles se agarravam nisso e isso foi o marasmo que deixou Dom Macedo Costa atrasada, ele reinava mesmo, eles comandavam, eles, esses prefeitos, eram tudo pau-mandado do governador.[20]

Analisando o discurso do depoente João Ramalho, percebe-se uma hostilidade por parte de integrantes da população para com a passividade governista da classe política macedense e com a reprodução das práticas clientelistas, apesar de sabermos que essas características não foram exclusivas do carlismo, mas constituem um fenômeno histórico que marcou todo cenário político nacional desde que aqui se celebram eleições. Contudo, antes de se fazer uma problematização desse clientelismo no contexto macedense, é importante seguir trilhando os caminhos da política local após a redemocratização do país e, sobretudo, a partir do momento no qual, ainda sob o regime militar, inicia-se uma nova trajetória na política nacional, com a instauração do multipartidarismo.

Na década de 1980, são assim constituídos novos partidos, como o Partido dos Trabalhadores (PT), e reaparecem alguns velhos conhecidos, como o Partido Comunista Brasileiro (PCB), saído da clandestinidade dos tempos do regime militar, e outros ainda surgem como ramificações da Arena e do MDB. Fruto de uma dissidência do Partido Democrático Social (PDS, ex-Arena) é o Partido da Frente Liberal (PFL), através do qual Antônio Carlos Magalhães consolida sua hegemonia política na Bahia. Segundo Pasquarelli:

> Convém destacar que o processo de abertura política teve duas estratégias básicas: a continuidade, que permitiu que a elite política se mantivesse no poder, e o conservadorismo, com ausência de um projeto articulado e consensual pelas forças de oposição ao autoritarismo, confinando-as a um espaço limitado pelos alicerces institucionais do regime precedente.[21]

Dessa forma, seguindo o cômodo caminho do fisiologismo, no qual a política local foi pautada, Dom Macedo Costa, nos primeiros anos da redemocratização, não apresentou nenhuma mudança em seu cenário eleitoral com respeito à situação estadual, uma vez que todos os prefeitos do município fizeram parte das bases governamentais de Waldir Pires e Nilo Coelho, primeiro, e ACM, depois. Durante 20 anos, entre 1992 e 2008, assistimos, assim, a um longo período de triunfos de candidatos do PFL e, posteriormente, do Democratas (DEM, como o PFL passa a se chamar em 2007), tendo um intervalo na vitória de Edivaldo Caldas (Vardinho), em 1996, pelo Partido Progressista Brasileiro (PPB), um partido que, todavia, compunha a base do governo do estado.

TABELA 2 – PARTIDOS DOS PREFEITOS ELEITOS EM DOM MACEDO COSTA (1988-2016)

1988	1992	1996	2000	2004	2008	2012	2016
PMB	PFL	PPB	PFL	PFL	DEM	PSD	PT

Fonte dos dados brutos: BRASIL. Tribunal Superior Eleitoral (TSE).

A partir da Tabela 2, pode-se perceber que, apesar das facções conservadoras ligadas ao grupo de ACM – grande cacique da política baiana, morto em 2007 – terem deixado o poder estadual em 2006, até as eleições de 2012 o cenário político de Dom Macedo Costa seguiu dominado pelos núcleos da direita. Levando em consideração o histórico do município, poderíamos afirmar que a vitória do candidato do PT, Agnaldo Piton (Guito da Saúde), em 2016, tem representado um novo tempo para a política local, mas hão de ser feitas algumas considerações a respeito. Primeiro: o prefeito pertence ao partido do governo do estado, demostrando assim um retorno à tradição do munícipio em eleger candidatos da situação. Em segundo lugar, o novo cenário local reproduz exatamente o que se vê em nível estadual, onde o partido do prefeito (ou do governador) depende, para sustentar a própria maioria no Legislativo, de partidos aliados cuja ideologia é de direita. No caso específico de Dom Macedo Costa, o prefeito eleito em 2016 tem apenas um representante do próprio partido na Câmara Municipal (aliás, o menos votado entre os edis eleitos) e, para compor sua base aliada, deve contar com dois vereadores do Partido da República (PR), um vereador do DEM e uma vereadora do Solidariedade (SD), contra outros quatro representantes do Partido Social Democrático (PSD), o principal partido oposicionista no município. Por fim, a vitória de Guito da Saúde marcou o retorno do grupo do "Beija-flor" ao poder local, vitória que não teria sido possível sem uma nova composição entre representantes desse grupo e algumas lideranças do "Jacu", demonstrando que, por baixo das legendas dos partidos nacionais, as das duas facções, que marcaram a história política do município no último meio século, seguem vivas e atuantes.

CLIENTELISMO E EVOLUÇÃO DAS POLÍTICAS SOCIAIS

Dom Macedo Costa tem sua economia voltada para a agropecuária, com um comércio urbano pequeno, enquanto o serviço público configura-se como a maior fonte de renda local. Contudo, o município sofre, desde 1980, com uma crescente emigração dos seus habitantes. Segundo Maria Helena Vitena Ferreira,[22] o que levou os habitantes do município a emigrar para outras cidades, como Santo Antônio de Jesus e Salvador, foi a busca por trabalho e estudo, uma vez que Dom Macedo Costa, até hoje, não oferece estrutura econômica para a permanência no município, principalmente da população jovem. Segundo Charles D'Almeida Santana e Edinelia Maria de Oliveira Souza, a crise das lavouras tradicionais (como o fumo e o café), a pecuária expansiva, o crescimento familiar e as expectativas oferecidas pelas cidades são as principais causas da emigração,[23] contribuindo assim para o esvaziamento no campo, a estagnação econômica e o decréscimo populacional. Paralelamente, verificou-se que, entre o ano de 1996 e o de 2000, o número de votantes em Dom Macedo Costa sofreu uma queda exorbitante de 24%, chegando a uma diferença negativa de 862 eleitores entre os dois pleitos eleitorais; já entre as eleições de 2000 e 2004 houve uma queda ulterior, mesmo que menor, de 39 eleitores. Em 2008, os inscritos nas listas eleitorais voltaram a crescer de 252 unidades em comparação aos pleitos anteriores e, nas eleições sucessivas, mesmo registrando-se novos aumentos (respectivamente de 326 e 21 unidades), o número total dos votantes não conseguiu mais alcançar o nível de 20 anos antes.

Os dados do corpo eleitoral refletem a perda populacional que o município sofreu nos anos anteriores, principalmente nos anos 1980, e que perdurou até a primeira metade da década de 2000. Segundo dados do IBGE, Dom Macedo Costa, com seus 3.874 residentes, é hoje o menor município da Bahia em número de habitantes.[24]

Outros problemas dos quais o município sofre são a precariedade dos serviços sociais e a falta de perspectivas no campo da economia privada, que acabam por aumentar a dependência da população em relação ao poder local, perpetuando o clientelismo nas relações político-partidárias, pois, enquanto a agropecuária entra em decadência, os cargos públicos passam a constituir a maior fonte de renda local. Além disso, o poder público é capaz de conceder benefícios como empregos temporários e isenções fiscais, dentre outras coisas, em troca de apoio político ou até do próprio voto direto, formando assim uma rede clientelista.

> [...] Contudo, todos se encontram presos a essa rede: o eleitor que precisa do "favor", o chefe porque precisa de seu voto e as autoridades estaduais porque precisam do apoio político do chefe e dos votos que ele carrega consigo. Tudo isso acaba prendendo os envolvidos numa rede de fidelidades mútuas, onde todos se beneficiam de alguma forma.[25]

Com base nessa análise, pretendo investigar uma rede clientelista, na qual o eleitor não é apenas uma "massa de manobra" nas mãos dos chefes da política. De fato, essa rede expressa uma forma de apropriação do sistema político, uma vez que a maior parte do eleitorado, ou seja, as classes populares, utiliza-se do voto para conquistar seus objetivos. Diante disso, no passado, os políticos viam nas práticas clientelistas uma forma de amenizar e socorrer a população de maneira mais direta, levando em conta que ainda se tratava de uma época em que as políticas sociais não supriam as demandas do homem do campo, em virtude da demora na chegada da modernização nos redutos interioranos. Dessa forma, pretende-se analisar o clientelismo local a partir das suas bases sociais, sob uma ótica de concessão de favores mútuos, pelos quais a relação se dá numa perspectiva onde todos os envolvidos pleiteiam seus objetivos frente à máquina pública. Dom Macedo Costa, até final da década de 1990, dependia das lideranças políticas para resolver questões do cotidiano dos moradores, atividades essas que, por conta da dificuldade de locomoção da população, atrelada à falta de informação, contribuíram para a manutenção da rede clientelista.

> Naquele tempo, né, uma pessoa passa mal e precisa levar para o hospital, quem sabia ir lá no hospital Luiz Argolo, Joel pegou, levou, Sr. Juvenal naquela época, levou, então ali era um favor eterno, era grato pro resto da vida e ali ia fazendo aquela rede. [...] Então você vai tá submisso a vida toda e era assim que funcionava, no tempo de Dê, de Veto, Joel não, Joel era o mais aberto assim nesse sentido, não tinha essa ambição, mas era de fazer favor, até porque a situação das pessoas.[26]

No depoimento de João Ramalho percebe-se que, apesar de se referir de forma pejorativa a alguns políticos que não escondiam ambições de carreira, quando se trata de Joel Barreto Moreira, ele faz uma concessão, ao dizer que esse político era diferente dos outros. Vale salientar, porém, que Joel compõe o rol dos cinco políticos mais importantes do município e é bem conhecido pelo seu estilo populista. Concorreu ao cargo de prefeito por duas vezes: a primeira em 1992, perdendo para Deraldo

Piton, a segunda em 2000, perdendo para José Fróes; foi todavia eleito por dois mandatos de vereador (1985-1988 e 2005-2008), chegando a ser vice-prefeito em duas oportunidades (1989-1992 e 1997-1998) e prefeito substituto por dois anos, de 1999 a 2000, em decorrência da morte de Edvaldo Caldas. Em geral, a elite política do município não é oriunda das classes abastadas nem, tampouco, pertence a uma oligarquia proprietária de grandes fazendas, com a notável exceção de José Fróes, fazendeiro local e comerciante que, na última eleição da qual participou, declarou ao TSE um patrimônio de R$ 13.618.565,12.[27] Contudo, também Zé Fróes, como é conhecido, é nativo do município, se autodeclara pardo e tem ensino fundamental incompleto, tendo assim um perfil popular que denota certa familiaridade da elite política local com o eleitor.

Note-se que cada candidato exerce influência sobre um determinado grupo de pessoas, o que corresponde a clientelas diferentes para cada uma das lideranças eleitorais. Isso expressa uma engrenagem consolidada na máquina eleitoral, uma vez que permite aos correligionários pactos de aliança, em virtude de cada um atuar em seu campo particular. Esses territórios de influência se expressam objetivamente, quando, por exemplo, dois integrantes da mesma família pleiteam o mesmo cargo político na mesma eleição, como aconteceu com Juvenal Bispo Moreira e seu filho Joel, o qual relata: "Quando foi em 83 me convidaram para ser vereador, eu não queria porque meu pai já era, mas ele me chamou e disse: não, você tem seus votos e eu tenho os meus".[28] Percebe-se a importância do reduto eleitoral de cada candidato, pois o depoente afirma que não queria concorrer para vereador no mesmo pleito que seu pai, pois receava dividir o eleitorado dele. Em síntese, isso demonstra que a classe política era consciente das fronteiras de sua clientela, em relação àquelas de outros candidatos, o que não exclui, obviamente, as intrigas políticas e as disputas acirradas entre determinados candidatos por causa de "invasões de território". Contudo, a lealdade a um candidato ou, por extensão, a um "partido" (entendido como uma das duas facções, "Beija-flor" ou "Jacu") é tida como valor positivo. Por exemplo, Zeu Lemos, vice-prefeito do município empossado no ano de 1993, compondo chapa com Deraldo Piton, ao retratar as décadas de 1980 e 1990, afirma que a cidade foi "privilegiada" em termos de representantes políticos, uma vez que estes se dedicavam ao povo. Contudo, ao falar do principal adversário político, declara que: "Veto era de dar muito remédio e 'sexta básica' [sic], ele criou uma farmácia dentro de sua casa com o nome: Alerta. Aí eu falava: alerta meu povo que a farmácia Alerta tá levando o dinheiro do povo. Eu como oposição tinha que criticar. Agora Deraldo, não, esse fez muitas obras".[29] Na fala o autor transparece sua posição partidária, ao citar o perfil de cada político e, no seu comentário, de maneira implícita, ele coloca o assistencialismo como motivo para a cidade não progredir. Ao falar que o político adversário, durante seu governo, dava remédio e cesta básica, Zeu Lemos subentende que isso era fruto de corrupção, o que demostra certa oposição a esse comportamento, mesmo tencionando que a mesma prática assistia a população, contribuindo assim para que a política do passado fosse vista como a de uma época privilegiada. Em contraste, ele retrata o líder do seu próprio grupo como progressista por dar prioridade às obras municipais ao invés do assistencialismo. Trata-se da demonstração de que o hábito de criticar o adversário, ao mesmo tempo que se elogia o próprio aliado, é uma marca da política local, mesmo sem nenhum conhecimento consistente da realidade dos fatos. Observa-se na fala de outro depoente que o mesmo tipo de assistencialismo era praticado por ambos os grupos. Assim, a mesma questão pode ser observada em um sentido amplo: "Dia de sexta-feira na casa do prefeito (Veto) era fila pra receber 'sexta básica' [sic], aqueles que não recebiam chegavam pra gente (vereadores): eu não recebi. Aí a gente mandava fazer uma 'sexta básica' e dava. No tempo essa 'sexta básica' era como o bolsa família de hoje".[30] Nesse depoimento, percebe-se claramente que o autor descreve o assistencialismo como se assemelhando às políticas sociais governamentais de hoje em dia. De fato,

> [...] a trajetória histórica da assistência social no Brasil evidencia que essa área da proteção social se relaciona com práticas clientelistas na condução das ações, serviços e benefícios à população atendida. A lógica que preside as relações clientelistas é fundada nos valores tradicionais do mando, na fidelidade ao líder político e na troca de favores.[31]

Assim sendo, seria esse assistencialismo um método através do qual a classe política objetivava assistir a população carente do interior, numa época em que as políticas sociais não eram tão sentidas nos redutos rurais? As práticas clientelistas, apesar de serem recorrentes ao longo do tempo, têm seu ápice durante o período de eleições, principalmente durante as campanhas eleitorais e nos dias que antecedem os pleitos:

> Quando era no dia da eleição preparava, né, comida na casa de um, comida na casa de outro, ali era um comitê desfaçado [sic], entrou ali meu amigo, adversário não chegasse na porta não por que "o pau comia", e isso rolava três dias antes da eleição, começava a articular os grupos, começava atacando, aí articulava, tal lugar, eles faziam esses almoços já era uma maneira de atrair o povo, entrou aqui meu irmão já saía com o santinho marcado, o favor dava camisa, dava sapato, dava carneiro, dava tudo, hoje é o dinheiro, né, mas naquela época, saía e saía escoltando,

escoltando até a urna, santinho todo marcadinho, tanto que as pessoas, muitas vezes que eu cheguei a fiscalizar, né, as contagens, chegava o cara pegava a cédula oficial trazia e jogava aquela [o santinho no lugar da cédula oficial].[32]

A troca de favores é uma marca distintiva da política brasileira, contudo esses "favores" não eram vistos como fator negativo, e sim como uma assistência legítima, através da qual o político se solidarizava com o eleitorado mais pobre, incorporando o papel do Estado. Em tempos nos quais realmente as políticas sociais não eram sentidas nas regiões rurais do país, o eleitor passou assim das mãos dos chefes locais, os "coronéis" da República Velha, para as mãos de novos políticos, cujas práticas assistencialistas, apesar de, em muitos lugares, desenvolverem papel fundamental, ligando o homem do campo aos serviços mais primários, não deixaram de contribuir para a estagnação dos meios sociais. Com a promulgação da Constituição Federal de 1988, conhecida como "Constituição Cidadã", a qual traz em seus artigos 203 e 204 parâmetros que regulam a assistência social a todo indivíduo, "independentemente de contribuição à seguridade social",[33] esse homem do campo tem assegurada, por meio de leis, toda uma série de direitos, benefícios e serviços básicos para uma vida digna. Contudo, o cidadão brasileiro ainda vê seus direitos controlados por facções que dominam os órgãos públicos e deles fazem suas empresas, cooptando cargos e distribuindo benefícios de maneira arbitrária, quando esses seriam para ser acessíveis a todos, sem distinção partidária nem favoritismo político algum. Dessa forma:

> [...] A questão passa a ser a efetividade do acesso ao direito – a prática clientelista tenta conservar o poder patrimonial criando forma privilegiada para acesso aos serviços e benefícios previstos em lei. Pode-se afirmar que há

um deslocamento dessa relação, sai da lógica do favor x direito e passa para a lógica do direito x favorecimento/ privilégio. Embora possa crescer a consciência do direito, a mediação para o acesso a ele ainda passa, em muitos casos, pelas práticas clientelistas. Isso pode ser exemplificado com as práticas historicamente comuns nas áreas das políticas sociais, como agendamentos de consultas e vagas em hospitais pela via da "ajuda" do político; acesso aos bens materiais distribuídos pela assistência social, credenciados pelos "bilhetinhos" do político ou de seu assessor. Com isso, a prática clientelista não nega o direito, mas nega que seu acesso seja impessoal. Repõe o "favor" como forma de facilitar o acesso ao direito.[34]

Mediante o exposto, vemos que o clientelismo perdura como uma das grandes barreiras que impossibilitam a população de alcançar as políticas públicas de maneira satisfatória, ou seja, esse sistema de clientela condena os cidadãos-eleitores a buscar a ajuda daqueles mesmos indivíduos que dificultam a implementação de uma assistência pautada no direito do cidadão, sem que isso resulte em coação aos desmandos das lideranças políticas. Observa-se, todavia, que com o avanço nas leis de amparo ao cidadão e com a revolução tecnológica, pela qual o mundo passou no novo milênio – revolução esta que propiciou a extensão da informação aos redutos mais isolados do planeta – a política no interior brasileiro tem tomado rumos diferentes, nos quais os políticos deixaram de ser tidos como mediadores únicos entre os direitos mais básicos, oferecidos diretamente pelo Estado, e a população. Isso se refletiu também numa transformação nas relações entre as elites partidárias e o eleitorado. Assim, ao invés de "favores" – como socorrer uma pessoa levando-a para o médico ou para tirar um documento de identidade, gestos que colocavam o político como alguém próximo à família –, o vínculo se tornou mais prosaicamente monetário: é nesse sentido que o já citado depoente Zeu Lemos afirma que "hoje é o dinheiro" o principal regulador das relações entre os políticos e o eleitorado.[35] Não fica claro se o depoente está se referindo explicitamente à prática deplorável da compra de votos ou aos gastos acessórios de campanha, como a organização de "showmícios", carreatas etc., mas é evidente que o testemunho dele reflete o vertiginoso aumento das despesas dos candidatos para tentar se eleger a algum cargo público, um fenômeno que tem alcançado também os mais remotos municípios interioranos. Constata-se, pois, que os rumos da política passaram por mudanças significativas, mas as antigas relações de favor entre o eleitor e os representantes do poder público não foram extintas. O que houve foi um aprimoramento desse fenômeno, em que todos os atores seguem barganhando interesses próprios dentro da própria política. O atual sistema clientelista – que mudou em relação ao passado, mas de um ponto de vista mais quantitativo do que qualitativo – somente será vencido com o fim do sucateamento dos serviços públicos, quando a população em geral poderá ter finalmente acesso ao gozo da ampla cidadania.

CONSIDERAÇÕES FINAIS

Com base nas abordagens que foram feitas ao longo do texto, pode-se observar que, seja no interior das relações intrapartidárias, seja na conexão com a população em geral, para a classe política de Dom Macedo Costa o sistema clientelista apresenta-se como importante ferramenta na conquista do sucesso eleitoral. Constatou-se também que, embora as práticas que o configuram não se denotem como positivas, partindo do ponto de vista da conquista de plenos direitos sociais e de um sistema político que supere as relações individualistas, essas gozam, ainda nos dias de hoje, de ampla aceitação. Isso porque os atores da política, sejam candidatos ou eleitores, ao barganharem concessões dentro da esfera pública, criam estratégias logrando objetivos a curto prazo, o que, *a priori*, não pode ser visto simplesmente como prática nociva aos direitos para se viver uma cidadania justa e igualitária. Seria, então, este o clientelismo benéfico para o sistema público vigente? Como dito, por mais que esse fenômeno tenha tido um papel relevante durante uma época em que as políticas sociais não alcançavam a totalidade da população dos redutos interioranos do país, é primário afirmar que fosse circunstancial nas relações assistencialistas de outrora e que não haja razão para que subsista até os dias de hoje. Tendo em vista, porém, que o clientelismo perdura como prática recorrente na política e que tal prática passou por várias transformações, ao longo das últimas décadas, as quais não anularam o seu alcance, podemos esperar que esse fenômeno não seja superado em tão curto prazo. Em suma, este trabalho não encerra a discussão sobre as relações clientelistas existentes na política interiorana, ainda que tenha como finalidade contribuir para historiografia do município de Dom Macedo Costa e da política baiana nos anos que se seguiram à redemocratização do país, ambicionando que, a partir do estudo de caso proposto aqui, se abram novas possibilidades para outras pesquisas sobre o mesmo tema.

NOTAS

[1] BRASIL. Instituto Brasileiro de Geografia e Estatística (IBGE). *O Brasil em síntese.* Op. cit. Acesso em: 10 nov. 2018.
[2] PREFEITURA MUNICIPAL DE DOM MACEDO COSTA. *Portal da Prefeitura de Dom Macedo Costa.* História. Aspectos Históricos. Disponível em: <http://www.dommacedocosta.BA.io.org.br/historia>. Acesso em: 18 nov. 2018.
[3] DANTAS NETO, Paulo Fábio. *Tradição, autocracia e carisma:* a política de Antônio Carlos Magalhães na modernização da Bahia (1954-1974). Belo Horizonte: Editora UFMG; Rio de Janeiro: IUPERJ, 2006, p. 350.
[4] LEMOS, José Arnaldo de Souza. *José Arnaldo de Souza Lemos,* comerciante, nascido em Dom Macedo Costa-BA em 30 de maio de 1947: depoimento [nov. 2015]. Entrevistador: J. Alves Moreira. Entrevista concedida ao Programa de Iniciação Científica da Universidade do Estado da Bahia.

[5] Segundo o depoente Joel Barreto Moreira, com exceção de Zeca Barreto, existem graus de parentesco, mas de segundo e terceiro grau, entre todos esses políticos com o mesmo sobrenome. MOREIRA, Joel Barreto. *Joel Barreto Moreira*, vereador aposentado, nascido em Dom Macedo Costa-BA em 2 de março de 1951: depoimento [nov. 2015]. Entrevistador: J. Alves Moreira. Entrevista concedida ao Programa de Iniciação Científica da Universidade do Estado da Bahia.

[6] BARBOSA, Maria das Graças Santos. *Maria das Graças Santos Barbosa*, funcionária aposentada do Correios, nascida em Dom Macedo-BA em 25 de agosto de 1948: depoimento [nov. 2015]. Entrevistador: J. Alves Moreira. Entrevista concedida ao Programa de Iniciação Científica da Universidade do Estado da Bahia.

[7] BATISTA, Marcos Souza. *Beija-flor e Jacu*: grupos políticos que dominaram o município de Santo Antônio de Jesus-Bahia entre 1962 e 1988. Trabalho de conclusão (graduação). Universidade do Estado da Bahia, Santo Antônio de Jesus, 2016, p. 13.

[8] Idem.

[9] Idem, p. 24.

[10] SOUZA, João Ramalho Borges de. *João Ramalho Borges de Souza*, agricultor e repentista, nascido em Dom Macedo Costa em 18 de novembro de 1958: depoimento [jun. 2016]. Entrevistador: J. Alves Moreira. Entrevista concedida ao Programa de Iniciação Científica da Universidade do Estado da Bahia.

[11] Idem.

[12] PREFEITURA MUNICIPAL DE DOM MACEDO COSTA. Câmara Municipal. *Livro de Ata n. 08*. Dom Macedo Costa, 22 mar. 1996.

[13] CARREIRÃO, Yan de Souza; KINGO, Maria D'Alva G. Partidos políticos, preferência partidária e decisão eleitoral no Brasil (1989/2002). *Revista de Ciências Sociais*. Rio de Janeiro, v. 47, n. 1, p. 131-168, 2004. Disponível em: <http://www.scielo.br/scielo.php?pid=S0011-52582004000100004&script=sci_abstract&tlng=PT>. Acesso em: 30 nov. 2018.

[14] Idem, p. 134.

[15] LEMOS, José Arnaldo de Souza. *José Arnaldo de Souza Lemos*, comerciante, nascido em Dom Macedo Costa-BA em 30 de maio de 1947: depoimento [nov. 2015]. Entrevistador: J. Alves Moreira. Entrevista concedida ao Programa de Iniciação Científica da Universidade do Estado da Bahia.

[16] DANTAS NETO. Op. cit., p. 373.

[17] Idem.

[18] BARBOSA, Maria das Graças Santos. *Maria das Graças Santos Barbosa*, funcionária aposentada do Correios, nascida em Dom Macedo-BA em 25 de agosto de 1948: depoimento [nov. 2015]. Entrevistador: J. Alves Moreira. Entrevista concedida ao Programa de Iniciação Científica da Universidade do Estado da Bahia.

[19] LEMOS, José Arnaldo de Souza. *José Arnaldo de Souza Lemos*, comerciante, nascido em Dom Macedo Costa-BA em 30 de maio de 1947: depoimento [nov. 2015]. Entrevistador: J. Alves Moreira. Entrevista concedida ao Programa de Iniciação Científica da Universidade do Estado da Bahia.

[20] SOUZA, João Ramalho Borges de. *João Ramalho Borges de Souza*, agricultor e repentista, nascido em Dom Macedo Costa em 18 de novembro de 1958: depoimento [jun. 2016]. Entrevistador: J. Alves Moreira. Entrevista concedida ao Programa de Iniciação Científica da Universidade do Estado da Bahia.

[21] PASQUARELLI, Bruno. Redemocratização e partidos políticos no Brasil e no Chile: incentivos institucionais, sistema partidário e processo decisório. *Teoria e Pesquisa*: Revista de Ciência Política. São Carlos-SP, v. 25, n. 3, p. 65-95, 2016. Disponível em: <http://doi.editoracubo.com.br/10.4322/tp.25306>. Acesso em: 2 dez. 2018.

[22] FERREIRA, Maria Helena Vitena. *A migração da população de Dom Macedo Costa-BA de 1980 a 2000*. Trabalho de conclusão de curso (graduação). Universidade do Estado da Bahia, Santo Antônio de Jesus, 2004.

[23] SANTANA, Charles D'Almeida. *Fartura e ventura camponesas*: trabalho, cotidiano e migrações – Bahia, 1950-1980. São Paulo: Annablume; Feira de Santana: UEFS, 1998 e SOUZA, Edinelia Maria de Oliveira. *Memórias e tradições*: viveres de trabalhadores rurais no município de Dom Macedo Costa-Bahia, 1930-1960. Dissertação (mestrado em História Social). Pontifícia Universidade Católica, São Paulo, 1999.

[24] BRASIL. Instituto Brasileiro de Geografia e Estatística (IBGE). *O Brasil em síntese*. Op. cit. Acesso em 10 nov. 2018.

[25] ALMEIDA, Odete Valverde Oliveira. *A disputa de grupos familiares pelo poder local na cidade de Cataguases*. Dissertação (mestrado em História). Universidade Federal de Minas Gerais, Belo Horizonte, 2004, p. 80. Disponível em: <http://sv2.fabricadofuturo.org.br/memoriaepatrimonio/a_disputa_de_grupos_familiares_pelo_poder_local_na_cidade_de_cataguases.pdf>. Acesso em: 4 dez. 2018.

[26] SOUZA, João Ramalho Borges de. *João Ramalho Borges de Souza*, agricultor e repentista, nascido em Dom Macedo Costa em 18 de novembro de 1958: depoimento [jun. 2016]. Entrevistador: J. Alves Moreira. Entrevista concedida ao Programa de Iniciação Científica da Universidade do Estado da Bahia.

[27] BRASIL. Tribunal Superior Eleitoral (TSE). *Eleições anteriores*. Op. cit. Acesso em 27 nov. 2018.

[28] MOREIRA, Joel Barreto. *Joel Barreto Moreira*, vereador aposentado, nascido em Dom Macedo Costa-BA em 2 de março de 1951: depoimento [nov. 2015]. Entrevistador: J. Alves Moreira. Entrevista concedida ao Programa de Iniciação Científica da Universidade do Estado da Bahia.

[29] LEMOS, José Arnaldo de Souza. *José Arnaldo de Souza Lemos*, comerciante, nascido em Dom Macedo Costa-BA em 30 de maio de 1947: depoimento [nov. 2015]. Entrevistador: J. Alves Moreira. Entrevista concedida ao Programa de Iniciação Científica da Universidade do Estado da Bahia.

[30] MOREIRA, Joel Barreto. *Joel Barreto Moreira*, vereador aposentado, nascido em Dom Macedo Costa-BA em 2 de março de 1951: depoimento [nov. 2015]. Entrevistador: J. Alves Moreira. Entrevista concedida ao Programa de Iniciação Científica da Universidade do Estado da Bahia. Note-se a confusão semântica entre a "cesta básica" e o dia no qual a mesma era distribuída para a população (sexta-feira).

[31] FIUZA, Solange C. R.; COSTA, Lucia Cortes da. O direito à assistência social: o desafio de superar as práticas clientelistas. *Revista Serviço Social*. Londrina-PR, v. 17, n. 2, p. 64-90, jan./jun. 2015. Disponível em: <http://www.poteresocial.com.br/wp-content/uploads/2018/11/19220-107813-1-PB.pdf>. Acesso em: 5 dez. 2018.

[32] SOUZA, João Ramalho Borges de. *João Ramalho Borges de Souza*, agricultor e repentista, nascido em Dom Macedo Costa-BA em 18 de novembro de 1958: depoimento [jun. 2016]. Entrevistador: J. Alves Moreira. Entrevista concedida ao Programa de Iniciação Científica da Universidade do Estado da Bahia.

[33] BRASIL. Constituição (1988). Art. 203. Disponível em: <http://www2.camara.leg.br/legin/fed/consti/1988/constituicao-1988-5-outubro-1988-322142-publicacaooriginal-1-PL.html>. Acesso em: 28 nov. 2018.

[34] FIUZA et al. Op. cit., p. 71.

[35] LEMOS, José Arnaldo de Souza. *José Arnaldo de Souza Lemos*, comerciante, nascido em Dom Macedo Costa-BA em 30 de maio de 1947: depoimento [nov. 2015]. Entrevistador: J. Alves Moreira. Entrevista concedida ao Programa de Iniciação Científica da Universidade do Estado da Bahia.

POLÍTICA LOCAL NO MUNICÍPIO DE LAJE: A HEGEMONIA DO "25" E O MITO DA FAMÍLIA ALMEIDA

Roseane Alves dos Santos

O objetivo central da nossa pesquisa consiste em analisar de que forma os políticos ligados à família Almeida e afiliados ao Partido da Frente Liberal (PFL) conseguiram se manter hegemônicos no município de Laje – localizado no vale do rio Jequiriçá, na mesorregião do Centro-Sul Baiano – nos anos sucessivos à redemocratização do Brasil. Segundo dados do Instituto Brasileiro de Geografia e Estatística (IBGE), em 2010, o município de Laje possuía 22.201 moradores,[1] dentre os quais, segundo dados do Tribunal Superior Eleitoral (TSE), 17.641 eram eleitores.[2] O censo de 2010 mostra ainda a grande diferença entre a quantidade de moradores do campo (16.121, ou seja, 73% da população) e da cidade (6.028, o que corresponde a 27%). Alguns dos distritos que compõem o município se caracterizam como área urbana, como a Vila de Engenheiro Pontes, o Entroncamento de Laje e o Riacho da Lama, mas é a vasta área rural que concentra grande parte dos eleitores do município.

O título do trabalho visa ainda ressaltar a importância e a força que tem o número eleitoral dos candidatos nas eleições, principalmente nas cidades do interior. Notou-se como, no fervor das campanhas políticas em Laje, os números 25, 15 e 13 tiveram maior relevância que a sigla do partido por eles representado, respectivamente o PFL/DEM, o PMDB e o PT. No caso do Partido da Frente Liberal, por exemplo, a mudança de nome para Democratas (DEM) não significou a mudança do número eleitoral; talvez isso tenha acontecido pelo fato de que o número é mais fácil "de se gravar", de ficar na mente dos eleitores, do que a sigla ou a ideologia partidária. Durante as campanhas eleitorais é comum, nas propagandas dos diferentes grupos políticos, a reafirmação dos seus respectivos números, que são ouvidos com grande frequência pela população, nas músicas propagadas pelos carros de som. Estes últimos representam, sem dúvida alguma, o principal veículo publicitário por meio do qual os políticos promovem suas candidaturas em todas as cidades do interior baiano. Nos comícios, é comum observar, também, os eleitores gritarem pelo número do seu partido, e não pela sigla partidária. Daí advém o grande investimento nas campanhas de hoje em dia enfocando o número dos candidatos e relegando em segundo plano as demais informações sobre estes. A centralidade do número eleitoral foi uma consequência da introdução da votação por urna eletrônica no Brasil, que ocorreu, em caráter de teste, nas eleições municipais de 1996, em 57 municípios (as capitais e aqueles acima de 200 mil habitantes). Em seguida, em 1998, todos os municípios dos estados de Alagoas, Amapá, Distrito Federal, Rio de Janeiro e Roraima tiveram votação com a urna eletrônica, além dos municípios com mais de 40 mil eleitores.[3] Se fizermos uma comparação com o período durante o qual estava em uso a cédula única, é possível afirmar que hoje, graças à urna eletrônica, as fraudes eleitorais se tornaram mais difíceis. Antônio Carlos Palhares Moreira Reis chama a atenção para o fato de que, antes, devido à facilidade na alteração manual, "uma das fraudes eleitorais mais comuns ocorria durante a apuração: poderiam ser modificados os votos em branco e nulos em favor de um determinado partido ou candidato, ou passar voto de um candidato para outro do mesmo partido, sem modificar a votação total da legenda".[4] Entretanto, um efeito colateral da votação eletrônica é justamente que, para o eleitor, é muito mais importante conhecer o número do candidato em detrimento do próprio nome deste. Em Laje a questão não é diferente e assim se explica o título da nossa pesquisa: na cidade, observou-se a existência de uma hegemonia do "25" durante quase todo o período em estudo, número que identificou tanto o Partido da Frente Liberal quanto os Democratas e que, no município, representou sempre um mesmo grupo político, bem definido na mente dos eleitores.

PARTIDOS, ELEIÇÕES E CLIENTELAS POLÍTICAS

O Partido da Frente Liberal (PFL) foi fundado em 1984 como dissidência do Partido Democrático Social (PDS), o qual, suplantando a Aliança Reformadora Nacional (Arena) na reforma partidária de 1979, reunia os políticos que haviam apoiado a ditadura militar. No plano federal, o PFL participou de todos os governos civis que se sucederam entre 1985 e 2002, demonstrando assim grande eficiência na sua estratégia de ocupação do poder, saindo dele somente após a eleição de Luiz Inácio Lula da Silva (PT) à Presidência da República. Na sua tese sobre o papel desenvolvido pelo PFL na política brasileira entre os anos de 1984 e 2002, Juliano Corbellini apresenta o seguinte histórico do partido:

[...] participou do ministério de José Sarney e foi a principal força articuladora do chamado "Centrão", bloco que garantia a sustentação desse governo no Congresso. O PFL foi também o principal partido da base *minimal winner* do governo Collor e permaneceu no Ministério do novo presidente da República, Itamar Franco, empossado em 1992. O Partido da Frente Liberal compôs com o PSDB a chapa presidencial que venceu as eleições de 1994 e foi o principal partido aliado ao presidente Fernando Henrique Cardoso em seus dois governos. A importância do PFL nos seus dois mandatos pode ser avaliada pela sua presença em ministérios de grande importância e de seu papel decisivo na viabilização do núcleo central da agenda do governo no congresso: os projetos de reforma constitucional e a emenda que permitiu ao presidente da República se candidatar à reeleição em 1998. Entre 1985 e 2002, portanto, o PFL foi, com exceção, talvez, do governo Itamar Franco, o principal parceiro e aliado estratégico para os presidentes eleitos estruturarem sua base parlamentar e viabilizar sua agenda no Legislativo.[5]

Segundo Scott Mainwaring, Rachel Meneguello e Timothy Power, apesar de ser o maior partido conservador de nível nacional durante todo o período pós-1985, o PFL não era um partido importante fora do Nordeste até 1998. Essa concentração nordestina, segundo os autores, pode ser relacionada à sua gênese: "A maioria dos caciques do PFL, responsáveis pela cisão do PDS, eram na época os governantes pedesistas do Nordeste, que se opuseram à candidatura de Paulo Maluf (PDS) que, afinal, venceu a convenção nacional do partido [...]".[6] Eles citam também Gláucio Soares, o qual afirma que:

No período de 1945 a 1964 os partidos de direita tinham seu melhor desempenho nos pequenos municípios, e vários pesquisadores mostram que a Arena/PDS manteve este perfil entre 1966 e 1982. Desde as primeiras eleições democráticas em 1985, os partidos conservadores têm se desempenhado melhor em municípios pequenos e nas regiões menos desenvolvidas, onde os mecanismos clientelistas tradicionais exercem maior influência. Os políticos conservadores dependem muito mais do clientelismo do que a esquerda; portanto, não surpreende que eles sejam mais votados em municípios menores e nas áreas pobres.[7]

Essas informações podem ser aplicadas ao município em estudo, uma vez que ele tem pouco mais de 20 mil eleitores. Além disso, nos pequenos municípios, onde a figura de um chefe, de um "mandão" local, foi presente ao longo de muitos anos, as práticas clientelistas são mais frequentes entres os candidatos. Entretanto, não compartilhamos totalmente da afirmação dos autores, segundo a qual os partidos conservadores, diferentes nisso dos outros, dependeriam muito mais do clientelismo. Verificamos, pois, no contexto de nosso estudo, que muitos partidos, independentemente de sua ideologia, utilizam esse tipo de prática condenável. Assim, com Weber, podemos afirmar que, em Laje: "As lutas partidárias não são [...] lutas para consecução de metas objetivas, mas são, a par disso, e, sobretudo, rivalidades para controlar a distribuição de empregos".[8] Lúcia Avelar e Maria Inez Machado Telles Walter chamam a atenção para as permanências da política tradicional em municípios menores e com forte predominância rural, como é o caso de Laje, apesar das recentes mudanças na estrutura do eleitorado (maior escolaridade, entrada da mulher no mercado de trabalho etc.) e da expansão do associativismo nas áreas rurais, as quais introduziram mudanças relevantes no comportamento do eleitor: "Uma das hipóteses correntes na literatura sobre a continuidade da dominação tradicional é o controle eleitoral municipal – antes, nas mãos dos coronéis; depois, daqueles ou de seus pares substitutos – sem que haja mudança nas práticas políticas de natureza clientelística".[9] Ao trabalhar sobre as eleições nordestinas em períodos anteriores à implantação da urna eletrônica, Reis identificava as mesmas práticas:

> Mesmo com a cédula única emitida pela Justiça Eleitoral, as restrições à propaganda pela "Lei Falcão" e o transporte e alimentação de eleitores pela "Lei Etelvino", os candidatos são obrigados a dispender forte soma de recursos com os custos "confessáveis" de uma eleição, como, por exemplo, a impressão de cartazes, volantes e "santinhos" (pequenos panfletos com o retrato do candidato, seu nome e número), contratação de serviços de som fixos e volantes. Afora os outros gastos, "não confessáveis".[10]

A chamada "Lei Etelvino Lins" (Lei n. 6.091, de 16 de agosto de 1974), citada pelo autor, transferia para a Justiça Eleitoral os gastos com alimentação e transporte dos votantes do meio rural no dia das eleições e garantia aos candidatos a gratuidade da propaganda no rádio e na televisão, restringindo os gastos de campanha. Na opinião de um dos nossos entrevistados, porém, essa evolução não se constitui como algo positivo:

> Antigamente à eleição a gente ia de manhã, a gente ia de pés, não tinha carro, não tinha nada, ainda o prefeito dava comida, matava boi. Era aquele povo todo, era aquele enxame de gente. Às vezes a gente ia e nem conseguia votar,

por causa de muita gente, porque tinha comida, dava comida, dava tudo daquele tempo. Hoje a gente vota, vai votar e volta pra casa [...].[11]

Pudemos notar a alegria do entrevistado ao relatar sobre as eleições imediatamente posteriores a 1988, por conseguir angariar grande participação popular, isso apesar da dificuldade ou da falta de transporte dos eleitores da zona rural. Sobretudo, o senhor Marco Henrique relembra da comida, da festa que o prefeito, nesse caso Raimundo Almeida, proporcionava aos eleitores. É possível perceber que mesmo durante as campanhas eleitorais da era democrática os candidatos são obrigados a gastar recursos com os cartazes, os volantes, os santinhos e os carros de som, que são importantes meios de divulgação de candidaturas e que é ainda frequente, apesar de essa prática de gastos "não confessáveis" ser considerada crime, como, por exemplo, o transporte e a alimentação dos eleitores, que configuram uma forma indireta de compra de votos. Reis cita algumas outras despesas "não confessáveis", antecedentes ao processo eleitoral e que se refletem na própria eleição:

> São os custos permanentes de manutenção da clientela do coronel, ou do chefe político, seja no interior, seja das grandes cidades, clientela esta que deve ser assistida antes, durante e depois do pleito. O processo eleitoral intermitente, repetindo-se a cada quatro anos, em regra geral. Mas a manutenção do curral eleitoral é permanente e continuada.[12]

Os "custos permanentes" do coronel, do grande proprietário de terras, com os eleitores da zona rural, garantiram, por muito tempo, o comparecimento dessa parcela do eleitorado às urnas. A depoente

Carmélia Maria dos Santos lembra-se, por exemplo, da forma como os políticos se comportavam durante o período próximo às eleições.

> No tempo perto das eleições era uma farra e a disputa era grande, o povo do lado de seu Raimundo dava presente ao povo, cestas básicas e também seu Visco distribuía material escolar para a gente, nesse tempo os mercados ficavam puros [vazios], porque o povo aproveitou que era perto do ano letivo.[13]

Em Laje, esses "presentes" certamente contribuíam para a participação dos eleitores nos comícios, como confirmado pelas entrevistas realizadas. Os mesmos donativos são chamados, por um dos entrevistados, de "colaborações ao eleitorado", destinados principalmente aos mais carentes.

> Era uma administração voltada para o povo. A política naquela época ajudava muito as pessoas. Que hoje em dia não tem essa forma de colaborar com as pessoas, mas naquela época colaborava de modo especial com as pessoas carentes. Tinha essa colaboração através de medicamentos, consultas e geralmente os políticos ajudavam, de modo especial Raimundo Almeida. O grupo dele era de pessoas que ajudaram muito o povo de Laje.[14]

Essas entregas de "presentes" ou "colaborações" à população são as mesmas descritas, quarenta anos antes, na análise que Victor Nunes Leal faz da política coronelista no Brasil, quando indica que: "Documentos, transporte, alojamento, refeições, dias de trabalho perdidos, e até roupa, calçado, chapéu para o dia da eleição, tudo é pago pelos mentores políticos empenhados em sua qualificação e comparecimento".[15] Nas falas de alguns eleitores podemos assim verificar que, em sua opinião, também as festas aparecem como sinônimo de "boa" política.

> A gente saía daqui, quase sempre nos domingos de tarde, o sol quente, mas a gente ia pra qualquer lugar, em cima do *pau de arara*, porque o prefeito e os candidatos a vereador mandava [sic] o carro vim buscar. E a gente ia, dançava, cantava e quem quisesse ia pra cima do carro dar o seu depoimento. Eu ainda me lembro da música que cantava: "Povo venha ver, venha ver como é que é, Raimundo Almeida na cabeça, é o povo, é que é".[16]

Percebemos que a rotina das pessoas era alterada pelos comícios, pois a expectativa do festim era o que contava, e não as propostas e os projetos que seriam realizados pelos candidatos. Com isso, as pessoas da roça vinham "para a rua" ou para outras comunidades desfrutar das festas promovidas pelos candidatos. A menção às cantigas eleitorais no relato da entrevistada demonstra que os comícios representavam momentos de lazer e diversão com música. A maioria dos entrevistados não considerava as distribuições de materiais e comidas, dentre outros benefícios, como compra de voto, portanto percebemos que esse fenômeno era visto como algo comum:

> Teve um momento, eu me lembro como hoje, eu me lembro, acho que ainda até hoje... teve uma época que deram cama, deram filtro, colchão, na campanha do "25". E ainda tinha uns envelopezinhos que dava dinheiro. Que uma vez as pessoas ficavam na fila para receber. Agora uns dava mais, outros dava menos, só não me lembro como era que dava.[17]

O fenômeno da compra de voto é abordado por Bruno Speck, o qual define o que chama de "voto comprado" como um tipo específico de voto encontrado em diversos países, inclusive no Brasil.

> É grande, porém a dificuldade em diagnosticar a extensão deste problema. Levantamentos qualitativos durante a mobilização confirmaram o panorama das trocas materiais nas quais se baseia a compra de votos, abrangendo remédios, sapatos, materiais de construção, iluminação para uma rua, um alvará para a construção, material escolar e inúmeros outros itens que poderiam constar numa cesta das necessidades básicas da população brasileira.[18]

Considerando-se a política local, pode-se proferir, de acordo com os vários autores citados, que a compra de votos foi um motor decisivo para a eleição de candidatos apoiados por coronéis aos cargos locais. "É, portanto, perfeitamente compreensível que o eleitor da roça obedeça à orientação de quem tudo lhe paga, e com insistência, para praticar um ato que lhe é completamente indiferente".[19] Isso se dá, também, pelo fato de os eleitores não se preocuparem com as ideologias dos candidatos, o que pode ser atribuído à pouca escolarização dos moradores do campo. Ignorância, porém, não é sinônimo de ingenuidade. Vemos assim que, para Queiroz, o eleitor sabe se aproveitar do período de eleições e o usa em seu benefício. Por isso,

> [...] o momento da eleição não se configura como o momento da escolha do mais capacitado para exercer funções administrativas ou de mando; é o momento da barganha ou da reciprocidade de dons: o indivíduo dá seu voto porque já recebeu um benefício ou porque

espera ainda recebê-lo. O voto, neste caso, assume o aspecto de um bem de troca [...] o voto não é inconsciente, muito pelo contrário, resulta do raciocínio do eleitor, e de uma lógica inerente à sociedade à qual pertence. O problema do voto "de cabresto" se configura de forma diferente; não se trata aqui de uma imposição pura e simples do coronel, sob pena de vinganças econômicas ou outras; trata-se de uma determinação do eleitor de utilizar seu voto de maneira que redunde para ele em maior benefício.[20]

Essa mentalidade justificaria, então, o fato de que alguns dos nossos entrevistados não demonstraram repúdio ou arrependimento pelo voto dado a algum candidato em troca de favores pessoais e que exerceram seu direito de votar de maneira individualista, pensando apenas no benefício próprio.

O MITO DA FAMÍLIA ALMEIDA

Max Weber individuou três tipos de legitimação do poder político: o poder legal, o poder tradicional e o poder carismático. O poder legal está relacionado à dominação burocrática, que é o seu tipo mais puro, cuja essência está no direito, mediante um estatuto. O poder tradicional, por sua vez, subsiste "em virtude da fé na santidade dos ordenamentos e dos poderes senhoriais desde sempre presentes. O tipo mais puro é a dominação patriarcal [...]".[21] O poder carismático, enfim, se define "mediante a dedicação afetiva à pessoa do senhor e aos seus dons gratuitos (carisma), em especial: capacidades mágicas, revelações ou heroísmo, poder do espírito e do discurso".[22] Seu tipo mais puro é a dominação do profeta, do herói guerreiro e do grande demagogo. Essa identificação do líder político com a figura de um herói, de um salvador, pode estar associada, também, à figura de alguns políticos na atualidade. Apesar da divisão teórica em três tipos de dominação, Weber ressalta que um político pode apresentar características dos três tipos ao mesmo tempo, como é possível verificar no caso do fundador do "25" em Laje, Raimundo José de Almeida.

No imaginário de muitos eleitores do município de Laje, persiste a ideia de que a política local foi dominada, durante décadas, pela família Almeida, principalmente pela forte representatividade de seu membro mais conhecido, cuja figura abre um leque de possibilidades de análise. O homem que marcou a história política recente da cidade era natural de Laje, grande comerciante e fazendeiro, de pele branca, possuía ensino fundamental incompleto (cursou apenas até a 4ª série do primário) e era considerado um fiel praticante do catolicismo. Após anos na política, faleceu em 2012, com 79 anos de idade. Raimundo Almeida, além de deter a dominação legal (venceu as eleições através do voto em diversas ocasiões), é descrito como um líder carismático pelos seus eleitores e é também fruto de uma dominação tradicional, devido à importância e à antiguidade de sua família no município. Foi percebida, ao analisar os depoimentos, a importância política da figura de Raimundo Almeida, visto como a principal liderança do "25" no município de Laje.

> Seu Raimundo era conhecido como uma pessoa boa, uma pessoa que não sabia responder mal. A gente chegava lá [na prefeitura], era bem atendido. Para ele não tinha negócio de dar regulagem na gente. O que ele pudesse fazer... ele fazia. Era mais de fazer do que dizer não.[23]

Ele era uma pessoa boa, ele ajudava o povo. Tinha aquele respeito pelo povo de Laje. [...] Era porque o povo de antigamente tinha um respeito por Raimundo Almeida. Quando falava Raimundo Almeida, tinha respeito, porque se ele falasse uma coisa, isso era. Ele dizia que fazia, ele fazia mesmo. Não era de prometer e não fazer, ele fazia mesmo.[24]

Ele [Raimundo Almeida] era uma pessoa bem carismática. Sabia fazer amizade, conquistava mesmo o povo. Até mesmo as pessoas que eram de oposição que começassem a conversar com ele, ele conquistava. Não guardava rancor das pessoas.[25]

Raimundo Almeida, ele foi um homem avançado para a época dele. Porque uma pessoa... a gente vê as pessoas que tem ensino superior ou até nível médio tem dificuldades em algumas situações da vida. E Raimundo não tinha esse grau de escolaridade, mas tinha uma visão muito grande, ele tinha uma visão para além do nível de escolaridade dele e do tempo dele. [...] Ele tinha uma visão política, ao ponto de conseguir conciliar os atributos que existia no grupo, conseguia administrar todas as situações. Tinha um poder muito grande de articular, a gente percebia o grupo todo unido.[26]

Um dos entrevistados ressalta a importância do cumprimento da palavra do candidato após a sua eleição, pois afirma que o que era prometido por Raimundo Almeida era cumprido. Os dois primeiros também o consideram "uma pessoa boa" pelo fato de tratar bem os eleitores. Essa é uma característica perceptível principalmente nos eleitores da zona rural, que admiram aquele político que dá um abraço, que aperta na mão, que visita a sua casa, enfim, que demonstra uma relação mais próxima com o eleitorado. Também é ressaltada a facilidade de Raimundo Almeida em construir amizades, até mesmo com os opositores políticos, a sua capacidade de articulação que tornava o grupo político que liderava mais forte e organizado. Ao ser perguntado sobre os motivos que o levaram a votar no "25", o segundo entrevistado respondeu com o seguinte argumento:

> A preferência da gente sempre foi, como o pai dizia a gente, o pai da gente sempre dizia, que era Raimundo Almeida, era pra votar no "25". Mas Visco "tava" doido para ganhar as eleições e vez e outra fazia coisa para o povo, até casa fazia, fez um "bucado" de casa por aí para o povo. Mas Raimundo Almeida ninguém nunca arrancou.[27]

É notório que os eleitores não tinham muitas opções de candidatos para votar, além de, nesse caso, serem influenciados pela própria família, pela autoridade paterna, na escolha do candidato. O depoente Marco Henrique nos apresenta também uma informação importante sobre a figura de um opositor. Este concorrente político de Raimundo Almeida, conhecido como Visco,[28] sempre é lembrado nas entrevistas como uma pessoa de características semelhantes às do líder do "25".

> Ele quando entrou fez uma campanha braba, e o povo "tava" muito com medo da época dele porque achava que o povo ia mudar ao lado dele. Porque ele era um candidato forte também que deu, na época dele era no meio do ano letivo, aí o povo aproveitou que ele "tava" dando muito

material escolar para as pessoas, teve mercado que quando Visco foi candidato, o povo foi pegar material escolar. E aí tinha até eleitor de Raimundo Almeida que ia votar do lado de Visco. Ninguém sabe se ele ia ganhar ou não, o certo foi que ele morreu no acidente.[29]

Outro entrevistado, o professor aposentado Gildo Pereira, chama a atenção para a existência, durante certo período, de um único candidato para concorrer às eleições para prefeito: não havia oposição e com isso o eleitorado não tinha outra opção a não ser escolher Raimundo Almeida.[30]

Diferente da dominação carismática, o poder de tipo tradicional pode ser transmitido através de gerações e, de fato, antes de Raimundo Almeida ser eleito pela primeira vez como prefeito de Laje, em 1971, tendo como vice seu primo, Elson Rosa de Almeida, outros parentes dele haviam exercido o mais alto cargo municipal. Milton da Silva Assis, casado com uma tia de Raimundo, havia sido eleito prefeito em 1936 e havia assumido o mandato em outras ocasiões (1938, 1951 e 1967). Hamilton Souza Sampaio, por sua vez, eleito em 1959, era casado com sua prima. Também um irmão de Raimundo, Ruy José de Almeida, foi eleito nos anos de 1955 e 1967; da mesma maneira, durante o período de hegemonia dos candidatos do "25", presenciou-se a ascensão não somente de parentes, como também de amigos de Raimundo Almeida. Roque de Oliveira Silva, por exemplo, que se alternou no cargo de prefeito com seu padrinho político entre 1971 e 1992, afirma ter sido Raimundo um grande amigo de infância. Segundo outra versão, ele o teria conhecido após ir trabalhar como gerente de uma casa comercial de propriedade da família Almeida.[31] Quanto à profissão e religião, ele era semelhante a Raimundo Almeida: comerciante e fazendeiro e cristão católico. Roque Silva é natural da cidade de Amargosa, assume-se como negro e possui ensino superior completo. Outra liderança política que conseguiu se eleger graças à proteção de Raimundo Almeida foi Ilma Maria Barreto, que também não possuía nenhum parentesco com seu protetor. Foi a primeira e única mulher, até hoje, a exercer o cargo de prefeita na cidade de Laje, de 2005 a 2008. É natural da cidade de Gandu, de tez branca, exercia a profissão de professora antes de se tornar prefeita e já havia sido eleita vereadora por três vezes consecutivas, nos anos de 1992, 1996 e 2000. Dentro do quadro dos vice-prefeitos eleitos pelo PFL, encontra-se ainda Antônio Rosa de Almeida, primo da principal liderança da cidade, que exerceu o cargo entre o período de 1993-1996. Antônio Rosa era natural da cidade de Laje, comerciante, católico e, quando eleito, possuía nível médio completo. Também exerceu o cargo de vice-prefeito o filho de Antônio Rosa, Marcio Almeida de Almeida (2005-2008), que era primo de segundo grau de Raimundo Almeida. Marcio é natural da cidade de Jequié, empresário, católico e, quando eleito, possuía nível superior incompleto. Entre os vereadores representantes do PFL/DEM, também havia alguns parentes do líder do partido. Um deles era Ranulfo José de Almeida, irmão de Raimundo. Ranulfo foi eleito vereador por três vezes consecutivas (1988, 1992 e 1996), era natural da cidade de Laje, fazendeiro, católico e possuía ensino fundamental incompleto. Também foi eleito ao cargo de vereador o filho de Ranulfo Almeida, Antônio Ruy Rocha de Almeida, sobrinho de Raimundo Almeida. Antônio Ruy, vereador de 2005 a 2008, nasceu na cidade de Santo Antônio de Jesus e, assim como o pai, é fazendeiro e católico e, quando tomou posse na Câmara, possuía ensino fundamental incompleto.

Segundo relato de José Rosa de Almeida Sobrinho, primo de Raimundo, a família Almeida é oriunda de Laje. Desde os primeiros anos da origem do povoado, o patriarca da família Almeida, José Elzevir de Almeida, de origem portuguesa, já era morador da localidade. Posteriormente ele teria casado e daí começaram a nascer seus filhos, dentre eles, Ranulfo José, pai de Raimundo Almeida, que era fazendeiro e não tinha nenhuma relação com a política. Conforme o relato, Raimundo não queria sair como candidato à prefeitura de Laje, mas, por conta de pressões de seus parentes, dentre eles Milton da Silva Assis, acabou aceitando.[32] Durante o período de hegemonia do "25" na cidade de Laje, foi possível perceber claramente a ascensão política de amigos, familiares e parentes próximos de Raimundo Almeida, alguns dos quais ocuparam também cargos de confiança na administração municipal. Se considerarmos que a cidade permaneceu sob a hegemonia do mesmo grupo político desde antes do recorte temporal adotado na pesquisa, entendemos a gênese do que chamamos o "Mito da Família Almeida", ou seja, a convicção, difundida entre os habitantes de Laje, de que o poder local teria permanecido nas mãos de uma mesma família ao longo de mais de sessenta anos. Os depoentes também falaram sobre o longo período de governo do "25", identificando-o claramente com a hegemonia da família Almeida:

> O "25" começa a governar desde a década de 50 do século passado, eles permaneceram por mais de 5 décadas, no caso nós permanecemos.[33]
>
> Quem mandava o "25" aqui em Laje era seu Raimundo. Quando fala em "25" o líder é ele.[34]
>
> [...] Aqui na cidade os principais líderes [do "25"] era [sic] a família Almeida. Era Ruy Almeida, Ranufinho Almeida, que era Ranulfo José de Almeida.[35]

> Pra mim foi sempre seu Raimundo que governou, porque era tudo do lado dele, irmão, sobrinho, era a família quase toda na prefeitura. Quando ele não podia ele colocava um no lugar porque era como se a gente tivesse votando nele.[36]

> Vim de Valença trabalhar com fotografia a convite da família Almeida e eram eles que estavam aí no poder. E já tem um período de tempo que eles comandaram aí o poder. Se eu não me engano no total chegou quase a 50 anos que administraram Laje.[37]

Outros moradores chegam a comentar que qualquer pessoa que Raimundo Almeida nomeasse para concorrer nas eleições em seu lugar acabaria vencendo os adversários, mesmo sendo uma pessoa pouco querida pela população.

A partir do exposto acima e do que vamos relatar na próxima seção, podemos verificar que as impressões dos nossos entrevistados acerca do mito da família Almeida encontram confirmação na realidade dos fatos. É notório que o surgimento de uma elite num determinado cenário político não é espontâneo e, da mesma maneira, os políticos ligados a Raimundo Almeida não "caíram de paraquedas" na política de Laje. Certamente houve um processo de socialização política que cooperou para o desenvolvimento de suas carreiras públicas. Se, portanto, as elites não nascem espontaneamente, se faz necessário verificar a trajetória política de cada um dos indivíduos que as compõem, como aconselhado pelo método prosopográfico, para "demonstrar a força de coesão do grupo em tela, mantido unido por laços sanguíneos, sociais, educacionais e econômicos, sem falar de preconceitos, ideais e ideologia".[38]

A HEGEMONIA DO "25" EM LAJE: RETRATO DE UMA CLASSE POLÍTICA

Os partidos políticos têm grande importância nos processos democráticos modernos, pois são esses que dão sustentação às campanhas dos seus respectivos candidatos. Em Laje, o partido de maior representatividade durante todo o período estudado foi o PFL, apesar de ter saído do poder municipal em 2008. Esse partido conseguiu eleger o maior número de vereadores (33), além de vencer cinco eleições para prefeito. Nos pleitos de 1988 a 1992, de 11 vereadores eleitos, 7 e 9, respectivamente, pertenciam a este partido. No período de 1989-1992, Laje foi governada por Raimundo José de Almeida, que já havia sido eleito durante o regime militar, em 1971 e 1976. Na eleição de 1992, foi eleito Roque de Oliveira Silva, que também era representante do "25", tendo o apoio e a amizade de Raimundo Almeida. Nos dois mandatos seguintes (1997-2000 e 2001-2004), Raimundo Almeida volta a exercer o cargo de prefeito e, na eleição sucessiva (2004), a principal liderança da cidade consegue colocar no poder uma representante de seu partido, Ilma Maria Barreto, a qual tinha como companheiro de chapa Márcio Almeida, filho de Roque de Oliveira Silva. O cenário político da cidade, portanto, foi marcado pela permanência de indivíduos que compunham o grupo do "25", representado inicialmente pelo PFL (Partido da Frente Liberal), que, no ano de 2007, passou a se chamar Democratas (DEM). Essa hegemonia permaneceu intacta até a eleição de 2008, quando Ilma Maria Barreto, candidata à reeleição pelos Democratas, aliados ao Partido Trabalhista do Brasil (PTdoB) e ao Partido Trabalhista Cristão (PTC), não conseguiu obter uma quantidade de votos suficientes para a se manter no cargo. Assim como os prefeitos eleitos, todos os seus vices representaram o PFL após os pleitos de 1988, 1992, 1996, 2000 e 2004.

Pudemos constatar, ademais, a partir do enfoque prosopográfico, que os prefeitos de Laje e seus vices, em sua maioria, exercem profissões similares, especificamente fazendeiros ou comerciantes. Note-se que ambas são ocupações de grande prestígio na cidade. Dentre os vereadores do PFL/DEM, vemos que a maioria deles, excluindo os "vereadores de carreira" tinha alguma relação com o campo e alguns eram até moradores da zona rural. Em geral, a Câmara Municipal de Vereadores da cidade de Laje foi composta principalmente por agricultores, podendo ser considerada uma "Câmara verde". Cabe ressaltar, porém, a distinção entre fazendeiros e agricultores, que se refere sobretudo às diferenças em relação à quantidade de alguns bens. O fazendeiro, segundo a definição do *Dicionário Aurélio*,[39] é "o dono de fazenda", aquele que possui muita terra e cria gado bovino em grande quantidade. Na maioria das vezes, como foi possível notar na nossa pesquisa, esses grandes proprietários não residem constantemente nas fazendas; ficam na cidade, enquanto outros cuidam da gerência de sua propriedade rural. Já o agricultor é "o que pratica a agricultura, lavrador, que trabalha na lavoura como proprietário ou como empregado".[40] É perceptível que os agricultores locais possuem pouca quantidade de terra, geralmente utilizada para o cultivo de produtos que atendem às suas necessidades familiares. Esses indivíduos não possuem grandes criações de bovinos e seu pequeno pedaço de terra é a sua principal fonte geradora de renda. A distinção entre essas duas categorias, agricultor e fazendeiro, foi apontada pelos próprios vereadores durante as entrevistas. Além de agricultores e fazendeiros, nota-se a forte presença de comerciantes na Câmara Municipal, os quais conseguiram eleger pelo menos um representante em todos os pleitos, exceto em 1988 e 2016. Há também, em todas as eleições posteriores ao ano de 1988, um número expressivo de políticos de profissão, ou seja, de edis que foram reeleitos e cuja ocupação declarada era, justamente, a de vereador. Mais da metade (56,9%) das cadeiras ocupadas na Câmara de Vereadores de Laje entre 1988 e 2016 pertenceram a edis residentes nas diferentes zonas rurais do município. Com certeza, esses foram escolhidos especialmente para atender aos anseios da comunidade que os elegeu. Os restantes residiam na sede do município, mas é necessário ressaltar que grande parte deles tinha relações de parentesco ou de forte amizade com os habitantes de alguma comunidade rural, o que provavelmente contribuiu para a sua eleição. Vale lembrar que o censo de 2010 aponta que somente 20% dos habitantes de Laje residiam na sede municipal,[41] a qual, portanto, tem uma representatividade política supervalorizada em relação à zona rural. E 53% dos políticos eleitos no período considerado eram nativos do próprio município, mas somente 37,5% dos prefeitos e vices eram naturais de Laje.

Outros dados importantes para a nossa pesquisa advêm do levantamento da escolaridade dos políticos eleitos.[42] Do total, 46% para todas as legislaturas consideradas cursou apenas o nível fundamental, alcançando recorde na cidade. Os candidatos eleitos que cursaram o ensino médio atingiram o índice de 34%, seguido dos 19% daqueles que frequentaram a universidade. Os políticos com nível de escolaridade fundamental representaram a metade dos eleitos pelo PFL, dentre os quais o próprio Raimundo Almeida. O nível de instrução formal da classe política de Laje aumentou a partir das eleições de 2012, um dado que pode estar associado à paralela redução do número de edis agricultores de profissão, já que nas áreas rurais do município se concentram as pessoas com os menores índices de escolaridade.

Por compreender que a etnia exerce grande influência na construção da identidade, buscou-se também classificar os vereadores quanto a sua cor de pele. Assim, durante a pesquisa, cuidou-se, quando possível, de perguntar ao próprio candidato qual era a cor de pele com que ele mesmo se identificava e, nos casos restantes, lançou-se mão dos dados que constam no TSE.[43] No que concerne ao grupo do "25", 22 cadeiras de vereador foram ocupadas por brancos, 7 por pardos e 3 por negros;[44] no dado relativo ao conjunto dos partidos, a distribuição resulta, respectivamente, de 39, 31 e 12 mandatos, o que significa que a proporção de políticos brancos eleitos pelo PFL/DEM é bastante superior à média total.

No tocante à religião, somente quatro dos vereadores eleitos pelo PFL/DEM eram de religião cristã protestante, enquanto todos os outros[45] se diziam praticantes do catolicismo, assim como católico era o líder do partido na cidade, Raimundo Almeida. Os evangélicos aparecem na política local já em 1988 com Maria Hilda Borges da Rocha e Jairo Andrade, do PMDB e do PFL, respectivamente; a primeira, conhecida como "Alaíde", foi reeleita em 1996 e 2000, dessas vezes pelo PFL. Os outros dois evangélicos do grupo do "25", Clemilton Santos Barreto e Gilberto José dos Santos, foram eleitos, pela primeira vez, em 1992 e em 2008, respectivamente. Quando se analisa a proporção entre o número de vereadores católicos e evangélicos de todos os partidos, a situação não é diferente daquela do PFL/DEM, já que os primeiros constituem a maioria esmagadora: 78,6% do total das cadeiras na Câmara entre 1988 e 2016. Se considerarmos também o total da população, dos 22.201 habitantes do município em 2010, 16.640 se diziam católicos, ao passo que havia apenas 3.741 protestantes.[46] Essa proporção se reflete de maneira bastante fiel na representatividade dos dois grupos no legislativo municipal. Nota-se, porém, que, apesar de o número de edis católicos ser sempre superior ao dos evangélicos, houve a presença destes últimos em todas as câmaras municipais eleitas a partir da redemocratização do Brasil. Os partidos que tiveram vereadores protestantes, além do PFL/DEM, foram o PMDB, que em 1988 elegeu Maria Hilda Borges da Rocha e Gildo

Ramos de Andrade; o Partido Democrático Trabalhista (PDT), que elegeu João Pereira da Costa (1992 e 2000); o Partido Social Cristão (PSC), com Martinho de Jesus Santos (2004); o PT, com Andrelino de Jesus Santos (2012 e 2016); o Partido Trabalhista do Brasil (PTdoB), com Eliene Batista dos Santos (2012); o Partido Progressista (PP), com Gilberto José (2012) e o Partido Comunista do Brasil (PCdoB), com Eliene Batista (2016). Os últimos dois já foram eleitos edis por outros partidos na legislatura precedente. Observa-se, também, que, nas duas eleições mais recentes, respectivamente o vice-prefeito (Enedino Costa dos Santos, do PSDB) e o prefeito (Kledson Duarte Mota, do Partido Socialista Brasileiro, PSB), que prevaleceram nas urnas, eram de religião cristã protestante.

As mulheres, por outro lado, são um grupo social que teve pouca representatividade na política do município. Nos anos compreendidos entre 1988 e 2016, o número de vereadoras eleitas na cidade de Laje variou entre 0 e 3, com uma moda de 2 (em 1988, 1992, 2000, 2008 e 2012). Na eleição de 2004 acorreu uma situação bastante particular, pois nenhuma mulher chegou a ocupar uma cadeira na Câmara, embora a prefeita eleita fosse Ilma Maria Barreto. Ela havia sido uma das duas vereadoras em 1992, 1996 e em 2000, enquanto as demais foram Eurides Andrade de Carvalho (1988 e 1992) e Maria Hilda Borges da Rocha (1988, 1996 e 2000). Sobre a eleição da primeira mulher como prefeita no município de Laje, os entrevistados apresentam diferentes opiniões:

> A gente pensava assim na cabeça da gente: que será que ela ia governar bem? Mas só que pelo modo que a gente conhecia ela, a gente achava que ela ia fazer uma coisa boa para o município. Aliás ela não foi ruim, não fez coisa ruim não. Mas só também... ela só fazia pelo total de seu

Raimundo queria. Aí ela fez o que pôde, só que na hora que chegou esse médico, aí desandou tudo.[47]

[...] porque a mulher governando... antigamente não tinha esse negócio de mulher governando. Quem governava só era os homens, e hoje a mulher tem liberdade de governar até o Brasil, com a presidenta Dilma.[48]

Eu achei, como diz o povo aí, legal. [...] Eu sempre fui a favor da igualdade social, então como nós vemos hoje, ainda continua havendo assim, maior número de homens ocupando cargos eletivos. E eu achei muito interessante. Não quero aqui discutir os méritos pessoais, mas eu falo de uma mulher ter assumido a prefeitura de Laje exatamente no ano em que Laje completou cem anos de emancipação política.[49]

Analisando a fala do primeiro depoente, percebe-se que ele desconfiava quanto à possibilidade de realização de um "bom" governo por parte de Ilma Barreto, talvez pelo fato de ela ser do sexo feminino. Entretanto, ao mesmo tempo, parece ter confiado nela, pois conhecia a candidata, além do fato de que Ilma constituiria um prolongamento do governo de Raimundo Almeida. Já o segundo entrevistado, apesar de demonstrar certa desconfiança quanto às mulheres na política, realiza uma breve retrospectiva quanto ao histórico dos papéis atribuídos à mulher e ressalta que, em épocas anteriores, era impensável a possibilidade de um indivíduo do sexo feminino sequer votar, quanto mais exercer um cargo público. O terceiro depoente manifesta maior abertura quanto à igualdade de gênero, apesar de se confundir ao utilizar o termo igualdade social. Ele demonstra não ter sido adepto do governo de Ilma, mas acredita ter sido plausível o fato de uma mulher assumir a prefeitura da cidade. Também ressalta uma data importante para toda a cidade que coincidiu com o ano de posse da prefeita: o centenário de Laje, elevada à categoria de município em 1905. A própria Ilma Barreto apresenta a seguinte versão sobre a sua entrada na política de Laje:

> Aos 14 anos já era professora leiga desse município. E após a minha volta de Salvador, que eu passei um período estudando, comecei a perceber que a comunidade necessitava de muitas coisas e comecei a me reunir com as pessoas. Fui a presidenta da primeira associação fundada nesse município. Via o que precisava e ia ao encontro do executivo para reivindicar [...]. Então a minha vida na política começou assim, a gente lutando de presidente da associação. E quando eu vi já estava filiada a um partido e saí candidata. E quando eu vi já era vereadora, e já me vi prefeita também, meu nome ia bem nas pesquisas e fui indicada [...]. Depois da eleição de 1988, entre Visco e Raimundo, sendo que meu marido apoiava Visco. Logo após esse mandato que Visco teve interesse que eu me filiasse ao seu partido e Raimundo Almeida também queria que eu me filiasse ao partido e eu fiz a opção, porque eu já conhecia muitos anos a família de Raimundo Almeida. Aí na hora de fazer a escolha eu não tive dificuldade, apoiei Raimundo.[50]

Segundo a entrevistada Ilma Barreto, sua vida política se inicia com sua inserção na Associação dos Moradores do Entroncamento de Laje, como presidente, e no começo, diferente do que se poderia imaginar, ela não era adepta do PFL. Durante o período de estudos na Universidade

Federal da Bahia, em Salvador, quando fez parte do diretório acadêmico, a entrevistada tinha verdadeira aversão à Arena, que posteriormente se transformou em PFL. E só teria mudado ao voltar para Laje: "Percebi como os políticos tratavam as pessoas, principalmente os de baixa renda, então eu mudei meu olhar".[51]

O maior envolvimento masculino na política local não é surpreendente. Mesmo com as enormes transformações do papel da mulher brasileira em décadas recentes (como é o caso da eleição da primeira mulher presidente em 2010), ainda permanecem poderosos vestígios de uma sociedade tradicional, na qual a política era completamente dominada pelos homens. O que é interessante verificar, por outro lado, é que a maioria esmagadora das vereadoras de Laje pertenceu a um partido tido como conservador, o PFL/DEM. Isso não representa necessariamente uma contradição se considerarmos, por exemplo, como Ilma Barreto chegou a se fazer conhecida na cidade. Assim, ao discutir sobre as indicações dos cargos públicos pelos coronéis, Reis faz ainda a seguinte alusão a uma figura profissional em particular:

> [...] A professora é peça importante da engrenagem, pelo seu contato com os alunos e as famílias destes, transmitindo por percussão a mensagem do chefe (nesse caso o seu aliado), que assegura a dominação. Como se sabe, o controle da educação é tão importante para a aceitação do processo de poder, que do mundo inteiro em todos os tempos, a escola foi usada para a transmissão dessa mensagem de dominação.[52]

Entre as demais representantes políticas do município de Laje, encontramos, porém, somente outra pedagoga: a já citada Eliene Batista dos Santos, eleita em 2012 e 2016. As outras exercem as seguintes profissões: Eurides Andrade de Carvalho e Maria Hilda Borges da Rocha eram auxiliar e técnica de enfermagem, respectivamente; Janete Silva dos Santos Argolo (eleita em 2008 pelo DEM e reeleita em 2012 e 2016 pelo Partido da República, PR) era dona de casa e líder comunitária, enquanto Dilma dos Santos Leal (eleita em 2008 pelo Partido Republicano Brasileiro, PRB) era servidora pública municipal e Maria Lúcia Andrade da Silva (eleita em 2016 pelo PDT), técnica em enfermagem.

O FIM DE UMA HEGEMONIA

Em 1988, ano em que se inicia o recorte proposto neste estudo, o partido que representava o governador do estado da Bahia, Waldir Pires, era o PMDB (Partido do Movimento Democrático Brasileiro). Na cidade de Laje, porém, o prefeito era do PFL, sendo que, no Legislativo municipal, apenas um vereador eleito fazia parte do mesmo partido do governador. Esse dado possibilita questionamentos acerca da ideia de que as eleições estaduais influenciam necessariamente o resultado dos pleitos municipais, pelo menos em relação aos partidos políticos dos membros da Câmara Municipal. Nas eleições estaduais de 1990 triunfou, porém, o líder do PFL, Antônio Carlos Magalhães, ACM, ao qual sucedeu, em 1995, Paulo Souto, representante do mesmo partido. A partir da eleição seguinte (1998), outro candidato do PFL governou a Bahia, na pessoa de César Borges. Na eleição seguinte, Paulo Souto foi eleito mais uma vez pelo PFL e governou até o ano de 2006, quando perdeu para o candidato do PT, Jaques Wagner. No cenário político da cidade de Laje os candidatos do PFL/DEM se mantiveram no poder, sem interrupções, por vinte anos, mudando apenas de aliados em algumas eleições.

A partir do que foi exposto acima é possível notar o paralelismo entre as eleições estaduais na Bahia e as eleições municipais em Laje entre os anos de 1990 e 2006, enquanto a "quebra" da hegemonia do PFL/DEM se deu em duas eleições consecutivas: 2006 (estaduais) e 2008 (municipais). A chegada dos candidatos do PT ao poder nacional aconteceu a partir de 2002, quando foi eleito como presidente Luiz Inácio Lula da Silva. Essa foi uma mudança que certamente "abalou" o processo de permanência em nível estadual e municipal. Não por acaso, a quebra da hegemonia do "25" em Laje se deu quando foi eleito o candidato Luiz Hamilton de Couto Júnior, representante do PMDB, partido então aliado do governador Jaques Wagner. A partir da eleição de 2012, a política da cidade sofreu uma transformação ainda mais radical, pois o poder passou às mãos do candidato do Partido dos Trabalhadores, José Emiran Carvalho Feitosa, que já havia sido eleito vice-prefeito em 2008, mas que rompera com o seu companheiro de chapa, Luiz Hamilton. Esse fato reflete, em nível local, o rompimento político, ocorrido em 2009, entre o governador Jaques Wagner e o líder do PMDB em nível estadual, Geddel Vieira Lima, que passou assim a integrar a oposição.

Como foi possível visualizar a partir dos dados apresentados anteriormente, a hegemonia do "25", entre os anos de 1988 e 2008, se deu tanto no Executivo (prefeitos e vices) como no Legislativo (vereadores). Entretanto, também é importante destacar que, no legislativo municipal, essa hegemonia vinha sendo progressivamente corroída. O PFL, que em 1989 tinha 7 vereadores – que se tornaram 9 em 1993, 6 em 1997 e 5 em 2001 –, em 2005 só tinha 4 representantes, tendo perdido a maioria absoluta das cadeiras na Câmara. Após as eleições de 2008 e a mudança de nome consegue conservar apenas 2 representantes, para enfim desaparecer da Câmara a partir de 2013. O entrevistado Gildo Pereira, ao tratar sobre as possíveis causas da quebra da hegemonia do "25" no município, apresenta nomes de alguns outros candidatos que faziam oposição ao grupo de Raimundo Almeida.

Na verdade, o partido, o "25" como chamamos, já estava com certo desgaste, já tinha passado por algumas quedas políticas, algumas quedas na sua hegemonia até porque, já, primeiro o "25" tinha candidato único a nível municipal, único a prefeito. Mas, depois, começaram a surgir candidatos, como foi o caso de seu Pedro Rodrigues, Pedro da Farmácia. E então ele saiu candidato, na época obteve uma votação surpreendente, que não foi numericamente tão grande, mas ninguém esperava que ele tivesse novecentos e tantos votos e teve, quando a votação daqui era poucos mil. E depois surgiram outros candidatos, com foi o caso de Jojó, que duas vezes quase vence. Depois veio Roque do Incra, que se separou também do grupo do "25". E depois então nós tivemos o Doutor Luiz. O Doutor Luiz, esse teve uma influência muito grande, uma ação muito forte, por causa do carisma pessoal dele. Aquela pessoa simpática, aquela pessoa que prestou, também, como médico muitos favores às pessoas, tratou as pessoas bem, então o pessoal simpatizou, mesmo pessoalmente com Doutor Luiz e aí, as coisas funcionaram dessa maneira. Aí o "25" praticamente, quase que acabou.[53]

Os políticos citados por Gildo, dentre eles João Batista dos Santos, popular Jojó, e Roque Raimundo Capistrano de Souza, conhecido como Roque do Incra (pois trabalhava para o Instituto Nacional de Colonização e Reforma Agrária), foram eleitos como vice-prefeitos de Raimundo Almeida nos pleitos de 1988 e 1996, respectivamente, mas perceba-se que, antes de se tornarem aliados, eles faziam oposição ao "25". Segundo esse entrevistado, as causas da quebra do "25" estariam associadas, primeiro, ao aparecimento de candidatos de oposição, que apesar das fortes campanhas não conseguiram se eleger, mas que acabaram prejudicando a hegemonia do PFL e, depois, à candidatura do "Doutor Luiz" (Luiz Hamilton de Couto Júnior), descrito pelo depoente como uma pessoa que, com seu carisma, simpatia e serviços prestados como médico, acabou conquistando quase um terço do eleitorado. Abelardo Alves da Silva, por sua vez, apresenta a seguinte justificativa para a queda do "25":

> Eu penso comigo que é devido, que ele passou para outra pessoa [Ilma Barreto], era uma pessoa boa também. Era uma pessoa que já foi professora... já entendia bem as coisas ali dentro. Ela passou, mas só que nessa gestão começou uma pessoa entrar e o pessoal também não conhecia, achou que ele ia ser bom prefeito da região. Aí foi que... a derrota do "25". Aí passou todo mundo pra votar no outro partido, foi o "15", esse aí foi a derrota de Laje.[54]

Ele também associa a derrota do "25" ao aparecimento do candidato do PMDB (de número eleitoral 15) em 2008. Já o depoente Marco Henrique acrescenta mais uma hipótese sobre a derrota do grupo até então no poder municipal: "Parou porque o '25' aqui acabou. Morreu Raimundo Almeida, morreu Ranulfinho, Antônio Carlos Magalhães morreu. Aí esse povo do '25' mais velho acabou tudo".[55] Este poderia ser um elemento de análise muito interessante, pois, com distância de poucos anos, se deu a morte dos principais representantes do grupo do "25", tanto em nível municipal, como em nível estadual, e não foram encontrados substitutos nem descendentes que estivessem à altura desses políticos tradicionais. Essa relação entre as esferas municipal e estadual, ou seja, entre os políticos do

Partido da Frente Liberal do município de Laje e do estado, sempre aparece claramente nas falas dos depoentes, além de ser explicita a forte ligação de amizade entre Raimundo Almeida e Antônio Carlos Magalhães. "Lá [no nível estadual] tinha o representante do '25', que era muito forte, Antônio Carlos Magalhães. Muito forte lá, aí ele comandava o '25', aí aqui não perdia. Ele vinha aqui, aí na cidade de Laje".[56] Nesse caso, portanto, os líderes locais eram aliados aos políticos situacionistas nas esferas estadual e federal. Assim, ao ser questionado sobre uma possível explicação para o fim da hegemonia do "25" na cidade, um depoente apresenta o seguinte comentário, trazendo como uns dos protagonistas a figura do ex-governador,

> por um motivo principal, porque lá na cúpula, a nível estadual, estava o Antônio Carlos Magalhães, o famoso ACM. E então os governantes daqui de Laje, no caso Raimundo Almeida, Milton Assis também, se não me falha a memória foi anterior a Raimundo Almeida, e era até parente, era tio, eles seguiam a mesma linha política de ACM. E naquele tempo o povo também não era informado como é hoje. Hoje em dia a gente sabe que com esse acesso a todas as informações as pessoas têm mais tendência e capacidade também de mudar. Porque analisam todos os fatos e chegam as suas conclusões e mudam. Mas naquele tempo, as pessoas eram, de certo modo, em grande número analfabetas. Então as pessoas seguiam aquilo o que os chefes locais orientavam.[57]

É significativo notar, nessa entrevista, a justificativa da falta de informação dos eleitores como ingrediente para o sucesso do "25", pois, segundo o depoente, as pessoas não tinham acesso fácil e rápido às informações como atualmente. Por conta disso, quase sempre desconheciam as propostas dos candidatos. Por outro lado, a seriedade dos políticos do "25" é ressaltada pelo entrevistado, que, ao ser questionado sobre o tema, afirma o seguinte:

> Esses candidatos eram... eu até julgo mais sérios do que hoje, porque nós estamos vendo que a maneira de fazer política até que modificou muito, eles mentiam menos, eles enganavam, portanto menos. Então a gente percebe que eram pessoas mais simples e menos gananciosas.[58]

Todavia, acrescenta:

> Eu me recordo que era aquela característica de se conseguir vencer as eleições baseado na ignorância das pessoas, na pobreza das pessoas. E então havia aquele favorecimento, como hoje ainda há, mas hoje em dia as pessoas querem coisas maiores, e na época as pessoas se contentavam com, por exemplo: uma roupa para vestir no dia da eleição, também receber qualquer benefício, mesmo pequeno, como um dinheirinho para pagar uma conta de água, uma conta de energia elétrica, coisas assim, pequenos favores. Então isso aí satisfazia as pessoas que naquele tempo tinha um nível bem diferente, nível intelectual.[59]

Nas palavras do entrevistado, portanto, Raimundo Almeida e seus aliados do "25" inicialmente são descritos como mais sérios, simples e menos gananciosos e, posteriormente, são considerados como menos justos, já que se aproveitavam da "ignorância" (não se sabe até que ponto...) e da pobreza do eleitorado para conseguirem se eleger. Isto é, utilizavam práticas clientelistas, "pequenos favores", em troca de votos. Percebe-se, pela fala de Gildo, que esses eleitores "ignorantes" e "pobres" não estavam presentes apenas nas zonas rurais, mas eram encontrados também na área urbana do município, pois a menção ao "dinheirinho para pagar uma conta de água ou de energia elétrica" está diretamente relacionada ao contexto urbano. Vale lembrar, pois, que no período que corresponde aos anos iniciais da década de 1990 era mínima a quantidade de comunidades rurais beneficiadas pela energia elétrica e pela água encanada. O professor Gildo também ressalta o alto nível de analfabetismo entre os eleitores do município, principalmente entre os que residiam em lugares mais distantes, de difícil acesso e que raramente se deslocavam para a sede do município. Na maioria das vezes, eles só conheciam as propostas dos políticos durante os comícios, que, porém, eram vistos mais como um espetáculo, uma possibilidade de lazer, do que como um momento de exercer os próprios direitos de cidadãos. Ilma Barreto, por fim, também apresenta a sua versão sobre essa queda do "25", que ocorreu durante a sua tentativa de reeleição: "A democracia é assim mesmo, e principalmente eu né, que já vinha de um longo período, as pessoas queriam ver algo diferente que não estavam acostumados. E quando a gente muda é sempre pensando no melhor".[60]

CONSIDERAÇÕES FINAIS

Os estudos sobre a política nos municípios brasileiros podem servir de suporte para entender o funcionamento da política nacional na atualidade, já que trabalham com os pormenores locais, que geralmente não são visualizados pelos grandes estudiosos políticos. A partir do que fora pesquisado até então sobre a política de Laje, foi possível perceber que antigas práticas, principalmente relacionadas ao clientelismo, foram permanentes durante a hegemonia do "25" no município. Ao analisar a classe política de Laje, constatou-se que essa era composta por indivíduos organizados politicamente por laços de parentesco e amizade, um fator que certamente contribuiu para o "fechamento" dessa elite no poder, dificultando a entrada de outros grupos, o que se deu apenas a partir da eleição de 2008. Essa classe política do "25" se caracterizava por angariar principalmente católicos, fazendeiros, comerciantes e agricultores, os quais acabavam envelhecendo na política, com o decorrer das vitórias nas eleições. Sobre as possíveis justificativas para o fim dessa hegemonia, foram apresentadas diferentes versões, através dos relatos dos depoentes, dentre as quais estaria aquela relacionada à morte de seus principais líderes, em nível local e estadual e, também, a que remete à maior facilidade, nos tempos mais recentes, do acesso à informação por parte dos eleitores, principalmente dos residentes na zona rural. Pensamos ter conseguido demonstrar, também, que o mito da família Almeida possui um fundo de verdade, pois todos os candidatos aliados de Raimundo Almeida conseguiram vencer as eleições até o ano de 2008. Mesmo não ocupando diretamente a prefeitura, ou não concorrendo às eleições, essa liderança política segurou as rédeas do poder local até poucos anos antes do seu falecimento, assim como tinham feito alguns dos seus parentes, desde a longínqua década de 1930. Contudo, este trabalho não encerra a discussão a respeito da história do município de Laje. O campo da historiografia é bastante abrangente e, neste sentido, a dimensão local apresenta uma diversidade temática que abre espaço para novas pesquisas. Acredito que o presente registro sistematizado da história política de Laje na contemporaneidade poderá ser utilizado como fonte bibliográfica por aqueles que se interessarem pelo estudo da história local. Discutir sobre a história da minha cidade foi, também, desvendar a minha própria história, já que nasci e fui criada nesse contexto.

NOTAS

[1] BRASIL. Instituto Brasileiro de Geografia e Estatística (IBGE). *O Brasil em síntese*. Op. cit. Acesso em 10 ago. 2013.
[2] BRASIL. Tribunal Superior Eleitoral (TSE). *Eleições anteriores*. Op. cit. Acesso em 10 ago. 2013.
[3] *Senado Notícias*, 03/10/2018. Eleição não terá voto impresso, mas autoridades garantem segurança na urna. Disponível em: <https://www12.senado.leg.br/noticias/materias/2018/10/03/eleicao-nao-tera-voto-impresso-mas-autoridades-garantem-seguranca-da-urna>. Acesso em: 20 out. 2018.
[4] REIS, Antônio Carlos Palhares Moreira. *As duras eleições nordestinas*. Recife: Editora asa, 1985, p. 28.
[5] CORBELLINI, Juliano. *O poder como vocação: o PFL na política brasileira (1984-2002)*. Tese (doutorado). Universidade Federal do Rio Grande do Sul, Porto Alegre, 2005, p.10. Disponível em: <http://www.lume.ufrgs.br/bitstream/handle/10183/15569/000685556.pdf?sequence=1>. Acesso em: 20 abr. 2013.
[6] MAINWARING, Scott; MENEGUELLO, Rachel; POWER, Timothy. *Partidos conservadores no Brasil contemporâneo*: quais são, o que defendem, quais são suas bases. São Paulo: Paz e Terra, 2000, p. 58.
[7] Idem, p. 65.
[8] WEBER, Max. *Ciência e política*: duas vocações. São Paulo: Cultrix, 1991, p. 68.
[9] AVELAR, Lúcia; WALTER, Maria Inez Machado Telles. Lentas mudanças: o voto e a política tradicional, *Opinião Pública*, Campinas, v. 14, n. 1, p. 96-122, maio de 2008. Apud: GASTALDI, Hélio Filho; ROSENDO, Rosi. Urna eletrônica: mudanças no processo eleitoral e no comportamento dos eleitores. In: *IV Congresso Latino-Americano de Opinião Pública da Wapor – World Association of Public Opinion Research*. Belo Horizonte, 2011, p. 7. Disponível em: <http://www.waporbh.ufmg.br/papers/Helio_Gastaldi.pdf>. Acesso em: 13 dez. 2014.
[10] REIS. Op. cit., p. 25.
[11] SANTOS, Marco Henrique dos. *Marco Henrique dos Santos*, eleitor do Município de Laje: depoimento [set. 2014]. Entrevistadora: R. Alves dos Santos. Entrevista concedida ao Programa de Iniciação Científica da Universidade do Estado da Bahia.
[12] REIS. Op. cit., p. 25.
[13] SANTOS, Carmélia Maria dos. *Carmélia Maria dos Santos*, eleitora do Município de Laje: depoimento [jun. 2014]. Entrevistadora: R. Alves dos Santos. Entrevista concedida ao Programa de Iniciação Científica da Universidade do Estado da Bahia.
[14] PEREIRA, Acácio Andrade. *Acácio Andrade Pereira*, eleitor do Município de Laje: depoimento [set. 2014]. Entrevistadora: R. Alves dos Santos. Entrevista concedida ao Programa de Iniciação Científica da Universidade do Estado da Bahia.
[15] LEAL. Op. cit., p. 56.
[16] SANTOS, Carmélia Maria dos. *Carmélia Maria dos Santos*, eleitora do Município de Laje: depoimento [jun. 2014]. Entrevistadora: R. Alves dos Santos. Entrevista concedida ao Programa de Iniciação Científica da Universidade do Estado da Bahia.
[17] Idem.
[18] SPECK, Bruno. A compra de votos – uma aproximação empírica. *Opinião Pública*, Campinas, v. IX, n. 1, p.148-169, 2003. Apud: GASTALDI. Op. cit., p. 5.
[19] LEAL. Op. cit., p. 57.
[20] QUEIROZ, Maria Isaura Pereira de. *O mandonismo local na vida política brasileira e outros ensaios*. São Paulo: Alfa-Omega, 1976. Apud: ALVES, Leonardo do Amaral. *"Pingafogo" nas ruas de Itupeva-BA*: história política local, 1950-1970. Trabalho de conclusão de curso (graduação). Universidade do Estado da Bahia, Teixeira de Freitas, 2011, p. 44.
[21] WEBER, Max. *Três tipos puros de poder legítimo*. [s.l.]: [s.e.], p. 4. Disponível em: <http://www.lusosofia.net/textos/weber_3_tipos_poder_morao.pdf>. Acesso em: 13 dez. 2014.
[22] Idem, p. 9.
[23] SILVA, Abelardo Alves da. *Abelardo Alves da Silva*, eleitor do Município de Laje: depoimento [set. 2014]. Entrevistadora: R. Alves dos Santos. Entrevista concedida ao Programa de Iniciação Científica da Universidade do Estado da Bahia.
[24] SANTOS, Marco Henrique dos. *Marco Henrique dos Santos*, eleitor do Município de Laje: depoimento [set. 2014]. Entrevistadora: R. Alves dos Santos. Entrevista concedida ao Programa de Iniciação Científica da Universidade do Estado da Bahia.

[25] PEREIRA, Acácio Andrade. *Acácio Andrade Pereira*, eleitor do Município de Laje: depoimento [set. 2014]. Entrevistadora: R. Alves dos Santos. Entrevista concedida ao Programa de Iniciação Científica da Universidade do Estado da Bahia.
[26] BARRETO, Ilma Maria. *Ilma Maria Barreto*, ex-prefeita do Município de Laje: depoimento [dez. 2014]. Entrevistadora: R. Alves dos Santos. Entrevista concedida ao Programa de Iniciação Científica da Universidade do Estado da Bahia.
[27] SANTOS, Marco Henrique dos. *Marco Henrique dos Santos*, eleitor do Município de Laje: depoimento [set. 2014]. Entrevistadora: R. Alves dos Santos. Entrevista concedida ao Programa de Iniciação Científica da Universidade do Estado da Bahia.
[28] Antônio Visco da Silva Borges, candidato a prefeito pelo PMDB nas eleições de 1988, nas quais obteve 29,5% dos votos válidos, frente aos 70,4% de Raimundo Almeida.
[29] SANTOS, Carmélia Maria dos. *Carmélia Maria dos Santos*, eleitora do Município de Laje: depoimento [jun. 2014]. Entrevistadora: R. Alves dos Santos. Entrevista concedida ao Programa de Iniciação Científica da Universidade do Estado da Bahia.
[30] PEREIRA, Gildo. *Gildo Pereira*, eleitor do Município de Laje: depoimento [out. 2014]. Entrevistadora: R. Alves dos Santos. Entrevista concedida ao Programa de Iniciação Científica da Universidade do Estado da Bahia.
[31] ALMEIDA SOBRINHO, José Rosa de. *José Rosa de Almeida Sobrinho*, eleitor do Município de Laje: depoimento [set. 2014]. Entrevistadora: R. Alves dos Santos. Entrevista concedida ao Programa de Iniciação Científica da Universidade do Estado da Bahia.
[32] Idem.
[33] BARRETO, Ilma Maria. *Ilma Maria Barreto*, ex-prefeita do Município de Laje: depoimento [dez. 2014]. Entrevistadora: R. Alves dos Santos. Entrevista concedida ao Programa de Iniciação Científica da Universidade do Estado da Bahia.
[34] SILVA, Abelardo Alves da. *Abelardo Alves da Silva*, eleitor do Município de Laje: depoimento [set. 2014]. Entrevistadora: R. Alves dos Santos. Entrevista concedida ao Programa de Iniciação Científica da Universidade do Estado da Bahia.
[35] PEREIRA, Gildo. *Gildo Pereira*, eleitor do Município de Laje: depoimento [out. 2014]. Entrevistadora: R. Alves dos Santos. Entrevista concedida ao Programa de Iniciação Científica da Universidade do Estado da Bahia.
[36] SANTOS, Carmélia Maria dos. *Carmélia Maria dos Santos*, eleitora do Município de Laje: depoimento [jun. 2014]. Entrevistadora: R. Alves dos Santos. Entrevista concedida ao Programa de Iniciação Científica da Universidade do Estado da Bahia.
[37] PEREIRA, Acácio Andrade. *Acácio Andrade Pereira*, eleitor do Município de Laje: depoimento [set. 2014]. Entrevistadora: R. Alves dos Santos. Entrevista concedida ao Programa de Iniciação Científica da Universidade do Estado da Bahia.
[38] STONE. Op. cit., p. 116.
[39] FERREIRA, Aurélio Buarque de Holanda. *Mini Aurélio século XXI*: o minidicionário da língua portuguesa. Rio de Janeiro: Nova Fronteira, 2001, p. 304.
[40] Idem, p. 31.
[41] BRASIL. Instituto Brasileiro de Geografia e Estatística (IBGE). *Sinopse do Censo Demográfico 2010. Bahia*. Disponível em: <https://censo2010.ibge.gov.br/sinopse/index.php?dados=21&uf=29>. Acesso em: 13 dez. 2014.
[42] Não foram encontrados dados acerca do nível de escolaridade de dois vereadores eleitos em 1996: Anastácio José da Silva e Maria Souza Andrade de Jesus.
[43] Não foram encontrados dados acerca da cor da pele de dois vereadores eleitos em 1996: Anastácio José da Silva e Maria Souza Andrade de Jesus.
[44] Não foi encontrado o dado relativo à cor da pele de um vereador eleito em 1996: Anastácio José da Silva.
[45] Não foi encontrado o dado relativo à religião de um vereador eleito em 1996: Anastácio José da Silva.
[46] BRASIL. Instituto Brasileiro de Geografia e Estatística (IBGE). *O Brasil em síntese*. Op. cit. Acesso em 10 ago. 2013.
[47] SILVA, Abelardo Alves da. *Abelardo Alves da Silva*, eleitor do Município de Laje: depoimento [set. 2014]. Entrevistadora: R. Alves dos Santos. Entrevista concedida ao Programa de Iniciação Científica da Universidade do Estado da Bahia.

[48] SANTOS, Marco Henrique dos. *Marco Henrique dos Santos*, eleitor do Município de Laje: depoimento [set. 2014]. Entrevistadora: R. Alves dos Santos. Entrevista concedida ao Programa de Iniciação Científica da Universidade do Estado da Bahia.
[49] PEREIRA, Gildo. *Gildo Pereira*, eleitor do Município de Laje: depoimento [out. 2014]. Entrevistadora: R. Alves dos Santos. Entrevista concedida ao Programa de Iniciação Científica da Universidade do Estado da Bahia.
[50] BARRETO, Ilma Maria. *Ilma Maria Barreto*, ex-prefeita do Município de Laje: depoimento [dez. 2014]. Entrevistadora: R. Alves dos Santos. Entrevista concedida ao Programa de Iniciação Científica da Universidade do Estado da Bahia.
[51] Idem.
[52] REIS. Op. cit., p. 51-52.
[53] PEREIRA, Gildo. *Gildo Pereira*, eleitor do Município de Laje: depoimento [out. 2014]. Entrevistadora: R. Alves dos Santos. Entrevista concedida ao Programa de Iniciação Científica da Universidade do Estado da Bahia.
[54] SILVA, Abelardo Alves da. *Abelardo Alves da Silva*, eleitor do Município de Laje: depoimento [set. 2014]. Entrevistadora: R. Alves dos Santos. Entrevista concedida ao Programa de Iniciação Científica da Universidade do Estado da Bahia.
[55] SANTOS, Marco Henrique dos. *Marco Henrique dos Santos*, eleitor do Município de Laje: depoimento [set. 2014]. Entrevistadora: R. Alves dos Santos. Entrevista concedida ao Programa de Iniciação Científica da Universidade do Estado da Bahia.
[56] SILVA, Abelardo Alves da. *Abelardo Alves da Silva*, eleitor do Município de Laje: depoimento [set. 2014]. Entrevistadora: R. Alves dos Santos. Entrevista concedida ao Programa de Iniciação Científica da Universidade do Estado da Bahia.
[57] PEREIRA, Gildo. *Gildo Pereira*, eleitor do Município de Laje: depoimento [out. 2014]. Entrevistadora: R. Alves dos Santos. Entrevista concedida ao Programa de Iniciação Científica da Universidade do Estado da Bahia.
[58] Idem.
[59] Idem.
[60] BARRETO, Ilma Maria. *Ilma Maria Barreto*, ex-prefeita do Município de Laje: depoimento [dez. 2014]. Entrevistadora: R. Alves dos Santos. Entrevista concedida ao Programa de Iniciação Científica da Universidade do Estado da Bahia.

O CARISMA E O EXERCÍCIO DA DEMOCRACIA NO MUNICÍPIO DE MUNIZ FERREIRA

Taize dos Reis Souza

Desde crianças ouvimos muito falar sobre política: na mídia, na família e, principalmente, na escola, onde nos dizem que, ainda que nos pareça desinteressante, a política não deve ser deixada de lado e que devemos gostar dela. Esse discurso clichê é utilizado principalmente pelo Estado, para legitimar o voto de jovens maiores de 16 anos, e pelos próprios políticos em período eleitoral, para haver mais eleitores que participem dos pleitos. Nenhuma instituição colabora, porém, para um entendimento mais explícito do que realmente é a política, em todo seu amplo significado. Nesse sentido, no Brasil temos uma população que pouco sabe sobre as leis às quais está submetida, seus direitos e deveres, seu sistema de governo, seus governantes, quem são eles, o que fazem e como o fazem. Max Weber categoriza os políticos em dois tipos: aqueles que entram na esfera pública com a preocupação de exercer atividade política, ou seja, que vivem "para" a política, e os políticos profissionais, que vivem "de" política.[1] O político profissional se comporta como um homem de negócios, tendo dificuldade em deixar-se substituir, mesmo quando opera em um contexto democrático. A partir dessa distinção, buscamos entender o que os indivíduos que fazem política no Brasil têm em comum, por meio de um estudo de caso sobre aqueles que governaram ou representaram a cidadania de um pequeno município do interior da Bahia: Muniz Ferreira, entre 1988 e 2016.

OS CARGOS ELETIVOS EM MUNIZ FERREIRA ENTRE 1988 E 2016

A política no interior da Bahia ainda é um assunto pouco pesquisado. Diante desse fato, o presente trabalho tem como objetivo maior estudar as mudanças e permanências na classe política do município de Muniz Ferreira, no período que vai da redemocratização ao ano de 2016.[2] A cidade de Muniz Ferreira está localizada na região do Recôncavo Sul, às margens do rio Jaguaripe. O município é atravessado, de leste ao oeste, pela BA-028, no trecho que vai de Nazaré a Santo Antônio de Jesus. Sua sede serviu como ponto de parada para os trens da estrada de ferro construída em 1876, até que fosse inaugurada a estação ferroviária. Com a construção desta, em 1880, o Barão de Taitinga doou terras para o plantio de lavouras no entorno da estação, surgindo assim as primeiras casas e a primeira rua do povoado. Muniz Ferreira foi emancipada no ano de 1962 do município de Nazaré das Farinhas. Atualmente, a cidade é constituída por 7.825 habitantes, segundo o censo IBGE de 2010.[3] Levando em consideração a quantidade de habitantes, são eleitos, a cada quatro anos, nove vereadores e, assim como nos demais municípios brasileiros, um prefeito e um vice-prefeito. No período analisado (1988-2016), foram eleitos seis prefeitos em oito eleições, sendo que dois se reelegeram: Dilson Carlos Barreto Souza (em 1988 e 1996) e Antônio Gerson Quadros de Andrade (em 2000 e 2004). Os vice-prefeitos, por sua vez, foram oito: um para cada pleito eleitoral. Os retratos desses prefeitos nos dizem que três deles são naturais do município de Muniz Ferreira e que os outros são originários, respectivamente, de Salvador (Gerson Quadros), Mutuípe (Antônio Rodrigues do Nascimento Filho) e Nazaré (Clóvis dos Santos Penine). Entre os prefeitos, dois possuem nível de escolaridade superior (o Dr. Dilson e Antônio Rodrigues), três, nível médio (Gerson Quadros, Clóvis do Cartório e Wellington Sena Vieira) e um, nível fundamental (Antônio Humberto Souza Prazeres), enquanto apenas um deles não é branco (Wellington). Sua média de idade, quando eleitos pela primeira vez, era de 49,3 anos. Quanto aos vices, apenas dois não são muniz-ferreirenses (Jamile Perez de Andrade, originária de Salvador, e Almerinda Menezes Lírio, natural de Nazaré) e somente uma (a citada Jamile) possui nível superior. A maioria dos prefeitos e dos vices exerce profissões de influência, com maior predominância entre os primeiros do que os segundos. Assim, entre os prefeitos, temos um médico, dois comerciantes, um advogado e um servidor público estadual; entre os vices, um servidor público municipal, um agricultor, um comerciante e uma aposentada. Muitos deles já tiveram experiências anteriores como vereadores do município.

Em 1988, ocorreu a primeira eleição democrática em Muniz Ferreira, na qual todos os eleitos para preencher os cargos municipais, entre prefeito, vice e vereadores, eram do sexo masculino. A Câmara Municipal era composta principalmente por jovens, cuja média de idade, de 35 anos, foi a menor ao longo de todo o período pesquisado: o vereador mais novo tinha 25 anos e o mais velho, 48.[4] A maioria relativa dos edis (5) se dizia de cor branca e de religião cristã católica e apenas dois não eram naturais no município. O prefeito que triunfou nos comícios daquele ano foi um médico, o Dr. Dilson Carlos Barreto Souza, do Partido da Frente Liberal (PFL), branco, natural de Nazaré das Farinhas, filho de Dalmácio Brito de Souza, ex-prefeito do município. Também o Dr. Dilson tinha sido prefeito antes de 1988.

Na eleição de 1992, a maioria absoluta dos vereadores eleitos era formada por brancos (apenas dois se declaravam pardos) e tinha nível de escolaridade médio, completo (5) ou incompleto (1); todos eram homens – agricultores, comerciantes ou motoristas – e a média de idade era de 35,3 anos. Em 1996, porém, a Câmara estava mais velha, com uma média de idade de 37,8 anos, pois sete dos nove edis haviam sido reeleitos, e totalmente composta por naturais de Muniz Ferreira. Havia apenas um vereador não branco, seis tinham nível médio e três, nível fundamental incompleto. É neste ano que é eleita a primeira vereadora: Ivonice Figueiredo dos Santos Prazeres, pelo PFL, com 33 anos, professora de ensino fundamental, branca, católica, moradora do distrito de Duas Estivas e esposa do vice-prefeito Jorge Prazeres. Sobre os partidos presentes na Câmara Municipal entre 1988 e 2016, para entender a predominância de alguns e inexistência de outros, assim como a diminuição do número de filiados, é necessário analisar o contexto político estadual, fator esse, em alguns momentos, determinante nas filiações partidárias. Em total, o PFL (renomeado Democratas em 2007) é o primeiro partido em número de vereadores (18), concentrados especialmente nos anos iniciais desta pesquisa, pois, nesse momento, o PFL era o partido principal do governo do estado, liderado por Antônio Carlos Magalhães e seus sucessores. Ainda em 2008, apesar de outros partidos estarem ganhando espaço e das eleições estaduais de 2006, que marcaram o começo da hegemonia estadual do Partido dos Trabalhadores (PT), o PFL continua presente na Câmara, até desaparecer do cenário municipal nos últimos dois pleitos. Um fato notável é a ausência do PT em todas as eleições municipais celebradas em Muniz Ferreira de 1988 a 2016. Isso é particularmente significativo, pois se trata do partido dos presidentes da República eleitos entre 2002 e 2014 e dos governadores do estado da Bahia escolhidos em 2006, 2010 e 2014. Assim, supondo certa influência do PT em todo território do estado da Bahia – que ainda se reflete nos resultados das eleições para presidente e governador no próprio município – em Muniz Ferreira, a questão partidária ou ideológica parece não ser tão importante quando se trata de escolher os representantes locais. De fato, o segundo partido que mais elegeu vereadores na história recente do município (11) foi o Partido Liberal (PL, atual Partido da República, PR), a sigla sob a qual concorreu Gerson Quadros em 2004. Porém, nesses 28 anos, não houve hegemonia de um único partido, mas o que existiu foi uma gama de partidos de diferentes ideologias. Durante os dois mandatos do prefeito Gerson, por exemplo, os partidos representados na Câmara foram o PFL/DEM, o PL/PR, o Partido do Movimento Democrático Brasileiro (PMDB), o Partido Social Democrático (PSD), o Partido da Social Democracia Brasileira (PSDB), o Partido Social Cristão (PSC), o Partido Trabalhista Brasileiro (PTB), o Partido Trabalhista do Brasil (PTdoB) e o Partido Republicano Brasileiro (PRP). Em alguns momentos aconteceu de o partido do prefeito não aparecer no Legislativo municipal, como o Partido Comunista do Brasil (PCdoB), pelo qual foi eleito Clóvis Penine (aliado do "liberal" Gerson Quadros), nos comícios de 2012.

De maneira geral, os representantes políticos eleitos em Muniz Ferreira após a redemocratização foram de religião católica, brancos, com escolaridade média (um nível alto em relação à população restante) e homens. Das poucas mulheres eleitas, todas (com a exceção de Maria Meire Mota Santana) tinham ensino médio ou superior, exerciam uma profissão de destaque e, fato notável, eram parentes de outros políticos. Todavia, a participação das mulheres como candidatas eleitas a algum cargo político em Muniz Ferreira foi crescendo lentamente ao longo do período considerado. A primeira foi Edineuza Almeida da Costa, eleita em 1988 pelo PDC e, depois dela, foi a vez de Ivone Prazeres, já citada anteriormente, que assumiu em 1997, quando seu esposo era vice-prefeito, tendo sido reeleita para todos os mandatos seguintes. Nos seus cinco mandatos como vereadora, Ivone fez parte da coligação de apoio ao prefeito apenas em duas oportunidades: em 1996 e 2016. Nas eleições de 2000, 2004 e 2008, integrou a oposição, enquanto suas colegas mulheres estavam no lado oposto, no grupo de Gerson Quadros. Entre 2013 e 2016 ela ocupou o cargo de presidente da Câmara, mesmo fazendo oficialmente parte da oposição. A partir do ano de 2000, encontram-se duas mulheres entre os representantes da Câmara, uma da oposição e outra da situação: Ivone e Maria das Graças de Jesus Santos (Maria de Memeu), branca, católica, servidora pública estadual, com ensino médio completo, eleita pelo PMDB, na coligação PMDB/PSDB/PDT, do prefeito Gerson Quadros e do vice Valdeci Conceição Almeida (Vavá). Maria era esposa do vereador Bartolomeu Alves dos Santos (Memeu), que tinha exercido seu mandato em 1992 e 1996, e mãe do vereador Bartolomeu Alves dos Santos Júnior (Jota), que lhe sucedeu na Câmara entre 2008 e 2016. Em 2008, Ivone teve como colega Ana Cristina Cardoso Santos Penine, parda, católica, professora de ensino fundamental, com ensino médio completo, esposa de Clóvis Penine, eleito prefeito em 2012. Em 2012 e 2016, a outra edil de sexo feminino foi Maria Meire Mota Santana (Meirinha), parda, protestante, comerciante, com ensino fundamental completo, residente no distrito de Ponto Chique. Nesses últimos dois pleitos, a cidade de Muniz Ferreira teve duas mulheres eleitas ao cargo de vice-prefeito: em 2012, Jamile Perez de Andrade, branca, católica, comerciante com ensino superior completo, esposa do ex-prefeito Gerson Quadros e, em 2016, Almerinda Menezes Lírio (Minde), parda, aposentada com ensino médio completo, mãe do vereador Alan Menezes Lírio, também eleito em 2016.

Entre 2001 e 2008, durante os mandatos de Gerson Quadros como prefeito, a Câmara incluiu quase exclusivamente vereadores originários do município, com a exceção de apenas três edis naturais da vizinha cidade de Nazaré, com uma idade média de pouco mais de 40 anos. Somente quatro dos edis desse período tinham como nível de escolaridade o fundamental incompleto, todos os outros possuíam ensino médio completo ou até ensino superior, que foi o caso de Marcos Antônio Pinto Alves, branco, católico, professor de ensino superior, eleito em 2000. Isso sinaliza certo aumento no padrão de escolarização do Legislativo municipal. Os vereadores pretos (1) ou pardos (4) eram uma minoria, pois os demais eram todos brancos e havia apenas um evangélico: Rogério Santos, servidor público municipal com ensino médio completo, eleito em 2004.

Na eleição de 2008, foi eleito como prefeito de Muniz Ferreira o advogado e ex-deputado estadual Antônio Rodrigues, pelo PR, com o apoio do ex-prefeito Gerson. Dos nove edis, apenas dois eram naturais de outro município (Nazaré); um se declarava pardo, dois pretos e seis brancos; três tinham ensino fundamental incompleto e seis, nível médio completo. Entre as profissões exercidas, encontramos dois agricultores, dois motoristas particulares, uma professora de ensino fundamental, um aposentado e três vereadores autodeclarados como tais, demonstrando como, mesmo no âmbito local, existam indivíduos que se identificam profissionalmente como políticos. Apesar disso, a idade média da Câmara eleita em 2008 era idêntica à de 2004: 40,6 anos. Esse dado irá, porém, aumentar em 2012 (41,7) e em 2016 (44,3 anos), também em consequência das reeleições. De fato, alguns vereadores se mantiveram no poder por muito tempo, tornando-se assim políticos de carreira, e conseguiram até mesmo "fazer seus sucessores", os quais, geralmente, eram seus parentes ou aliados. Vemos, por exemplo, com seis mandatos cada um, Joselito Conceição de Jesus (Zelito), eleito pela primeira vez em 1988, aos 39 anos, permanecer na Câmara até 2004 e ser reeleito ainda em 2012, e Natan Ferreira Brito, eleito aos 25 anos em 1988, ser reeleito sem interrupção até 2008. Outros "políticos profissionais" da cidade, como Adilson de Santana Pinto, que tinha 25 anos quando foi escolhido pela primeira vez, em 1996, ou Ivone, aos 33, eram mais jovens que a maioria dos vereadores eleitos nos pleitos posteriores e conservaram o seu assento na Câmara por 20 anos. Antes de serem eleitos pela primeira vez, Zelito já era aposentado, Natan era servidor público municipal, Adilson, agricultor e Ivone, professora do ensino fundamental. Os quatro pertenciam ao grupo do Dr. Dilson e passaram para a oposição a partir de 2000, quando Gerson Quadros venceu as eleições.

Na eleição de 2012, foi eleito como prefeito Clóvis Penine, com 50 anos, pelo PCdoB, apoiado por Gerson e seu grupo. Clóvis Penine é o primeiro prefeito natural do município desde 2000, sendo os anteriores originários de Mutuípe e de Salvador. Sete vereadores, entre os que tomaram posse no ano seguinte, possuíam nível de escolaridade médio, enquanto os outros cinco tinham nível fundamental, completo ou incompleto. Na Câmara foram eleitos cinco representantes do grupo da oposição (os já citados Zelito, Adilson, Ivone e Meirinha, além de Cléssio Souza de Jesus, do PTB) e quatro do grupo do prefeito. Já em 2016, dos nove vereadores eleitos, apenas três o foram pela coligação que venceu a eleição para prefeito, estando o presidente da Câmara entre os cinco representantes da oposição. De fato, a partir de 2004 e até 2016, cinco dos noves edis eleitos em cada pleito (55,5%) representaram a oposição: é claro que os eleitores preferiram votar num candidato a prefeito de um grupo e em candidatos a vereadores de outro, configurando, assim, um problema de governabilidade. Diante dessa questão, o vereador Bartolomeu Jr. (Jota), em entrevista, contou como os projetos do prefeito de 2012 eram aprovados:

> Veja bem, geralmente esses projetos que o prefeito manda são projetos bons para a comunidade, então não tem como a oposição fazer politicagem e sim aprovar os projetos que são bons para Muniz Ferreira. E não tem negociação de jeito nenhum, eu como líder do governo, do prefeito na Câmara, sempre expondo, mostro os projetos, também tem o setor jurídico da Câmara que analisa, se for necessário fazemos emenda.[5]

Seria interessante conhecer se o vereador considera ainda válida essa diagnose após as eleições de 2016, nas quais Clóvis Penine, candidato à reeleição e de cuja coligação ele fazia parte, foi derrotado por Wellington Sena Vieira, do PSD. Wellington já fora vereador entre 1989 e 1992 e vice-prefeito de Antônio Humberto Souza Prazeres entre 1993 e 1996, enquanto o irmão dele, Wilton Sena Vieira, ocupou um assento na Câmara Municipal entre 1993 e 2000. Ambos faziam parte do antigo grupo do Dr. Dilson, que volta assim ao poder após vinte anos, nos quais prevaleceu a liderança do ex-prefeito Gerson Quadros. A composição do atual Legislativo municipal apresenta, mais uma vez, uma maioria de homens (7) de pele branca (5), enquanto o nível de escolaridade decai, compreendendo apenas quatro vereadores com ensino médio completo e os restantes com ensino fundamental, completo ou incompleto.

É importante ressaltar que o município de Muniz Ferreira é constituído pela sede e por distritos rurais, os mais importantes dos quais são: Alto da Boniteza, Duas Estivas, Onha, Ponto Chique e Sodoma. Estes têm um grande número de habitantes em relação ao total e, assim, conseguem eleger seus próprios representantes na Câmara Municipal. É o caso, por exemplo, do Alto da Boniteza, que teve um representante eleito nos últimos três pleitos, na pessoa de Valmir de Jesus Santos (Valmir "Sempre Presente"). Nas duas últimas eleições, Ponto Chique foi representado por Meirinha, enquanto Duas Estivas elegeu Ivone desde 1996 e, antes dela, escolhia seu esposo, Jorge Prazeres, que já exercera os mandatos de vereador e vice-prefeito. Adilson de Santana Pinto, da Sodoma, venceu cinco eleições para vereador: 1996, 2000, 2008, 2012 e 2016. Em 2008, é eleito também, além de Adilson, outro representante do distrito: Edgar Carlos Alves Silva, pelo Partido Progressista (PP), o qual foi reeleito em 2012 e 2016. Entre 2009 e 2016, Adilson fez parte da oposição ao prefeito e Edgar da situação; após as últimas eleições, porém, os seus papéis se inverteram. Sobre a participação e representação dos distritos, vale ainda ressaltar que, nos oito pleitos, apenas em dois (2008 e 2016) não apareceu pelo menos um representante da populosa localidade do Onha. Esse distrito já teve um prefeito eleito por duas vezes (Antônio Humberto Souza Prazeres, primo do Dr. Dilson, em 1992 e 2004) e dois vereadores contemporaneamente na Câmara Municipal em 1988, 2004 e 2012. Nestas últimas eleições, eles foram: Rogério Mascarenhas Prazeres (Rogério de Humberto), branco, católico, de 33 anos, comerciário com ensino fundamental completo, filho de Antônio Humberto Souza Prazeres, e Zelito, pardo, católico, de 63 anos, aposentado com ensino médio completo, que já fora eleito entre 1988 e 2004. Esses dados servem para demonstrar, além do "peso eleitoral" dos diversos distritos, o fato de que os cidadãos de Muniz Ferreira tendem a se identificar com políticos que, supostamente, representariam melhor as instâncias de uma determinada comunidade por fazer parte dela, em detrimento de considerações ideológicas ou de tipo mais geral.

POPULISMO, PATERNALISMO E DEMAGOGIA NO ÂMBITO MUNICIPAL

O direito político foi o primeiro direito referente ao exercício da cidadania a ser obtido pelos brasileiros, ainda no século XIX, mesmo que este contemplasse uma parcela mínima da população, sendo que o sufrágio restrito e o voto censitário excluíam as mulheres, os escravos e os pobres em geral. Diferente de outros países como a Inglaterra, só posteriormente o Brasil conquistou os direitos civis e sociais, já em pleno século XX.[6] Nas vésperas da Revolução de 1930, passa a existir, entre alguns grupos políticos, como o movimento tenentista, o Partido Democrático e o Bloco Operário Camponês (BOC), uma preocupação com as massas, preocupação que antes, na Primeira República, não havia. Com a extensão do sufrágio e para conseguir o voto e o apoio do povo, a nova classe política no poder utiliza uma estratégia que pode ser definida com o termo "populismo", assim como conceituado por Francisco Correia Weffort, ou seja, o primeiro fenômeno da política moderna, que nasce como a emergência das massas.[7] Nessa ideologia, diferente de outras, o povo é compreendido como um aglomerado de indivíduos formando uma comunidade, portanto, nos discursos, não se fala para um grupo ou classe isolada, mas para o povo em geral. Ademais, o populismo "é sempre uma forma popular de exaltação de uma pessoa, na qual essa aparece como a imagem desejada para o Estado".[8] De acordo com Jorge Ferreira, o populismo nasce da transição entre a sociedade tradicional, na qual predomina a participação política restrita, para a sociedade moderna, implicando o deslocamento da população do campo para a cidade: o mundo rural invade o mundo urbano e produz uma mescla de valores tradicionais e modernos.[9] Nesse novo mundo, onde imperam as relações de mercado, sobrevive a relação entre as massas e o líder, na qual o que os une são a demagogia e o carisma. Em outras palavras, na medida em que as massas não podem se representar sozinhas, precisam ser representadas pelo governo. Nesse sentido, o populismo é bastante criticado, por inúmeros autores de esquerda, por ser um governo para as massas, mas não das massas. De acordo com Edgar Salvadori de Deca, as propostas para a Revolução, tanto dos tenentistas quanto do Partido Democrático, eram pensadas em nome do operariado, mas não pelos operários, eram práticas novas, mas quem continuava por trás delas eram as velhas oligarquias.[10] O processo de absorção das massas, até dotá-las de uma dimensão política, passa a acontecer com o crescimento das cidades e consequentemente do proletariado urbano, fazendo indiretamente pressão ao sistema de poder real (social e econômico) ligado aos rituais da democracia burguesa. A grande figura do populismo no Brasil foi Getúlio Vargas (1882-1954), assim como Juan Domingo Perón (1895-1974) o foi na Argentina. Através de Getúlio, "o pai dos pobres", são inauguradas políticas sociais para as camadas mais baixas, compactuando com estas, mas também com as elites, a partir do momento em que o governo passa a dirigir as primeiras através do controle sindical e, posteriormente, com a CLT (Consolidação das Leis do Trabalho), conquistada através das reivindicações dos trabalhadores, mas efetivada pelo governo do próprio Getúlio. Graças a essas ações, a figura de Vargas passa a ser reverenciada, entre outras coisas, com retratos nas paredes de comércios e residências. No populismo, "a massa se volta para o Estado e espera dele 'o sol ou a chuva', ou seja, entrega-se de mãos atadas aos interesses dominantes".[11] As massas, além de esperar tudo do governo e se tornar dependente deste, se sujeitam aos interesses de quem governa.

De acordo com os seguidores da teoria das elites, em qualquer tipo de governo é uma minoria (os governantes) que decide em nome da maioria (os governados), ou seja, o poder está nas mãos de um pequeníssimo grupo que toma decisões sobre a vida de todos e em nome de todos. Os pressupostos do elitismo ajudariam a demonstrar como os mecanismos de funcionamento das democracias modernas não excluem, por si só, relações de tipo clientelista entre governantes e governados, que, por sua vez, abrem espaço para práticas populistas, voltadas à consolidação do poder dos primeiros. Isso pode ser visto melhor no âmbito da política local, em que o princípio da impessoalidade, no qual deveria se basear a representatividade democrática, é posto à prova e em que a demagogia abre seu espaço nas classes sociais mais fragilizadas. Aqui ele é "reinventado" e aparece principalmente durante as campanhas eleitorais, pois não contempla apenas a promessa de realização de políticas sociais, mas principalmente a forma de aproximação dos candidatos com os eleitores. Os políticos populistas se aproximam das diversas classes sociais, assim como das diversas faixas etárias, se mostrando solidários com estas, frequentando ambientes populares, como bares, igrejas, eventos, etc., cumprimentando sempre a todos de maneira cordial e, quando eleitos, prestando favores à população que os elegeu, muitas vezes fazendo da máquina pública uma grande fonte de emprego.

Como é de costume em todas as eleições, os comícios municipais em Muniz Ferreira acontecem aos sábados ou domingos e, durante os dias úteis, os comitês partidários funcionam como uma espécie de clube, aonde as pessoas vão à noite para conversar, tomar chá, jogar dominó ou ouvir música. Após a divulgação dos resultados, as pessoas que têm seus candidatos eleitos saem pelas ruas comemorando. A festa prolonga-se por uma semana, porém a participação popular só se manifesta durante esse período, enquanto, nos quatro anos de gestão dos políticos eleitos, ela é pouco visível. Segundo um dos vereadores entrevistados, o já citado Bartolomeu Alves dos Santos Júnior, às sessões da Câmara Municipal, que são públicas, apenas uma ou duas pessoas assistem de cada vez.[12] De acordo com Dalmo de Abreu Dallari, na democracia representativa, "todos têm o direito de participar da vida social, procurando exercer influência sobre as decisões de interesse em comum".[13] A participação política, segundo o autor, não se restringe apenas ao período eleitoral – como costuma pensar a maioria dos habitantes do nosso município – e, às vezes, é mesmo mais eficiente se canalizada por outros meios que não as carreatas e a frequentação dos extemporâneos comitês eleitorais. De fato, porém, no período referente à campanha da eleição municipal, Muniz Ferreira vira palco de uma intensa agitação, e a tranquilidade da pequena cidade dá lugar à rivalidade, pois grandes apostas são feitas entre os eleitores dos candidatos a prefeito. Nesse período, as instituições, assim como as famílias e as empresas, se dividem, as brigas são muitas, alimentadas pelos próprios candidatos, que durante os comícios incitam a aglomeração de uma grande quantidade de pessoas e carros.

A partir do ano 2000, o envolvimento da população na política parece aumentar e se modificar, principalmente na relação eleitor-político. Um novo candidato, Gerson Quadros, não se apresenta mais como "a autoridade", mas como um amigo da população. Nos comícios, os seus eleitores se comportam de maneira parecida a torcedores diante do seu time, com direito a bandeira (azul e vermelha), uniforme (camisa com listras) e hino (a música "Olha eu aí"). Quando o candidato chega à cidade é literalmente carregado nos braços pelo povo. Até a sua capacidade de aglutinar diversas classes sociais, como agricultores e empresários, é um elemento que faz lembrar, em escala menor, aquele fenômeno político que definimos como populismo e que atribuímos a personagens históricos como Vargas e Perón. Há de se considerar, também, que a primeira eleição municipal com a nova Constituição aconteceu em 1988 e, nesse sentido, quando Gerson Quadros se elege prefeito, no ano de 2000, os direitos políticos, especificamente o sufrágio universal com suas ampliações, vigoravam há apenas 12 anos e essa era a quarta eleição municipal celebrada sob a égide da nova Carta fundamental. É possível relacionar, portanto, o sucesso das práticas populistas ao fato de que a democracia em Muniz Ferreira, assim como no resto do Brasil, representava ainda uma novidade.

Antônio Gerson Quadros de Andrade é natural de Salvador, comerciante, branco e tem ensino médio completo. Ele chegou a Muniz Ferreira em 1996, aos 34 anos, quando se candidatou a prefeito pela primeira vez, perdendo as eleições para o Dr. Dilson. Em entrevista realizada em 17 de setembro de 2014, ele nos contou:

> A ideia de ser prefeito de Muniz Ferreira surge no momento em que eu vinha de Nazaré das Farinhas e encontrei um senhor de idade com a casa caída devido à chuva numa época de junho e me propus a ajudar a fazer a parede. Em momento algum pensei em entrar na política de Muniz Ferreira, só uma questão humana de ajudar o cidadão, daí que dois dias depois, o prefeito da época, o Sr. Humberto, achou que eu era adversário dele político. [...] A partir desse momento o prefeito entrou em confronto comigo, eu resolvi entrar na política, nunca tinha votado na minha vida, não tinha título, a primeira vez que eu votei foi em Muniz Ferreira, tinha umas cinco a seis eleições sem votar. A fazenda que eu comprei aqui em Muniz Ferreira pertenceu a um cidadão que tinha acabado de perder a política, e "tava" um grupo vago faltando uma liderança, então eu me tornei a liderança.[14]

No seu discurso, Gerson relata sua chegada a Muniz Ferreira como um acaso. Ele diz que foi nessa cidade que começou sua carreira política, sendo o município onde votou pela primeira vez e onde também, pela primeira vez, se candidatou a um cargo eletivo. Sua inserção na política local se iniciou, então, com a compra da fazenda que pertencia a um ex-candidato à prefeitura. A partir desse momento, através do antigo proprietário da fazenda, ele começou a entender a dinâmica do município e assim se integrou ao grupo que fazia oposição ao então prefeito. O grupo da situação se recolhia ao redor do PFL (identificado com o número eleitoral de 25), que era o partido do Dr. Dilson e do candidato Wellington Vieira, derrotado por Gerson na eleição de 2004. As primeiras campanhas de Gerson foram baseadas na ideia de mudança, na esperança, na promessa de uma nova gestão, com pessoas novas e jovens. Em entrevista, alguns populares relembram como Gerson foi recebido quando chegou ao município e se candidatou pela primeira vez: ele era chamado de "forasteiro" por quem não o conhecia e pelo grupo adversário, o "25". Para enfrentar esse discurso, as músicas da campanha de Gerson falavam da hospitalidade da cidade, do jeito acolhedor do seu povo e da necessidade de mudança e de um novo governo. O principal jingle da campanha eleitoral do grupo de Gerson em 2000 dizia assim: "Muniz Ferreira, cidade hospitaleira, nosso povo está cansado de sofrer e de esperar, nessa eleição, vamos pensar diferente, dê seu voto consciente para Gerson e Vavá". Sobre a inserção de Gerson no grupo da oposição, uma ex-vereadora contou:

> Havia um grupo em Muniz Ferreira com vinte anos dominando o município, então nós precisávamos de uma pessoa com vigor, com força, com coragem para liderar o grupo. Nós tínhamos o grupo, mas não tínhamos coragem de enfrentar, como Gerson Quadros enfrentou o grupo da situação que era o 25, por isso que nós estamos até hoje. Elegemos ele, fomos derrotados com ele, quando a urna era de papel, na segunda eleição concorrendo com o então

> prefeito Dr. Dilson, ganhamos com 284 votos, fomos pra segunda eleição ganhamos com 1.200 votos de diferença, apoiamos Antônio Rodrigues ganhamos, apoiamos Clóvis, ganhamos. É importante continuar apoiando porque antes tínhamos uma pequena Muniz Ferreira, não tínhamos nada, só os correios, fomos trabalhando [...] houve concurso público, nós provamos pro povo que Gerson tinha garra e acima de tudo coragem e ele é iluminado por Deus. Um jovem com 28 anos chegou aqui comprou uma fazenda em Taitinga, aí nós começamos a simpatizar por ele, metemos a cara e o povo quis, e só ele teve coragem de enfrentar essa política que vinha dominando Muniz Ferreira há vinte anos.[15]

Na sua fala, a ex-vereadora relata que a hegemonia existente no município só foi quebrada com a providencial "chegada" de Gerson em Muniz Ferreira. Ela atribui a Gerson a conquista do poder pela oposição, indiretamente retirando ou minimizando os méritos dos demais políticos e dos munícipes. De acordo com Weber, a inserção de um líder carismático em um grupo é determinada por fatores locais, étnicos, sociais, políticos, profissionais ou de qualquer outro tipo.[16] No caso da inserção de Gerson na política ferreirense, essa aconteceu devido a fatores principalmente políticos, na medida em que existiam uma demanda por liderança e um certo desgaste no grupo que se encontrava no poder. Vemos, também, que o estilo político de Gerson Quadros se caracteriza principalmente pela sua relação direta com o povo, mais individual do que institucional. Assim, uma vez que ele chega ao poder, a propaganda da prefeitura não se encentra mais no governo, mas na sua pessoa. De acordo com o *Dicionário de política* de Norberto Bobbio, Nicola Matteucci e Gianfranco Pasquino, o líder carismático emerge das circunstâncias de desigualdade social, do sentimento de sofrimento e insatisfação, como alternativa radical.[17] De fato, o cenário político local era caracterizado por um grande descontentamento e, portanto, as condições acima descritas podem ser facilmente aplicadas à trajetória pública de Gerson, que, em 2000, se candidatou novamente para prefeito, desta vez pelo PMDB, e venceu. Ele mesmo nos relatou como se aproximou dos eleitores:

> Conversando, prestando serviço social, a todo o momento acolhendo esse pessoal, e daí começaram a dizer que eu era a liderança, a dizer que eu era o candidato ideal e daí aconteceu a primeira eleição, e assim nós perdemos de uma maneira muito duvidosa, mas a segunda nós ganhamos e esse grupo me acompanha até hoje.[18]

Esse "serviço social" se traduziu, durante seu primeiro mandato, no cumprimento de suas promessas de emprego para a população, feitas durante a campanha. O número de contratados pela prefeitura quase que duplicou, segundo consta na folha de pagamento de funcionários desse período.[19] Outra promessa de campanha cumprida por Gerson, a participação popular na escolha das obras nos quais seriam empregados os recursos da prefeitura (orçamento participativo), gerou gastos que também aumentaram muito, ao ponto de ultrapassar os limites orçamentários. O nascimento de uma autoridade carismática, de acordo com Weber, é resultado "da excitação comum a um grupo de pessoas, provocada pelo extraordinário, a entrega, o heroísmo. Assim, o carisma puro vai ao encontro, muitas vezes, de toda economia ordenada".[20] Isso porque a estrutura carismática, para além de qualquer "complexo institucional", acontece em "oposição a toda espécie de organização administrativa burocrática, não conhece nenhuma forma e nem procedimento ordenado de admissão e demissão, nem de carreira ou promoção. [...] O portador de carisma assume tarefas que considera como adequadas, em virtude da sua missão".[21] Assim como Getúlio, que, segundo Antonio Luigi Negro, aspirava a ser "um chefe político paternal e redentor",[22] Gerson, com suas ações voltadas a empregar na prefeitura boa parte da população, se aproxima da ideia de líder populista, com o perfil de líder carismático, mais próximo das massas do que os demais políticos locais. De acordo com Bobbio, Matteucci e Pasquino, a autoridade do líder carismático se baseia num dom, numa capacidade extraordinária que ele possui, e "aqueles que reconhecem este dom reconhecem igualmente o dever de seguir o chefe carismático, a quem obedecem segundo as regras que ele dita, em virtude da própria credibilidade, do Carisma e não em virtude de pressões ou de cálculo".[23] Nesse sentido, o líder carismático consegue ter seguidores o obedecendo e o secundando, independentemente das suas próprias ações. Perguntado se ele se acha uma pessoa carismática, Gerson respondeu:

> Claro, muito carismático, carisma eu digo que é um dom de Deus, ninguém aprende carisma em faculdade, carisma é um dom de Deus e esse dom eu tenho. Pra você ter uma ideia, esse ano vamos completar vinte anos no poder, e sempre renovando, agora chegando novas lideranças, espero que umas dessas lideranças assumam o meu posto, que eu já tou com 53 anos, tou perto de me aposentar.[24]

Essa sua autoidentificação como líder carismático parece encontrar confirmação na opinião de seus seguidores. Numa entrevista com um destes, a cidadã de Muniz Ferreira A.S.M., percebemos a relação de proximidade de Gerson com seus eleitores e uma fascinação destes ao falar sobre ele:

> Pra mim de todos os prefeitos Gerson foi o melhor, porque quando era o outro lado, a gente não tinha o apoio que a gente tem. Hoje, ele não mede dificuldade pra fazer alguma coisa por a gente, não tem assim, aquela coisa, ele não diz não. De Muniz Ferreira mesmo, pra eu votar, eu acho que não existe outro, Antônio Rodrigues fez, Clóvis também, mas pra Gerson não tem ninguém, não existe. Essa estrada do Ponto Chique, antes a gente podia dizer que não tinha, vem também o calçamento, e outra coisa também, colégio Luís Eduardo, aquela Orla pras crianças brincarem, hoje não tem lugar igual, porque dessas cidades pequenas igual Muniz Ferreira não tem. Eu acho que ele tem grande diferença dos outros políticos, porque pra ele não existe rico e nem pobre, pra ele tanto faz, tudo igual, e pra mim hoje, graças a Deus, a gente tem que apoiar porque quando a minha família precisou dele, com um problema do meu irmão, ele ajudou, a gente não tem com o que pague a ele, só Deus é que pode pagar.[25]

Percebemos que a liderança de Gerson surge em um momento de grande insatisfação da população, como "alternativa radical". As atitudes de Gerson se aproximam às de uma liderança carismática, na medida em que tanto o grupo político ao qual pertence quanto seus eleitores aceitaram sempre suas decisões e os candidatos a prefeito que lhe sucederam foram escolhidos principalmente com o seu apoio. Essa influência perpassa qualquer questão ideológica ou de fidelidade partidária, como demonstra o fato de Gerson, em 2004, ter mudado de legenda e, mesmo assim, ter sido reeleito pelo Partido Liberal (PL). Em 2008, conseguiu eleger seu sucessor, Antônio Rodrigues (do Partido da República, PR, sucessor do PL) e, em 2012, Clóvis Penine, do Partido Comunista do

Brasil, com Jamile Pérez (do PP), esposa de Gerson, como vice-prefeita. Além de conseguir se reeleger e fazer eleger sucessores em Muniz Ferreira, nas eleições estaduais e federais triunfaram muitos dos candidatos a deputado que receberam seu apoio, como Antônio Rodrigues, Antônio Carlos Magalhães Neto, Cacá Leão e Pablo Barrozo, dentre outros. A maior liderança do município entre 2001 e 2016 era, também, portador de muitos pré-requisitos para se manter no poder, como o fato de ocupar uma posição econômica relativamente alta em relação aos padrões dos demais habitantes. De acordo com a análise da ata de posse do ano de 2001, ele declarou como bens:

> Uma casa comercial, no valor de R$ 250.000, uma casa comercial no valor de R$ 70.000 e uma casa residencial no valor de R$ 80.000, as três em Salvador, além de oitenta cabeças de gado de raça nelore, no valor de R$ 16.000, uma carroceria reboque de trio elétrico (ano 1987), no valor de R$ 10.000, uma fazenda no povoado de Taitinga, com residência, no valor de R$ 70.000, um galpão situado à rua Siqueira Campos, em Muniz Ferreira, no valor de R$ 15.000, uma moto (ano 1998) no valor de R$ 3.000, uma Kombi (ano 1998) no valor de R$ 15.000 e um patrimônio líquido no valor de cerca de R$ 457.000.[26]

Demagogia é também uma praxe política que pode estar ao lado do populismo. O *Dicionário de política* define o comportamento demagógico como "caracterizado pela sujeição das massas para os fins do líder".[27] Depois de obter seu largo consenso, o líder pode chegar a acordos com outros políticos e instituições, quando estes reconhecem nele uma função carismática e insubstituível, mas, na prática, a demagogia se caracteriza como uma troca de favores, a troca do voto por dinheiro ou por distribuição de cestas básicas, organização de festas etc. Outro conceito ligado ao populismo é o de paternalismo, definido por Bobbio, Matteucci e Pasquino como "uma política social orientada ao bem-estar dos cidadãos e do povo, mas que exclui a sua direta participação: é uma política autoritária e benévola, uma atividade assistencial em favor do povo, exercida desde o alto".[28] A população do município de Muniz Ferreira é constituída por trabalhadores, em sua maioria agricultores, ou por pessoas que desempenham atividades ligadas ao setor terciário, como comércio ou funcionalismo público. No município existe apenas um sindicato, o sindicato dos trabalhadores rurais. A relação de Gerson com população ferreirense não se baseia, portanto, no cumprimento das reivindicações de grupos organizados, mas em vínculos e interesses individuais, como a prestação de favores, um dos elementos que, segundo o que ele mesmo admitiu, lhe permitiu entrar na vida pública. Esse lado "humanitário" do político é o que permanece na memória coletiva. Ao entrevistar algumas eleitoras, elas relembraram as melhorias que aconteceram no município e os favores que devem a Gerson. Assim, para a depoente A.S.M., na entrevista citada acima, Gerson Quadros lhe fez favores que, segundo ela, são impossíveis de serem pagos, configurando uma prática típica do paternalismo, que torna o sujeito dependente do governante, o que "é possível numa sociedade atomizada de massa, onde o individualismo encerrou o indivíduo no círculo estreito dos interesses familiares e domésticos, e onde predomina, com paixão exclusiva, a corrida ao bem-estar e ao gozo dos bens materiais".[29] Analisando os depoimentos da eleitora A.S.M. e da ex-vereadora entrevistada, percebemos em ambos uma visão de Gerson como alguém que está além dos demais, com características superiores, alguém que transformou o município. Considerando que Gerson é natural de Salvador e veio de lá para se tornar prefeito de Muniz Ferreira, no imaginário popular ele é o enviado de Deus para ajudar o povo do município. Nesse sentido, surge a imagem do escolhido, que não nasceu naquele lugar, mas foi enviado para aquele lugar. Por outro lado, entre a população existem duas representações de Gerson: a primeira é a imagem da pessoa simples, do pai dos necessitados, a segunda é a do político desorganizado. Em 2012, a 10ª Vara da Justiça Federal condenou Gerson por improbidade administrativa, determinando a

> suspensão de seus direitos políticos por cinco anos, a proibição de contratar com o Poder Público ou receber benefícios ou incentivos fiscais ou creditícios pelo prazo de três anos e ao pagamento de multa civil em dez vezes o valor recebido como salário durante o cargo de prefeito.[30]

Isso não parece ter afetado a consideração da qual Gerson Quadros goza entre os seus admiradores já que, para fazer parte da política, são necessários os mesmos pré-requisitos que Weber indicou no começo do século XX, mas que continuam sendo determinantes cem anos depois, no contexto de um sistema plenamente democrático:

> A política é um esforço tenaz e enérgico para atravessar grossas vigas de madeira. Tal esforço exige, a um tempo, paixão e senso de proporções. É perfeitamente exato dizer – e toda a experiência histórica o confirma – que não se teria jamais atingido o possível, se não se houvesse tentado o impossível. Contudo, o homem capaz de semelhante esforço deve ser um chefe e não apenas um chefe, mas um herói, no mais simples sentido da palavra. E mesmo os que não sejam nem uma coisa nem outra devem armar-se da força da alma que lhes permita vencer o naufrágio de todas as suas esperanças. [...] Aquele que esteja convencido de que não se abaterá nem mesmo que o mundo, julgado de

seu ponto de vista, se revele demasiado estúpido ou demasiado mesquinho para merecer o que ele pretende oferecer-lhe, aquele que permaneça capaz de dizer "a despeito de tudo!", aquele e só aquele tem a "vocação" da política.[31]

CONSIDERAÇÕES FINAIS

A nossa análise dos candidatos eleitos para cargos públicos no município de Muniz Ferreira no período compreendido entre a redemocratização brasileira e 2016 conseguiu, em um primeiro momento, identificar um padrão comum à maioria destes. Muitos dos candidatos eleitos pertencem àquela que podemos chamar de classe dominante, ou seja, fazem parte de famílias de destaque no município, por exercerem profissões de grande influência sobre o restante da população e por terem um maior poder aquisitivo. Os dados nos mostram uma hegemonia de políticos brancos e homens, a frente de poucos representantes negros ou mulheres, tanto no *corpus* legislativo como no executivo. Esses grupos minoritários, por outro lado, se assemelham ao padrão da elite política local, no tocante ao seu parentesco com os demais membros da classe dominante ou pelo fato de exercer profissões de maior influência no município; o mesmo acontece com os poucos jovens que conseguiram se eleger. Foi possível chegar a tais conclusões por meio de um estudo detalhado, orientado pelo método da prosopografia.

Em um segundo momento, focamos nossa atenção na figura de Gerson Quadros, líder do grupo no poder municipal durante 16 anos, tentando identificar, no seu estilo político, as características que permitiriam defini-lo, ou não, como populista, demagogo e paternalista. Foi possível concluir que Gerson trouxe elementos inovadores no espaço público municipal, apresentando-se como um prefeito mais próximo da população e conseguindo, assim, substituir a velha classe dirigente com novos atores políticos, sob sua liderança. Por outro lado, demonstramos também que Gerson se encaixa nos padrões comuns à classe política local, pelo fato de ser um homem branco, com poder aquisitivo e escolaridade superiores à média da população do município e que a sua administração se caracterizou por não respeitar os padrões orçamentários, justamente pela tentativa de cumprir, por meio da máquina municipal, os muitos compromissos estabelecidos durante as campanhas eleitorais.

NOTAS

1. WEBER, Max. *Ciência e política*. Op. cit., p. 68.
2. Segundo Mosca, a classe política seria "o conjunto das hierarquias que materialmente e moralmente dirigem uma sociedade". Ver: DELL'ERBA, Nunzio. *Gaetano Mosca*: socialismo e classe política. Franco Angeli, Milano, 1991.
3. BRASIL. Instituto Brasileiro de Geografia e Estatística (IBGE). *Sinopse do Censo Demográfico 2010*. Bahia. Acesso em 9 dez. 2014.
4. Não conseguimos achar dados acerca da data de nascimento dos vereadores Belmiro Costa de Souza e Juliano José dos Santos.
5. SANTOS JÚNIOR, Bartolomeu Alves dos. *Bartolomeu Alves dos Santos Júnior*, 44 anos, vereador de Muniz Ferreira: depoimento [nov. 2014]. Entrevistadora: T. dos Reis Souza. Entrevista concedida ao Programa de Iniciação Científica da Universidade do Estado da Bahia.
6. CARVALHO, José Murilo de. *Cidadania no Brasil*. Op. cit.
7. WEFFORT. Op. cit.
8. Idem, p. 36.
9. FERREIRA, Jorge. *O populismo e sua história*: debate e crítica. Rio de Janeiro: Civilização Brasileira, 2001.
10. DE DECA, Edgar Salvadori. *1930, o silêncio dos vencidos*: memória, história e revolução. São Paulo: Brasiliense, 1994.
11. WEFFORT. Op. cit., p. 36.
12. SANTOS JÚNIOR, Bartolomeu Alves dos. *Bartolomeu Alves dos Santos Júnior*, 44 anos, vereador de Muniz Ferreira: depoimento [nov. 2014]. Entrevistadora: T. dos Reis Souza. Entrevista concedida ao Programa de Iniciação Científica da Universidade do Estado da Bahia.
13. DALLARI, Dalmo de Abreu. *O que é participação política*. São Paulo: Abril Cultural; Brasiliense, 1984, p. 18.
14. ANDRADE, Antônio Gerson Quadros de. *Antônio Gerson Quadros de Andrade*, 52 anos, ex-prefeito de Muniz Ferreira: depoimento [set. 2014]. Entrevistadora: T. dos Reis Souza. Entrevista concedida ao Programa de Iniciação Científica da Universidade do Estado da Bahia.
15. XX, ex-vereadora de Muniz Ferreira: depoimento [set. 2014]. Entrevistadora: T. dos Reis Souza. Entrevista concedida ao Programa de Iniciação Científica da Universidade do Estado da Bahia. [A depoente pediu à entrevistadora para permanecer anônima].
16. WEBER, Max. *Economia e sociedade*: fundamentos da sociologia compreensiva. Brasília: Editora Universidade de São Paulo, 1999, p. 321.
17. BOBBIO et al. Op. cit., p. 149.
18. ANDRADE, Antônio Gerson Quadros de. *Antônio Gerson Quadros de Andrade*, 52 anos, ex-prefeito de Muniz Ferreira: depoimento [set. 2014]. Entrevistadora: T. dos Reis Souza. Entrevista concedida ao Programa de Iniciação Científica da Universidade do Estado da Bahia.

[19] PREFEITURA MUNICIPAL DE MUNIZ FERREIRA. Departamento de Recursos Humanos. *Folhas de pagamento e processos de pagamento* (2000-2008).
[20] WEBER, Max. *Economia e sociedade*. Op. cit., p. 331. Apud: FERREIRA, Hamilton Almeida. *Dominação política*: liderança carismática e populismo. Um estudo sobre a dominação e a transição do poder político em Montes Claros na década de 80. Dissertação (Mestrado). Universidade Federal de Santa Catarina, Florianópolis, 2001, p. 28. Disponível em: <https://repositorio.ufsc.br/bitstream/handle/123456789/79403/182017.pdf?sequence=1> Acesso em: 10 dez. 2014.
[21] SILVA, Antônio dos Santos; CARVALHO NETO, Antônio. Uma contribuição ao estudo da liderança sob a ótica weberiana de dominação carismática. *Revista Administração Mackenzie*, São Paulo, v. 13, n. 6, p. 20-47, nov./dez. 2012. Disponível em: <http://www.scielo.br/pdf/ram/v13n6/a03v13n6.pdf>. Acesso em: 10 dez. 2014.
[22] NEGRO, Antonio Luigi. Paternalismo, populismo e história social. Salvador, *Cadernos AEL*, v. 11, n. 20/21, p. 13-38, 2004. Disponível em: <https://repositorio.ufba.br/ri/bitstream/ri/24672/1/2004%20negro%20CADs%20AEL.PDF>. Acesso em: 9 dez. 2014.
[23] BOBBIO et al. Op. cit., p. 149.
[24] ANDRADE, Antônio Gerson Quadros de. *Antônio Gerson Quadros de Andrade*, 52 anos, ex-prefeito de Muniz Ferreira: depoimento [set. 2014]. Entrevistadora: T. dos Reis Souza. Entrevista concedida ao Programa de Iniciação Científica da Universidade do Estado da Bahia.
[25] A.S.M., moradora de Muniz Ferreira: depoimento [out. 2014]. Entrevistadora: T. dos Reis Souza. Entrevista concedida ao Programa de Iniciação Científica da Universidade do Estado da Bahia. [A depoente pediu à entrevistadora para permanecer anônima].
[26] PREFEITURA MUNICIPAL DE MUNIZ FERREIRA. Câmara Municipal. *Atas de Posse*, jan. 2001.
[27] BOBBIO et al. Op. cit., p. 318.
[28] Idem, p. 908.
[29] Idem.
[30] BRASIL. Ministério Público. Procuradoria da República na Bahia. *Ex-prefeito de Muniz Ferreira é condenado por improbidade administrativa*. Disponível em: <http://www.mpf.mp.br/BA/sala-de-imprensa/noticias-BA/migracao/patrimonio-publico-e-social/201207171556100200-ex-prefeito-de-muniz-ferreira-ba-e-condenado-por>. Acesso em: 10 dez. 2014.
[31] WEBER, Max. *Ciência e política*. Op. cit., p. 123-124.

HEGEMONIA POLÍTICA: O LEGADO DO PARTIDO DOS TRABALHADORES NO MUNICÍPIO DE MUTUÍPE

Jamire Borges Santos

O presente artigo é resultado de um estudo sobre o cenário político de Mutuípe – cidade com pouco mais de 20 mil habitantes, localizada no Centro-Sul da Bahia, na microrregião de Jequié – no período compreendido entre a redemocratização do Brasil (1988) e as últimas eleições municipais (2016). Esta pesquisa foi realizada em três etapas, entre os anos de 2014 e 2016. A primeira etapa consistiu na análise documental das *Atas de Posse* encontradas na Câmara de Vereadores e no Fórum Municipal, na consulta eletrônica da página da internet do TSE e nas entrevistas com administradores e moradores da cidade, com o objetivo de fazer o levantamento de dados biográficos dos candidatos eleitos durante o período estudado e conhecer sua história política na cidade. Uma vez completada essa fase, os dados coletados foram sistematizamos sob forma de tabelas e gráficos e procedemos a um levantamento bibliográfico sobre conceitos gerais da Ciência Política e sobre os dois partidos que dominaram o cenário público de Mutuípe no período de 1988 a 2016. Finalmente, a partir do levantamento e da análise dos dados, analisamos e discutimos como as disputas pelo poder local se inserem nesse contexto.

Em particular, tentou-se verificar como o Partido dos Trabalhadores (PT) conseguiu construir, de 2000 a 2012, uma hegemonia na prefeitura da cidade após 12 anos de domínio do Partido da Frente Liberal (PFL, atual Democratas). Discutimos até que ponto é correto falar, nesse período, de uma "hegemonia petista" em Mutuípe, pois a prevalência do PT parece estar estreitamente ligada à figura de Luís Cardoso da Silva, o candidato que conseguiu vencer, por três vezes, as eleições para prefeito, até ser derrotado, em 2016, por Rodrigo Maicon de Santana Andrade, do PMDB. Tentamos, assim, responder às seguintes perguntas: o que levou o Partido da Frente Liberal a perder forças na política local? Quais foram os motivos que levaram o Partido dos Trabalhadores a adquirir a hegemonia no âmbito do município nos últimos 16 anos? Será que a definição de "hegemonia petista" é pertinente ao contexto estudado, uma vez que a prevalência desse partido não se reflete na composição da Câmara dos Vereadores? Até que ponto a figura do prefeito Luís Carlos Cardoso da Silva (Carlinhos) interferiu na preferência dos eleitores e se sobrepôs ao prestígio do seu próprio partido?

POLÍTICA E HEGEMONIA

O conceito de política se baseia principalmente no poder que é usado pelo homem para obter algum tipo de vantagem no âmbito público, mas, como já foi sustentado: "Há várias formas de poder do homem sobre o homem; o poder político é apenas uma delas".[1] Como justamente lembra Luciano Gruppi, existe um conceito mais amplo que é o de hegemonia, o qual possui uma dimensão complexa, não se direcionando apenas ao âmbito político. Ao salientar que Antonio Gramsci foi o teórico marxista que mais insistiu nesse conceito, o autor escreve:

> [...] o conceito de hegemonia é apresentado por Gramsci em toda sua amplitude, isto é, como algo que opera não apenas sobre a estrutura econômica e sobre a organização política da sociedade, mas também sobre o modo de pensar, sobre as orientações ideológicas e inclusive sobre o modo de conhecer.[2]

Segundo o próprio Gramsci, para se adquirir a consciência crítica é preciso que haja uma disputa de hegemonias, que começaria no campo da ética, passando pelo âmbito político, e iria finalizar em uma elaboração superior do ponto de vista do real. Para isso, ele reforça que é necessário analisar o conceito de hegemonia para além do âmbito político, como um grande progresso filosófico: "Hegemonia é um grande progresso filosófico, já que implica e supõe necessariamente uma unidade intelectual e uma ética adequadas a uma concepção do real que superou o senso comum e tornou-se crítica, mesmo que dentro de limites ainda restritos".[3] Para Gramsci, a classe operária não iria conseguir obter uma consciência crítica de forma espontânea e seria justamente essa a tarefa dos intelectuais, que deveriam ajudá-la a alcançar esse objetivo. Na sua obra *Maquiavel, a política e o Estado moderno*, o autor constrói a noção de um Estado ampliado, no qual o partido político seria responsável pela formação de uma vontade coletiva. A referência ao *Príncipe*, de Maquiavel, é clara desde o título, mas enquanto Maquiavel pensa o príncipe como sujeito individual, Gramsci o vê como um elemento da sociedade, o partido, que iria realizar a vontade coletiva, fundamentado na ação. Para Gramsci, o partido é o centro de mediação política e a hegemonia; é, portanto, a dominação que luta para conseguir a vontade coletiva. Gruppi esclarece a esse respeito:

> [...] as classes subalternas têm uma filosofia real, que é a sua ação, do seu comportamento. E elas têm também uma filosofia declarada, que vive na consciência, a qual está em contradição com a filosofia real. É preciso juntar esses dois elementos através de um processo de educação crítica, pelo qual a filosofia real de cada um, sua política, se torne também a filosofia consciente.[4]

Gramsci, no entanto, que viveu a experiência ditatorial do fascismo, afirma que essa formação da vontade coletiva tem fracassado devido à postura econômico-corporativista adotada por certos grupos sociais. De fato, a hegemonia também pode ser vista como a supremacia de um grupo social contra outro que, ainda de acordo com Gramsci, se realiza quando a classe dominante consegue fazer com que a classe subordinada satisfaça os seus interesses, negando sua cultura e identidade. Esta última definição foi retomada por diversos críticos marxistas brasileiros, os quais consideraram que as frequentes derrotas da esquerda, desde 1989, foram o resultado da hegemonia neoliberal e do sistema capitalista que bloqueia o crescimento econômico do país, resultando em redução dos direitos sociais. A partir da análise das entrevistas e dos dados coletados, tentamos verificar, portanto, no âmbito em que foi desenvolvida a nossa pesquisa, se essa teoria corresponde com a realidade e se o Partido dos Trabalhadores, que governou a cidade de Mutuípe desde antes da chegada de Lula à presidência do Brasil, conseguiu de fato criar uma hegemonia em nível local.

Durante o período da ditadura militar no Brasil (1964-1985) houve um retrocesso democrático no país devido aos inúmeros atos institucionais que colocaram em prática a perseguição política, a supressão de direitos, a censura e, consequentemente, a falta total de liberdade de expressão. Após esse período, houve uma abertura política, através da qual foi possível recuperar as instituições democráticas que foram abolidas pelo regime militar. A transição da ditadura militar para a democracia caracterizou uma importante fase da história da política brasileira: este processo lento vai desde o governo de Ernesto Geisel (1974-1979) até a eleição indireta de Tancredo Neves (15 de janeiro de 1985). É nesse mesmo período que os sindicatos dos trabalhadores começam a se mobilizar com importantes manifestações em busca de melhores condições de trabalho. Essa mobilização contava com o forte apoio da Igreja Católica, especialmente da tendência conhecida como Teologia da Libertação. É a partir desses movimentos que surge o Partido dos Trabalhadores (PT), fundado em fevereiro de 1980, cuja trajetória se consolida nos abalos dos movimentos pelas Eleições Diretas, nos anos de 1983 e 1984. A nova Constituição brasileira, promulgada em 5 de outubro 1988, legitimou o direito de todos os cidadãos maiores de 16 anos (compreendo também, pela primeira vez, os analfabetos) a votarem de forma direta em seus representantes nas esferas federal, estadual e municipal. Foi a partir desse momento que as atuais organizações partidárias começaram a se desenvolver. Não obstante o retorno à democracia, já naquela época percebia-se, porém, conforme Lamounier, um difuso sentimento de desagrado para com essas e, assim, "se a organização partidária é um dos principais requisitos para o desenvolvimento de um regime representativo, fato que torna o estudo dos partidos muito difuso, no caso brasileiro, entretanto, é possível identificar um mal-estar em relação aos partidos políticos".[5]

Na década de 1990, assiste-se à prevalência de um partido cuja ideologia é baseada em um discurso neoliberal: o Partido da Social

Democracia Brasileira (PSDB), o qual ocupa a presidência do Estado, na pessoa de Fernando Henrique Cardoso, entre 1994 e 2002. Nesse ano, finalmente, a esquerda brasileira consegue chegar ao poder com a eleição à presidência do líder do Partido dos Trabalhadores, o sindicalista Luiz Inácio Lula da Silva. Pela primeira vez na história do país, é eleito um presidente oriundo de classe operária e representante de esquerda, e, desde então, surge na população uma esperança de mudança. Com o passar do tempo, o partido se transformou bastante em relação aos princípios anteriores, mas nem essas mudanças e os escândalos conseguiram abalar a popularidade de Lula. Por outro lado, o PT, durante os seus 12 anos de governo, nunca dispôs da maioria absoluta no Congresso Nacional, mas era aliado a diversos partidos de esquerda, centro e até de direita, ou seja, não conseguiu formar uma hegemonia. Isso terminou por ocasionar a queda da presidente Dilma Rousseff em 2016.

O PARTIDO DA FRENTE LIBERAL: DA HEGEMONIA À PERDA DO PODER MUNICIPAL

Em 15 de novembro de 1988, com a volta da democracia, também a população da cidade de Mutuípe se preparava para eleger livremente seus representantes locais, por meio do voto direto e sem restrições ao exercício dos direitos políticos ativos da população analfabeta. Foi num clima de euforia que os cidadãos mutuipenses foram às urnas, nesse dia, para escolher o próprio prefeito, seu vice, e a bancada dos vereadores, como narra um morador:

> Eu me lembro bem como foi aquela eleição, era a primeira que o meu filho ia votar... Depois de tanto tempo sem poder escolher o nosso prefeito, o povo estava bem animado. Nas campanhas a gente via de tudo, aperto de mão, abraço

apertado, o candidato pegava aquelas crianças negras e colocava no colo, assim tinha mais chance de ser eleito aquele conseguisse mostrar que era igual a nós.[6]

É possível notar, a partir das palavras do depoente, que na eleição de 1988 o povo estava em êxtase pela volta da democracia, uma grande parte da população estava votando pela primeira vez, e esse clima favoreceu os candidatos, tornando os comícios sempre lotados de pessoas que permaneciam horas em pé, para ouvir os longos discursos. Longas caminhadas se desenrolavam entre as ruas da cidade, onde o candidato a prefeito, que seguia em carro aberto, acenava para o povo, que respondia com palmas calorosas. Ao término do percurso, o candidato subia em uma espécie de palanque e começava o seu longo discurso, com voz firme e ao mesmo tempo amigável, tentando ser o mais próximo possível do seu público. Após todo o seu discurso, o candidato se juntava à multidão para cumprimentá-la e era frequente o uso dos abraços calorentos, apertos de mãos, beijinhos no rosto, e até o uso do artifício de colocar uma criança especificamente negra no colo, para assim demonstrar que ele e os eleitores estavam no mesmo nível.

> Lá na roça ninguém tinha dinheiro pra ficar indo pra cidade, então foi o candidato que nos ajudou, ele levava todo mundo para tirar os títulos, quando não podia vir mandava alguém, não pedia nada a gente, só uma forcinha lá, né?[7]

> Na primeira eleição que teve a gente lá de casa nem tinha como ir, eu tinha muitos irmãos e meu pai não tinha transporte. Foi o prefeito que botou carro pra gente ir, era um pau de arara, você conhece? Nem só pra minha família, mas pra todo mundo, ele também ajudava na merenda. Hoje ninguém dá ajuda mais nenhuma, bota um carro e olhe lá, cada um que se vire.[8]

A partir das falas dos entrevistados é possível remeter-nos à obra de Victor Nunes Leal, que assinala as influências dos chefes locais e o voto de cabresto. No caso específico da cidade de Mutuípe, essa influência se dá pela figura do candidato a prefeito, uma figura altamente conhecida, e pelos candidatos a vereador, que assumem o papel de "capatazes" daquele.

> Sem dinheiro e sem interesse direto, o roceiro não faria o menor sacrifício nesse sentido. Documentos, transportes, alojamento, refeições, dias de trabalho perdidos, e até roupa, calçado, chapéu para o dia da eleição, tudo é pago pelos mentores políticos empenhados na sua qualificação e comparecimento.[9]

Usando esses instrumentos e com um discurso de crescimento e melhorias na cidade, Gilberto dos Santos Rocha, do Partido da Frente Liberal, aos 38 anos de idade, de cor branca, cuja profissão era agricultor e comerciante, consegue se eleger a prefeito da cidade. Sua gestão foi bem aceita por grande parte da população, na sua maioria concentrada na zona rural, com baixa escolaridade, e que vivia basicamente da agricultura. Dentre os nossos entrevistados, praticamente todos acreditam que esse prefeito ajudou no desenvolvimento rural: "O primeiro governo de Béu eu gostei muito, a gente que é da roça teve muito benefício o prefeito estava ali sempre que a gente precisava, ajudava a gente que labutava na lavoura sabe?"[10] O que chama a atenção nesse depoimento, assim como nos de outros moradores da zona rural do município, é que o entrevistado afirma ter gostado da primeira gestão do prefeito Gilberto, por ter adquirido algum tipo de benefício para a sua lavoura, benefício esse que poderia ser sementes de feijão ou milho, dentre outros, que seriam plantados na sua roça, e adubos ou, até mesmo, o empréstimo de tratores e roçadeiras em época de plantio. Apesar da sua popularidade, que se manteve intacta ao longo dos quatro anos do seu mandato, Gilberto dos Santos Rocha já não poderia mais se candidatar como prefeito nas eleições sucessivas, pois a Constituição de 1988 não previa a reeleição. Em 1992, portanto, o seu partido, o PFL, lançou a candidatura de Clélia Chaves Rebouças, a qual venceu as eleições daquele ano. Ela era uma mulher de personalidade forte, cujo pai também havia sido prefeito da cidade. Ela própria não era iniciante na carreira política, já que havia sido prefeita em outras duas ocasiões, em 1972 e em 1982, durante a ditadura militar.[11] Esses fatores, somados ao legado positivo do seu predecessor, levaram-na a ser a candidata favorita em 1992. Segundo alguns moradores, o eleitor mutuipense já contava com a eleição de Clélia e grande parte da população já anunciava a vitória da candidata dias antes das eleições.

> Eu lembro bem daquele dia como se fosse hoje, Clélia teve uma campanha muito forte, o povo gritava o nome dela, ninguém tinha dúvida de que ela venceria as eleições daquele ano. A família de Clélia era muito conhecida na cidade, principalmente no que se refere à política e isso influenciou muito na campanha dela.[12]

> Quando saiu o resultado [da eleição de 1992] já não era surpresa para nós, todos já sabiam que ela seria eleita, eu acredito que essa certeza do povo era porque nenhum candidato tinha tanta força no período de campanha e também teve a influência da cidade de Laje com o povo de Raimundo Almeida.[13]

A referência à cidade Laje e o seu prefeito de então, Raimundo Almeida, remete à influência que detinham, e ainda detêm, em algumas cidades do interior baiano, as famílias dos chamados "coronéis". Em Laje, que faz divisa com Mutuípe, a família Almeida chefiou a prefeitura por cerca de 60 anos, durante os quais "mudava o camarada", mas o prefeito continuava sendo alguém ligado a essa família. Após a redemocratização, Raimundo Almeida aderiu ao Partido de Frente Liberal e, portanto, é bem provável que ele tenha influenciado os eleitores mutuipenses a votarem em Gilberto e, posteriormente, em Clélia. É obvio que existia uma aliança entre os prefeitos de Laje e de Mutuípe, por eles pertencerem ao mesmo partido, porém, o que nos parece mais significativo é a importância da hereditariedade na política local dos pequenos municípios: tanto no caso de Raimundo Almeida como no de Clélia Rebouças ter uma ideologia não era suficiente, era necessário também possuir um forte histórico familiar na política. Como já dissemos, a ex-prefeita Clélia fazia parte de uma família tradicional da cidade, cujas raízes se confundiam com a própria história local. Clélia Chaves Rebouças deu seu nome a uma escola pública municipal e a uma clínica privada da cidade de Mutuípe.

Considerando os relatos de alguns moradores da cidade que vivenciaram a gestão de Clélia, é possível notar que ela deu seguimento a alguns projetos da gestão anterior. Entre 18 pessoas entrevistadas, sendo que 9 na zona rural e 9 na zona urbana, 14 afirmaram que o mandato da ex-prefeita foi bem-sucedido, 2 disseram que não gostaram e outros 2 não souberam responder ou disseram não recordar detalhes sobre esse período. O que nos chama a atenção nesses dados é que, entre os entrevistados da zona rural, apenas um afirmou não ter votado na candidata. A partir desse ponto podemos observar que Clélia, assim como o seu predecessor, tinha, de certa forma, o apoio do eleitor rural, que constituía a maior parte da população do município. Na eleição de 1996, Clélia Rebouças não poderia se candidatar (a lei que possibilitava a reeleição só seria aprovada um ano depois), abrindo assim espaço para a volta de Béu Rocha, e, "sem fazer suspense", o PFL de Mutuípe o anunciou como o candidato do partido. Como já era de se esperar, Gilberto conseguiu se eleger a prefeito da cidade mais uma vez: "Na eleição de 96 eu acho que Béu veio ainda mais forte por dois fatores: primeiro Clélia tinha feito um bom governo, segundo o povo já conhecia o jeito de Béu governar, eu já sabia que ele ia ganhar".[14] Entre 1988 e 1996, o Partido da Frente Liberal elegeu seus candidatos por três eleições seguidas, totalizando assim 12 anos na prefeitura da cidade. No entanto, nas eleições de 2000, o partido até então hegemônico acabou sofrendo uma derrota de certa maneira surpreendente. O que poderia ter acontecido? Será que o partido já vinha perdendo forças no decorrer dos anos? Mas, então, o que teria causado essa perda de consenso?

> Eu acho que o povo acordou, o povo estava cansado de tantas enrolações, tantas promessas sem serem cumpridas. Além disso a população estava se renovando naquele ano, agora era um público jovem, com pessoas que já não mais se vendiam por um saco de adubo, os jovens queriam saber de novas ideias, os velhos já não mais queriam votar.[15]

A entrevistada é a mesma que dizia ter previsto, antes ainda da eleição de 1996, a vitória de Béu Rocha, por causa da popularidade que este obteve durante o seu primeiro mandato como prefeito, porém, quando questionada sobre a última gestão dele, dona Maria Lúcia afirmou que ela não conseguiria apontar nenhuma diferença entre a gestão de 1989 a 1992 e a de 1997 a 2000. O que mais chama a atenção na fala da depoente é que ela vincula a queda do PFL na cidade à mudança no perfil do eleitorado, agora com mais jovens votando. Esse possível motivo se junta àqueles que foram apontados por outros entrevistados:

> Eu acredito que o partido de Béu caiu por causa do pessoal da roça que não se vendia mais, o povo não queria mais saber de só promessas, o povo queria agora água na porta e luz nas casas.[16]

> [...] pra se ter uma ideia, nas eleições os vereadores do partido tinham uma urna, acho que era de papelão para ensinar as pessoas a votar, eles ensinavam a gente os números da chapa deles e os números da chapa do prefeito, assim ficava fácil era só bater no 2 e no 5 que dava 25 o número do prefeito.[17]

Os depoentes denunciam aqui os artifícios usados para impor ao eleitor o voto em um determinado candidato, os quais eram variados e bastante comuns durante os primeiros pleitos democráticos em Mutuípe. Ao se aproximar o dia das eleições, os diversos distritos do município recebiam uma grande quantidade de candidatos a vereador, que sempre procuravam se mostrar próximos dos eleitores, principalmente dos que habitavam na zona rural, de onde provinha boa parte dos votos e que era composta sobretudo por pessoas com pouca escolaridade. A presença da urna de papelão citada por dona Cosmerina parece ter sido bem frequente naqueles anos na parte rural do município. Com o pretexto de mostrar "na prática" o que aconteceria no dia da votação, os candidatos a vereador instigavam os eleitores a marcar, nesse fac-símile de urna eletrônica, os números da sua chapa (o "25", citado na entrevista, era o número eleitoral do PFL), em uma tentativa de manipular os pleitos.

Outra razão que poderíamos supor para explicar o fim da hegemonia do Partido da Frente Liberal é que o eleitorado deste era composto, em boa parte, por pessoas em idade avançada e que elas (principalmente as de sexo feminino), por não terem mais a obrigatoriedade de votar, já não se preocupavam em ir até as urnas. Podemos concluir, assim, que a derrota do PFL em Mutuípe parece estar estreitamente ligada à mudança do eleitorado, sobretudo no que se refere ao perfil etário, ao grau de escolaridade e à proporção demográfica campo-cidade. De fato, a zona rural perdeu espaço relativo para a parte urbana, isso porque, com intuito de melhorar a própria situação financeira, grande parte dos jovens saíram dos distritos para se estabelecer na sede do município ou se mudaram para cidades vizinhas, principalmente para Santo Antônio de Jesus. Verificamos, de fato, a partir dos resultados dos censos do IBGE de 2000 e 2010, que enquanto a população rural do município aumentou de apenas 319 unidades ao longo do intervalo considerado (de 11.478 para 11.797 habitantes, devido provavelmente ao crescimento natural da população), os residentes da zona urbana passaram de 8.984 a 9.669 (+685 unidades).[18] É necessário salientar também que, para os habitantes da zona rural – os quais, de todas as maneiras, ainda são maioria no município – nunca foi simples ir para a cidade e que seu comparecimento nas urnas muitas vezes dependia, como já vimos, do transporte oferecido pelos próprios candidatos.

O PARTIDO DOS TRABALHADORES: UMA NOVA HEGEMONIA?

A partir do breve histórico traçado acima, é possível observar que, desde a redemocratização do Brasil, o Partido da Frente Liberal, atual Democratas (DEM), deteve a prefeitura da cidade de Mutuípe por 12 anos consecutivos. No entanto, nas eleições de 2000, o candidato do partido, o prefeito em exercício Gilberto dos Santos Rocha, que disputava a reeleição, foi derrotado frente ao candidato do Partido dos Trabalhadores, Luís Carlos Cardoso da Silva (Carlinhos). Esse resultado mudou radicalmente a história política da cidade, pois, até 2016, o PT venceu todas as eleições para prefeito na cidade. Nesta seção iremos analisar a trajetória do Partido dos Trabalhadores na cidade de Mutuípe, com o intuito de responder as seguintes perguntas: o que levou o PT conseguir se manter no poder durante 16 anos? Será que a denominação de "hegemonia petista" é pertinente ao contexto estudado? Até que ponto a figura do prefeito Carlinhos interferiu na preferência política dos eleitores?

Inicialmente, é necessário salientar que, dois anos depois da vitória do PT em Mutuípe, este partido conquistou também o poder em nível nacional, quando Luiz Inácio Lula da Silva assumiu a presidência do país, após vencer José Serra, do PSDB. Lula assumiu o poder afirmando que iria fixar um pacto social com os diversos setores da sociedade para superar a crise pela qual o país estava passando naquele momento. Com a chegada de Lula à presidência, em 2002, o PT ganhou mais força também nos municípios e nos estados, como é o caso da Bahia, onde Jaques Wagner se tornou governador em 2006, após 16 anos de hegemonia do PFL. A partir dessas observações, poderíamos concluir que existe um paralelismo entre a evolução do cenário político nos níveis nacional, estadual e local, que pode ser resumido no declínio do PFL e na progressiva ascensão do PT. É bom lembrar, todavia, que Luís Carlos Cardoso da Silva conseguiu se eleger prefeito de Mutuípe dois anos antes de Lula assumir a Presidência da República e seis anos antes de Wagner chegar a governador da Bahia, o que significa que o PT tem uma história e uma trajetória própria na esfera municipal, que não depende das conjunturas políticas estadual e nacional. Pelo que concerne à Bahia, no específico, Mutuípe é o único município, junto com Vitória da Conquista e Pintadas, onde o Partido dos Trabalhadores conseguiu governar ininterruptamente por 16 anos, a partir do começo do novo milênio, ou seja, triunfa em quatro eleições consecutivas, de 2000 a 2012. Em Mutuípe, em três desses quatro pleitos, o vencedor foi o já citado Luís Carlos Cardoso da Silva, apelidado de Carlinhos, um bancário da cidade, branco e com ensino médio completo, eleito pela primeira vez aos 34 anos de idade.

> Eu vibrei muito com a vitória de Carlinhos, já estava na hora de ocorrer mudanças na cidade, o povo mostrou nas urnas que ninguém mais aceita ser enganado ou comprado por nenhum partido. [...] Eu acredito que o povo mudou muito em relação ao voto, principalmente os jovens, estes conseguem fazer críticas sobre o governo tornando a democracia mais forte.[19]

> Foi maravilhoso ouvir o locutor da rádio dizer que Carlinhos foi eleito, eu sabia que o meu voto não seria em vão. [...] Mutuípe mudou e eu fiz parte dessa mudança, foi o meu voto que tornou tudo isso real.[20]

É possível perceber, nas falas destes entrevistados, uma adesão à proposta política do PT, com o qual eles se identificam pela sua postura crítica em relação às precedentes administrações e por representar o desejo de mudança dos jovens mutuipenses. O candidato Carlinhos era ademais uma figura bastante popular entre os moradores do município e, como vamos perceber ao longo desta seção, isso o ajudou a permanecer no poder local. De fato, com a eleição de Lula em 2002, o PT ganhou ainda mais força na política local, proporcionando a Carlinhos uma vitória sem dificuldades também nas eleições de 2004.

Em 2008, o Partido dos Trabalhadores anunciou a candidatura de Antônio Evangelista Neto, branco de 42 anos de idade, com ensino fundamental incompleto. O candidato não teve muito com o que se preocupar acerca da eleição, já que tinha o apoio da massa da zona rural e contava também com uma parte dos comerciários.

> Aqui acho que todo mundo daqui da roça apoiou Neto, pense em uma campanha bonita, ninguém tinha dúvida não, a vitória já parecia certa, também com o governador do PT, o presidente do PT, não tinha como o prefeito perder. [...] Neto tinha tudo para fazer um bom governo, pena que morreu sem terminar.[21]
>
> Olha moça, as carreatas de Neto foi bonita demais [sic], pra não dizer que foi linda! Tinha tanta gente, mas tanta gente que nem dava pra contar, o povo gritava pelo nome dele, era um homem bem querido, pena que morreu, que Deus o tenha em um bom lugar, ele merece.[22]

Note-se que as pessoas da zona rural atribuem a definição de "campanha bonita" aos comícios que atraem um grande número de pessoas. Segundo os mesmos entrevistados, essa expressão era bastante usada para caracterizar a campanha de Antônio Felipe Evangelista Neto. Este, porém, como foi acenado pelos depoentes, não conseguiu terminar o seu mandato. Na manhã do dia 18 de fevereiro de 2012 ele deu entrada no Hospital Aliança em Salvador, depois de sentir fortes dores na região do abdômen, no entanto, dois dias depois, veio a falecer, vítima de câncer de pâncreas. O prefeito em exercício já havia feito uma cirurgia para a retirada de um tumor no mesmo local em 2010. Neto foi enterrado no dia seguinte e, segundo moradores, a cidade ficou em luto pela morte do gestor, que era querido por todos no município e muito conhecido na região. No lugar dele assumiu o vice, Celso Werner da Silva, também do PT.

Para as eleições de 2012, o Partido dos Trabalhadores apresentou novamente como candidato Luís Carlos Cardoso da Silva, o qual conseguiu se eleger pela terceira vez a prefeito da cidade. A partir de então, difundiu-se a convicção, entre os moradores de Mutuípe, de que o partido "havia criado história" na cidade, mesmo sem subestimar o carisma pessoal do seu principal candidato.

> Olha moça, o PT criou história aqui sim, todo mundo sabe disso, o partido tá aqui desde 2000 quando conseguimos tirar aquela corja toda do poder, o PFL sugava a cidade, o PT chegou pra mudar e mudou.[23]

> Não sei se é hegemonia, mas dizer que o PT construiu uma história aqui, isso aconteceu, eu quero ver ele perder, boto minha mão no fogo [...]. Acho que Carlinhos também tem culpa disso, o povo gosta dele demais.[24]

Alguns depoentes acreditam que o PT conseguiu criar uma verdadeira hegemonia e afirmam que o candidato a prefeito desse partido venceria as eleições independentemente de quem ele for, se beneficiando dos efeitos dos programas sociais implantados pelo governo federal.

> Olha moça, eu acho que Carlinhos ganhou de novo, ou melhor ele ganhou esses anos todos por causa de Lula e do Bolsa Família, é tanta pessoa pobre aqui, que não tem nada pra sobreviver e que vive desse Bolsa Família né? Então ele ganha por causa disso, vou te falar uma coisa no outro ano o PT de Lula vai ganhar de novo.[25]

> Eu acredito que independente do candidato, o PT iria continuar, não sei se você sabe, mas antes do PT quem governava era o PFL com Béu Rocha, foi três eleição [sic], moça, depois chega o PT e pra ficar e com a chegada de Lula o PT em Mutuípe ganhou ainda mais força. No começo pode até ser que o povo votou em Carlinho porque gostava dele, mas quando o Lula ganhou aí a história foi outra, criou uma história de vitória na cidade. Eu mesmo nem preciso votar pela minha idade. Mas eu voto só para botar 13 na urna.[26]

Outros entrevistados, ao contrário, estão descrentes acerca da existência de uma hegemonia partidária exercida pelo PT. Eles acreditam que as vitórias eleitorais desse partido se devem ao carisma pessoal de Luís Carlos Cardoso da Silva, cuja liderança vinculam ao destino do PT no município. Isso remete ao que Max Weber define como dominação carismática, na qual o líder seria escolhido,

> segundo o carisma e a dedicação pessoal: não, por contraste, segundo a qualificação profissional (como o funcionário), nem segundo a ordem (como o corpo administrativo estamental), nem segundo a dependência doméstica ou outra dependência pessoal (como, por contraste, o corpo administrativo patriarcal).[27]

O que diferenciava Carlinhos de Gilberto e de Clélia, os prefeitos do PFL, que tinham um longo histórico na política local, era que ele "chegava novo na política", o que, porém, não o desfavoreceu. Pelo contrário, o fato de ele ser um "homem novo" contribuiu para reforçar o carisma de Luís Carlos Cardoso da Silva, o qual já era muito respeitado por ser religioso e cheio de novas ideias.

> Carlinhos nunca tinha sido prefeito ou vereador da cidade não, o povo votou nele porque gosta dele, como ele trabalhava no banco ele ficou muito conhecido, Mutuípe precisava de mudança.[28]
>
> Além do carisma Carlinhos tem ideologia, sabíamos que ele iria fazer um governo diferente, ele tem ótimas ideias, diferente da gestão anterior.[29]

Vemos que o segundo depoente utiliza o termo ideologia no sentido de "sistema de ideias", aplicando-o, porém, ao candidato e não ao partido.

Diversos autores acreditam que a ideologia possa ser um instrumento para dominar não por meio da força, mas pela persuasão. De fato, o termo "ideologia" possui dois significados, um forte e outro fraco, sendo que o primeiro tem origem no conceito formulado por Marx e deve-se entender como falsa consciência nas relações de domínio entre as classes; já o segundo seria um conceito neutro, referido a qualquer conjunto de crenças políticas.[30] Se considerarmos que a ideologia é um dos atributos mais importantes para consolidar uma hegemonia por parte de uma formação política, é importante mostrar como muitos dos eleitores de Luís Carlos Cardoso da Silva votaram nele independentemente da sua filiação partidária:

> Eu voto em Carlinhos, mas não voto no PT, se Carlinhos sair do PT e for pra qualquer outro partido eu voto em Carlinhos independente do partido que ele estiver.[31]

> Que nada moça, esse "negoço" de PT é história do povo, que não sabe nada de política. O PT ganhou esse tempo todo por sorte do nosso amigo Carlinho ser do partido, eu mesmo voto no Carlinho, mas não voto no PT. E não é só eu não, viu, faz essa pergunta a esse povo todo da cidade que quase todos vão dizer a mesma coisa.[32]

Observamos que os depoentes afirmam votarem no candidato e não no partido. Isso, além de ser um comportamento eleitoral bastante difuso nos municípios do interior, pode explicar o fato – que também foi constatado por nós – de o PT nunca conseguir eleger a maioria dos vereadores que compõem a Câmara Municipal. O PT já estava presente na Câmara dos Vereadores em 1996 com dois representantes: Gilvan Sousa Santos (30 anos), apelidado de Gil, e Paulo Argolo Barreto (44 anos). É interessante notar que Luís Carlos Cardoso da Silva não fazia parte dessa bancada, aparentemente confirmando o que foi dito pelos nossos depoentes, ou seja, que ele não tinha experiência na política antes de se tornar prefeito da cidade. Na realidade, ele já havia sido edil entre 1993 e 1996, junto com Gil, pelo Partido Socialista Brasileiro (PSB). O número de vereadores do Partido dos Trabalhadores não aumentou após as eleições de 2000, quando este chega ao governo da cidade: Gil consegue se reeleger acompanhado por Adriana da Silva Barreto (23 anos), enquanto Paulo Argolo se torna vice-prefeito.

O Partido do Movimento Democrático Brasileiro (PMDB), a outra sigla da coligação de apoio a Carlinhos, elege apenas um vereador: Edízio Rocha Souza (47 anos), apelidado de Dizo. As propostas do prefeito recém-eleito teriam, portanto, de contar com apoio de outros partidos, numa Câmara Municipal composta por 11 vereadores e na qual o PFL, o partido do candidato derrotado, Gilberto dos Santos Rocha, tinha mais representantes (3) do que o próprio PT. Após as eleições de 2004, a situação relativa da aliança de apoio ao prefeito dentro da Câmara melhora levemente, mas só em virtude da redução numérica desta, devido ao novo cálculo da população do município feito pelo censo IBGE do ano de 2000 e ao ingresso na coligação de outros três partidos: o PSDB, o Partido Popular Socialista (PPS) e o Partido Trabalhista Brasileiro (PTB). Entre estes, só o último consegue eleger um edil: Damiana Martins dos Santos (35 anos). O PT e o PMDB mantêm o mesmo número de vereadores, respectivamente dois (Gil e o futuro prefeito Neto) e um (Dizo), enquanto o PFL não consegue eleger um representante sequer.

Em 2008, o PT vence novamente as eleições para prefeito, mas tem somente um representante na Câmara dos Vereadores, o já tradicional Gil, enquanto o coligado PSB tem dois: Paulo Argolo e Antônio da Silva, conhecido como Zinho de Malaquias (40 anos). No total, portanto, a aliança de apoio à candidatura de Neto teve o mesmo número de vereadores eleitos que a principal coligação de oposição, composta por Partido da República (PR), Partido Democrático Trabalhista (PDT), DEM, Partido Progressista (PP),

PSDB e Partido Verde (PV). Em 2012, o PT volta a eleger dois vereadores: Gil e Valdomiro Galdino dos Santos, conhecido como Vau (56 anos); a eles se juntam os dois edis do partido coligado, o Partido Socialista Brasileiro (PSB): Aldicio da Fonseca de Jesus, vulgo Didiu, e Justiniano Faustino dos Santos Filho (apelidado de Amigo), que, juntos aos dois representantes da outra coligação de apoio à candidatura de Carlinhos, Paulo Argolo, agora do Partido Comunista do Brasil (PCdoB) e Indalício Andrade dos Santos (Lek, 34 anos), do Partido Republicano Brasileiro (PRB), garantem finalmente ao prefeito a maioria na Câmara de Vereadores.

O mandato 2013-2016 marca, porém, o último momento de predomínio político do PT e do prefeito Carlinhos em Mutuípe, pois nos últimos pleitos eles foram derrotados pela coligação encabeçada pelos ex-aliados do PMDB, que ganharam as eleições com Rodrigo Maicon de Santana Andrade, apelidado de Digão, branco, 30 anos, servidor público federal com ensino superior completo. Ironicamente, a aliança entre PT, Partido Social Democrático (PSD), PCdoB, PRB, Partido Republicano da Ordem Social (PROS) e Rede Sustentabilidade chega a ocupar seis dos onze assentos na Câmara, uma demonstração de como, mais uma vez, o resultado das eleições para prefeito não se reflete na composição da Câmara de Vereadores.

CONSIDERAÇÕES FINAIS

Neste estudo, constatamos que o cenário político da cidade Mutuípe/BA, no período compreendido entre a redemocratização do Brasil (1988) e as últimas eleições municipais (2016), apresentou uma mudança radical a partir do ano de 2000: após três mandatos consecutivos de um prefeito do PFL começa uma era que pode ser definida como a da "hegemonia do PT". Tal predominância do Partido dos Trabalhadores no âmbito municipal antecede no tempo a afirmação dessa agrupação política tanto em nível nacional como estadual. Alguns depoentes, porém, indicaram na atuação dos programas sociais implantados pelos governos Lula e Dilma uma das razões para o fortalecimento do PT no eleitorado municipal. Outros entrevistados, ao contrário, chamam a atenção para o fato de que a "hegemonia do PT" esconde, na realidade, um consenso difuso entre os eleitores para com a figura de Luís Carlos Cardoso da Silva, que exerceu três dos quatro mandados em que a prefeitura foi comandada por esse partido, conseguindo fazer eleger seu sucessor em 2008 e voltando a ocupar o cargo quatro anos depois. De todas as maneiras, a hegemonia petista acaba em 2016, quando Carlinhos não consegue se reeleger prefeito pelo quarto mandato. Com isso, resulta difícil determinar qual das duas hipóteses seja aquela correta. O que se pode afirmar com certeza é que a "hegemonia do PT" nunca resultou numa maioria de vereadores desse partido na Câmara Municipal e que somente uma das duas vezes em que a coligação encabeçada pelo Partido dos Trabalhadores conseguiu prevalecer na Câmara coincidiu também com a vitória do seu candidato a prefeito.

NOTAS

[1] BOBBIO et al. Op. cit., p. 955.
[2] GRUPPI, Luciano. *O conceito de hegemonia em Gramsci*. Rio de Janeiro: Graal, 1978, p. 3.
[3] GRAMSCI, Antonio. *Maquiavel, a política e o Estado moderno*. Rio de Janeiro: Civilização Brasileira, 1984, p. 21.
[4] GRUPPI. Op. cit., p. 83.
[5] LAMOUNIER, Bolívar. *Partidos e utopias*: o Brasil no limiar os nos 90. São Paulo: Edições Loyola, 1989, p. 123.
[6] JESUS, José Carlos de. *José Carlos de Jesus*, 85 anos, aposentado: depoimento [set. 2014]. Entrevistadora: J. Borges Santos. Entrevista concedida ao Programa de Iniciação Científica da Universidade do Estado da Bahia.
[7] JUSTINO, Manoel. *Manoel Justino*, 60 anos, agricultor: depoimento [mar. 2015]. Entrevistadora: J. Borges Santos. Entrevista concedida ao Programa de Iniciação Científica da Universidade do Estado da Bahia.
[8] SANTOS, Pedro de Jesus. *Pedro de Jesus Santos*, 69 anos: depoimento [mar. 2015]. Entrevistadora: J. Borges Santos. Entrevista concedida ao Programa de Iniciação Científica da Universidade do Estado da Bahia.
[9] LEAL. Op. cit., p. 35-36.
[10] SANTOS, Cosme dos. *Cosme dos Santos*, 78 anos, aposentado: depoimento [set. 2014]. Entrevistadora: J. Borges Santos. Entrevista concedida ao Programa de Iniciação Científica da Universidade do Estado da Bahia.
[11] COSTA. Op. cit., p. 145-146.

¹² SANTOS, Francisco. *Francisco Santos*, 74 anos, aposentado: depoimento [jul. 2015]. Entrevistadora: J. Borges Santos. Entrevista concedida ao Programa de Iniciação Científica da Universidade do Estado da Bahia.
¹³ CONCEIÇÃO, Bartolomeu da. *Bartolomeu aa Conceição*, 71 anos, aposentado: depoimento [set. 2014]. Entrevistadora: J. Borges Santos. Entrevista concedida ao Programa de Iniciação Científica da Universidade do Estado da Bahia.
¹⁴ SOUZA, Maria Lúcia de. *Maria Lúcia de Souza*, 72 anos, aposentada: depoimento [jan. 2015]. Entrevistadora: J. Borges Santos. Entrevista concedida ao Programa de Iniciação Científica da Universidade do Estado da Bahia.
¹⁵ Idem.
¹⁶ SANTOS, Francisco. *Francisco Santos*, 74 anos, aposentado: depoimento [jul. 2015]. Entrevistadora: J. Borges Santos. Entrevista concedida ao Programa de Iniciação Científica da Universidade do Estado da Bahia.
¹⁷ JESUS, Maria Cosmerina Santana de. *Maria Cosmerina Santana de Jesus*, 72 anos, aposentada: depoimento [set. 2014]. Entrevistadora: J. Borges Santos. Entrevista concedida ao Programa de Iniciação Científica da Universidade do Estado da Bahia.
¹⁸ BRASIL. Instituto Brasileiro de Geografia e Estatística (IBGE). *Censo 2000*. Tabela - População residente, por sexo e situação de domicílio. Disponível em: <http://www.ibge.gov.br/home/estatistica/populacao/censo2000/universo.php?tipo=31o/tabela13_1.shtm&paginaatual=1&uf=29&letra=M>. Acesso em: 24 maio 2015 e BRASIL. Instituto Brasileiro de Geografia e Estatística (IBGE). *Censo 2010*. Tabela - Total População Bahia. Disponível em: <http://www.ibge.gov.br/home/estatistica/populacao/censo2010/tabelas_pdf/total_populacao_bahia.pdf>. Acesso em: 24 maio 2015.
¹⁹ BORGES, Lúcia. *Lúcia Borges*, 24 anos, estudante: depoimento [jul. 2015]. Entrevistadora: J. Borges Santos. Entrevista concedida ao Programa de Iniciação Científica da Universidade do Estado da Bahia.
²⁰ FERREIRA, Lucas N. *Lucas N. Ferreira*, 28 anos, estudante: depoimento [jan. 2015]. Entrevistadora: J. Borges Santos. Entrevista concedida ao Programa de Iniciação Científica da Universidade do Estado da Bahia.
²¹ BISPO, Carlos. *Carlos Bispo*, 56 anos, comerciário: depoimento [jan. 2015]. Entrevistadora: J. Borges Santos. Entrevista concedida ao Programa de Iniciação Científica da Universidade do Estado da Bahia.
²² CONCEIÇÃO, Manoel Firmino da. *Manoel Firmino da Conceição*, 68 anos, agricultor: depoimento [jan. 2015]. Entrevistadora: J. Borges Santos. Entrevista concedida ao Programa de Iniciação Científica da Universidade do Estado da Bahia.
²³ SOUZA, Daniel. *Daniel Souza*, 55 anos, pedreiro: depoimento [jan. 2015]. Entrevistadora: J. Borges Santos. Entrevista concedida ao Programa de Iniciação Científica da Universidade do Estado da Bahia.
²⁴ BISPO, Carlos. *Carlos Bispo*, 56 anos, comerciário: depoimento [jan. 2015]. Entrevistadora: J. Borges Santos. Entrevista concedida ao Programa de Iniciação Científica da Universidade do Estado da Bahia.
²⁵ SANTOS, Antônio de Jesus. *Antônio de Jesus Santos*, 59 anos, agricultor: depoimento [set. 2014]. Entrevistadora: J. Borges Santos. Entrevista concedida ao Programa de Iniciação Científica da Universidade do Estado da Bahia.
²⁶ CONCEIÇÃO, Bartolomeu da. *Bartolomeu da Conceição*, 71 anos, aposentado: depoimento [set. 2014]. Entrevistadora: J. Borges Santos. Entrevista concedida ao Programa de Iniciação Científica da Universidade do Estado da Bahia.
²⁷ WEBER, Max. *Ensaios de sociologia*. Rio de Janeiro: Ed. Guanabara, 1982, p. 13.
²⁸ SANTOS, Joaquim da Silva. *Joaquim da Silva Santos*, 44 anos, comerciante: depoimento [nov. 2014]. Entrevistadora: J. Borges Santos. Entrevista concedida ao Programa de Iniciação Científica da Universidade do Estado da Bahia.
²⁹ ALBUQUERQUE, Pedro. *Pedro Albuquerque*, 21 anos, estudante: depoimento [nov. 2014]. Entrevistadora: J. Borges Santos. Entrevista concedida ao Programa de Iniciação Científica da Universidade do Estado da Bahia.
³⁰ BOBBIO et al. Op. cit., p. 586.
³¹ JESUS, Lourenço Pimentel de. *Lourenço Pimentel de Jesus*, 56 anos, agricultor: depoimento [jan. 2015]. Entrevistadora: J. Borges Santos. Entrevista concedida ao Programa de Iniciação Científica da Universidade do Estado da Bahia.
³² SANTOS, Agenor dos. *Agenor dos Santos*, 42 anos, agricultor: depoimento [nov. 2014]. Entrevistadora: J. Borges Santos. Entrevista concedida ao Programa de Iniciação Científica da Universidade do Estado da Bahia.

AS ELEIÇÕES NO MUNICÍPIO DE TAPEROÁ: DESDE A DEMOCRATIZAÇÃO AOS NOSSOS DIAS

Milane Santos Rocha

O presente capítulo procura realizar um estudo acerca da política de Taperoá/BA, no período entre os anos de 1988 a 2016. Pretende-se fazer uma análise crítica acerca de como têm-se desenvolvido os processos eleitorais nesta cidade e também uma síntese diagnóstica da política local. Ao longo da pesquisa serão identificados os indivíduos que têm representado a cidadania taperoense e, partindo do estudo de caso, deseja-se também estimular reflexões a respeito de como se estabeleceram os processos eleitorais nas pequenas cidades brasileiras desde a redemocratização, bem como acerca da maneira como são gerenciados os interesses dos cidadãos. Assim, diante da importância da dimensão pública na estrutura das cidades brasileiras, bem como para o entendimento da sociedade em geral, é necessário apontar os caminhos já percorridos e outros a serem trilhados para a sua renovação. Dessa forma, a política é vista como um domínio privilegiado de articulação do todo social, muito além das divergências acerca do fato de ser considerada ou como a ciência do poder ou como a ciência do Estado. É, portanto, a partir do entendimento dos processos eleitorais que se poderá obter conhecimento de como é efetivada a adequação das propostas e ações políticas para com a realidade social da comunidade. Dentro dessa perspectiva, segundo José Ortega y Gasset:

> A saúde das democracias, quaisquer que sejam seu tipo e seu grau, depende de um mísero detalhe técnico: o procedimento eleitoral. Tudo o mais é secundário. Se o regime de comícios é acertado, se se ajusta à realidade, tudo vai bem; se não, embora o resto marche otimamente, tudo vai mal.[1]

No dia 1º de abril de 1916 foi publicada, no *Diário Oficial* do estado da Bahia, a elevação da vila de Taperoá à categoria de cidade, pelo Decreto-Lei n. 1131, assinado pelo então governador do estado, Antônio Ferrão Moniz de Aragão. Dessa maneira, nasceu o município de Taperoá, situado no Baixo-Sul da Bahia e que hoje faz parte da zona turística da Costa do Dendê. A cidade, na estimativa populacional do Instituto Brasileiro de Geografia e Estatística (IBGE) de 2017, é composta por 21.462 habitantes e, segundo o mesmo órgão de pesquisa, o eleitorado da cidade está formado por 12.921 pessoas.[2] É, porém, apenas no ano de 1989 que, assim como em todo o país, assume o primeiro prefeito democraticamente eleito da cidade, após longos anos de ditadura. A Constituição Federal, promulgada no ano anterior, fez algumas mudanças em relação ao processo eleitoral no Brasil, no sentido de alcançar a plena soberania popular, que passou a ser exercida pelo sufrágio universal e pelo voto direto e secreto, que havia sido suprimido desde 1967. A Constituição reconheceu o voto facultativo aos analfabetos, até então impedidos de fazer alistamento eleitoral, assim como foram determinadas as eleições diretas para presidente, governador, senador, deputado estadual e federal, prefeito e vereador; foi instituído também o direito de voto facultativo para os jovens que tivessem alcançado, pelo menos, os 16 anos de idade. A abordagem de Pedro Marques Teixeira se constitui como um ponto de partida para conceber o alcance das mudanças ocorridas a partir de 1988, já que, segundo ele: "A concretização de direitos e a cidadania perpassam a democracia e sua efetivação no sistema eleitoral. O sistema democrático é condizente e busca exatamente a concretização de direitos, sejam coletivos ou individuais, bem como permite o exercício da cidadania".[3] Todavia, é necessário salientar que os processos eleitorais cooperam para efetivação dos direitos dos cidadãos. As eleições devem ser realizadas com regularidade e imparcialidade, uma vez que é delas que depende o futuro das sociedades democráticas, pois a democracia jamais existiria se não houvesse processo eleitoral. Dessa forma, os direitos do cidadão e a efetivação desses direitos coletivos e individuais, fatores que fazem toda a diferença em uma sociedade democrática, também dependem dos sufrágios populares. Os resultados eleitorais deveriam ser examinados, portanto, como fruto de um significado social, sendo assim, eles podem ser entendidos como o reflexo dos anseios do grupo majoritário.

CARACTERÍSTICAS DA CLASSE POLÍTICA TAPEROENSE

Para a realização deste trabalho, procedeu-se, em um primeiro momento, a um levantamento quantitativo dos candidatos ao cargo de prefeito, vice-prefeito e vereadores eleitos nos anos de 1988 a 2016, a fim de entender como ocorreu o processo eleitoral municipal de Taperoá e conhecer quem foram os representantes da cidadania nesse período.

Em seguida, foi feita uma seleção das informações, as quais foram transformadas em gráficos para melhor visualizá-las e então poder fazer as correlações necessárias com o cenário político mais amplo. Por fim, foi possível sintetizar resultados e conclusões, constando das impressões e observações aferidas da investigação, em especial como resultado da análise crítica das diferentes fontes. A Câmara Municipal de Taperoá, situada na Rua Marechal Deodoro da Fonseca, foi uma das principais fontes de dados para esta pesquisa. Além desta, consultou-se o site do Tribunal Superior Eleitoral (TSE) e obtiveram-se as informações aqui contidas por meio de entrevistas com os ex-vereadores e com os atuais representantes da Câmara Municipal de Taperoá, além de documentos cedidos por funcionários do órgão municipal.

Sexo

Em 1988, foi realizada a primeira eleição para prefeito e vereadores na cidade de Taperoá, após longos anos de ditadura. Encontraram-se registros, na Câmara Municipal da cidade, dos 11 vereadores que compuseram o quadro político do município, além do prefeito eleito, Ito Meireles, e do vice-prefeito, Ely dos Santos. Dentre os 11 edis, apenas um pertencia ao sexo feminino: Dayse Lucide da Silva Bulcão Cabral. Também a Câmara Municipal que tomou posse em 1992 era composta, em sua maioria, por vereadores de sexo masculino (7), porém com um número mais expressivo de mulheres (4): Maria de Fátima Guimarães da Silva, Maria Eliane Magalhães da Silva, Ivonise Guimarães Wanderley Lima Ramos e, de novo, Dayse Lucide da Silva Bulcão Cabral. A presença feminina na Câmara se mantém constante em 1996 (Ana Maria das Graças Ferreira Guimarães se junta às últimas três citadas acima, todas reeleitas), porém, no ano 2000, a representação masculina no Legislativo municipal passa a ser unanime, deixando a cidade sem sequer uma vereadora. Há de se notar que, segundo o censo do IBGE de 2000, a população de Taperoá (15.933 habitantes) era dividida em 8.149 homens e 7.784 mulheres[4] e, portanto, a sociedade feminina taperoense, nesse processo de mudança social iniciado com a redemocratização, ainda não consegue ter uma representatividade proporcional à sua importância demográfica.

No ano 2004, as mulheres voltaram ao cenário político local, representadas por uma vereadora (Carmosina Santos da Conceição) e, entre as eleições de 2008 e 2012, o número de mulheres na Câmara Legislativa seguiu crescendo, passando de duas (Ana Maria dos Santos Goto e Mirian dos Santos) para três vereadoras (Ana Maria das Graças Ferreira Guimarães, Geovana Guimarães Wanderley Lima Ramos e, de novo, Ana Maria dos Santos Goto). Sempre em 2012, pela primeira e única vez até os dias atuais, uma mulher conseguiu ser eleita vice-prefeita: Teresinha da Conceição Souza Reis. Durante esse período, podemos constatar, pelos dados do censo de 2010, que houve um significativo aumento populacional na cidade de Taperoá com relação ao levantamento realizado em 2000, pois os habitantes passaram de 15.933 a 18.791, enquanto a proporção entre os homens (9.606) e mulheres (9.185) se manteve estável.[5] A partir desse fato é possível concluir que a representatividade feminina na Câmara Municipal (formada atualmente por duas vereadoras: Ana Maria dos Santos Goto e Elineide Jesus dos Santos) é independente das variações demográficas.

Raça/Cor da pele

Em uma cidade que se originou outrora de uma aldeia indígena, que posteriormente recebeu escravos e, mais tarde, imigrantes japoneses, poder-se-ia supor que o local apresentaria traços de uma identidade ou autodefinição multicultural em sua estrutura social e racial. No entanto, tradicionalmente, os moradores costumavam se identificar apenas como brancos ou negros, pois se definir como pardos ou descendentes de indígenas requereria, por parte deles, um mergulho em sua árvore genealógica e ir bem mais fundo em suas raízes. Nesse sentido, a classificação relativa à "raça/cor da pele" dos políticos taperoenses, que está respaldada nas opiniões dos sujeitos pesquisados, assim como estes se reconhecem, reflete um constante aumento no número de vereadores pardos, uma autorrepresentação que era bastante incomum até pouco tempo atrás. Assim, em 1988, dos 11 vereadores eleitos na Câmara Municipal, 7 se consideravam brancos e 4 negros; só em 1992 foi eleito o primeiro edil a se autodeclarar pardo: o atual prefeito, Rosival Lopes dos Santos. Tanto em 1996 como em 2000, tivemos um número significativamente alto de vereadores brancos (7), à frente de 4 edis cuja cor da pele era preta ou parda. A partir de 2004, estes últimos grupos passaram a constituir a maioria relativa na Câmara Municipal, com a única exceção dos pleitos de 2012, após os quais foram empossados 6 brancos num total de 11 vereadores. Vale notar que nas mais recentes eleições municipais, as primeiras nas quais os candidatos tiveram que declarar oficialmente a sua "raça/cor da pele" ao Tribunal Superior Eleitoral, a maioria dos candidatos a vereador em Taperoá se autoidentificou como de cor parda.

Idade

No contexto de um país em que as pesquisas apontam para um progressivo envelhecimento da população, a composição da Câmara Municipal de Taperoá se caracteriza por uma média de idade significativamente baixa: 40,5 anos no total, entre 1988 e 2016.[6] Apesar de uma leve tendência ao aumento, em três dos oito pleitos a média etária dos edis foi inferior aos 40 anos, com um pico de 45 anos, em ocasião das eleições de 2012. Em geral, fora os extremos de 1988 e 2012, verificaram-se apenas pequenas variações na idade média dos edis, o que se deve, também, ao grau bastante elevado de renovação deles. Diferente de outros municípios, em Taperoá somente sete políticos conseguiram se eleger por mais de dois mandatos como vereador no período estudado: Rosival Lopes dos Santos (6 vezes como edil, além de uma como prefeito), Dayse Lucide da Silva Bulcão, Aurélio Coutinho Ferreira, Ulices Aleluia Couto Dantas, Derivaldo Marcos de Jesus dos Santos Lisboa, Ana Maria dos Santos Goto e Cosme dos Santos (3 mandatos de vereador cada um). Além deles, outros dez políticos ocuparam por duas vezes uma cadeira na Câmara Municipal, entre os quais Ticiano Lisboa Mattos e Norival Vieira da Silva, que foram também eleitos ao cargo de vice-prefeito em, respectivamente, uma (2016) e duas (2004 e 2008) oportunidades. Antônio Fernando Brito Pinto, que ganhou as eleições para prefeito em 2008 e 2012, foi vereador somente por um mandato, em 2004.

Escolaridade

Segundo um trabalho realizado em 2014, no âmbito do Projeto sobre Educação na América Latina do Diálogo Interamericano da Universidade de São Paulo, a educação brasileira passou por grandes transformações nas últimas décadas, que tiveram como resultado uma ampliação significativa do número de pessoas que têm acesso às escolas, assim como do nível médio de escolarização da população.[7] Diante da análise dos dados obtidos em confronto com a tendência descrita acima, verificou-se que, nos anos de 1988 e 1992, a maioria relativa dos vereadores eleitos em Taperoá era constituída por sujeitos que tinham, como grau de escolaridade, o ensino fundamental incompleto: seis e sete, contra um e dois, respectivamente, que obtiveram um título universitário.[8] É fácil encontrar políticos no Brasil, principalmente no interior dos estados e nas esferas municipais – com maior predominância nas regiões Norte, Nordeste e Centro-Oeste[9] – que têm apenas, como nível de formação, o ensino fundamental incompleto. Os pequenos municípios do interior dessas regiões, a exemplo da cidade de Taperoá, durante algum tempo permaneceram fazendo jus a essa vergonhosa estatística. Diante desse fato, é oportuno ressaltar como os poucos vereadores, vice-prefeitos e prefeitos taperoenses que conseguiram completar o ensino superior fossem todos brancos; coincidência ou não, esse dado apontaria para a histórica falta de oportunidades à população negra. Por outro lado, podemos constatar que, entre os oito políticos do município com nível de instrução superior, três são mulheres: Ivonise Guimarães Wanderley Lima Ramos, Maria Eliane Magalhães da Silva e Geovana Guimarães Wanderley Lima Ramos.

A partir do ano de 1996, o perfil dos políticos da cidade, referente à sua escolaridade, começa pouco a pouco a mudar, uma vez que estes tiveram um maior acesso às escolas, até o nível médio de instrução. Os vereadores com ensino médio completo tornam-se maioria relativa em todas as câmaras municipais empossadas entre 1997 e 2017, com a única exceção daquela de 2005, na qual o seu número é par ao dos edis com ensino fundamental incompleto. De fato, a quantidade destes últimos permanece elevada ao longo de todo o período considerado, mas com tendência a diminuir, ao mesmo tempo que, como foi dito anteriormente, os casos de vereadores que cursaram alguma faculdade são bastante raros. Note-se, entretanto, que dos cinco prefeitos eleitos na cidade entre 1988 e 2016, três (Ito Guimarães Meireles, Antônio José da Silva e Antônio Fernando Brito Pinto) possuíam ensino superior completo, um (Paulo Roberto Saldanha Viana), ensino médio completo e outro (Rosival Lopes dos Santos), ensino fundamental completo.

Profissão

Do ponto de vista da ocupação profissional dos seus membros, a composição das câmaras municipais de Taperoá, eleitas entre 1988 e 2016, apresenta uma grande variedade, pois os vereadores declararam exercer mais de vinte profissões diferentes. Pelo que consta nesta pesquisa, os agricultores são a categoria mais representada, chegando em 2000 e 2016 a constituir 36,3% do total dos vereadores, o que não deve surpreender, em se tratando de um município do interior. Dentre as profissões declaradas pelos próprios candidatos ao TSE ou em entrevistas realizadas para esta pesquisa, merece destaque, além da de agricultor, uma nova classe de trabalhadores que, pouco a pouco, vem se estabelecendo na política taperoense: a de servidor público municipal. Essa categoria, que compreende também professores, enfermeiros e agentes de saúde, entre outros, vem se firmando pelo apoio político antes da eleição e, posteriormente, envereda para a política partidária ao eleger alguns de seus integrantes como edis. Apesar de alguns vereadores se intitularem eles mesmos como servidores públicos municipais, por estarem, em seu entendimento, ocupando cargos em prol do município, nesta pesquisa visamos distinguir os dois grupos, separando os funcionários públicos propriamente ditos dos "políticos de carreira", sujeitos que foram reeleitos em pleitos sucessivos, pela vontade popular, para ocupar um assento na Câmara. Como já foi dito anteriormente, o Legislativo Municipal de Taperoá apresenta um grau bastante elevado de renovação ao longo do tempo, entretanto, no levantamento das profissões de seus integrantes, encontramos nada menos que 22 mandatos de vereador repetidos por duas legislaturas consecutivas.

Residência

Taperoá está localizada na Costa do Dendê e é conhecida como "a terra do guaraná": trata-se de uma cidade que possui uma cultura essencialmente agrícola, voltada sobretudo para o cultivo destes dois produtos, além do cacau e do cravo-da-índia. O cultivo do cravo é feito em larga escala, sendo o município de Taperoá o principal fornecedor da Bahia, produzindo mais do que todo o estado do Amazonas; esta especiaria é exportada para inúmeros países, alguns até do continente asiático, de onde essa planta é oriunda.[10] Na cidade também encontra-se a sede de uma importante indústria agroalimentar que se dedica ao beneficiamento do óleo de dendê: a Opalma.

Dado o perfil econômico em que a cidade se insere, a classe trabalhadora da cidade de Taperoá é composta, em sua maioria, por agricultores. É sabido que eles normalmente residem na zona rural, porém muitos são aqueles que abandonam o campo para viver na cidade, mesmo mantendo suas propriedades rurais. Para que seus anseios sejam alcançados, os agricultores tencionam consolidar sua representatividade na política e, uma vez que passam a integrar o cenário público local, eles também são estimulados a viver no espaço em que se concentra esta atividade, ou seja, no ambiente urbano, o qual sempre fora o lugar mais propício para a política. Nesse sentido, entendemos que o êxodo rural também se dá por esta via e, de acordo com os dados levantados, vemos que, em meio aos vereadores da sede que são eleitos, estão aqueles que saíram do campo para viver na cidade, mas que lá, ainda, possuem suas propriedades. Poucos são os vereadores que seguem vivendo no campo e que não saíram de seus distritos para a sede; estes – cujo número, todavia, aumentou bastante nos últimos três pleitos eleitorais –, através da sua permanência, tendem a manter a representatividade de seus distritos e, por sua vez, conseguem traçar planos para que sejam realizadas melhorias nesses espaços.

Religião

No momento de transição para a redemocratização da política brasileira, vê-se uma nova conjuntura a se formar, que conta com a participação de sujeitos que outrora não faziam parte da representação da cidadania. Pela sua própria história, que começa às margens de um canal de águas salgadas, com a fundação, por parte dos jesuítas, da aldeia de São

Miguel de Taperoguá (1561), não é de se estranhar que essa localidade possua, na composição da sua população, um número expressivo de católicos (87,7% dos habitantes, segundo o censo de 2010),[11] o que se reflete também em representação política. Durante o período que nos concerne, vemos assim que o percentual de vereadores católicos é preponderante, principalmente entre os anos de 1989 e 2004, quando varia entre 80% e 91% dos membros da Câmara Municipal. Porém, desde as primeiras eleições municipais após a redemocratização, a população de fé protestante já estava representada pela vereadora Dayse Lucide da Silva Bulcão, que ocupou um assento no legislativo municipal entre 1989 e 2000.

Já instaladas há algum tempo em Taperoá, as igrejas protestantes começaram a também difundir seus ensinamentos e suas práticas dentro dos termos da cidade, conquistando cada vez mais fiéis. Em consequência disso, os sujeitos que participavam desse grupo religioso ocuparam um espaço maior no cenário público, deixando de lado, talvez, algumas de suas preocupações em relação ao temido mundo da política. Observa-se que, em ocasião das eleições de 2000, a proporção de vereadores católicos e protestantes já era de oito para dois, um número que se mantém inalterado nos sucessivos pleitos, de 2004 e 2008. Surpreendentemente, em 2012, os vereadores protestantes conseguiram duplicar seu número, elevando-o para quatro e, mesmo permanecendo como minoria dentro da Câmara Municipal (36,3%), seu percentual resulta três vezes maior daquele dos habitantes de Taperoá que professam as vertentes reformadas do cristianismo (12,2% da população).[12] Esse expressivo crescimento dos cristãos protestantes verificado na política taperoense é concomitante no cenário nacional com as discussões acerca da laicidade do Estado, então, políticos e bancadas evangélicas são vistos com grande receio, ou mesmo como uma ameaça para a Nação; esse fator também tem um peso para a representatividade da população evangélica como um todo no âmbito da política brasileira.

Partido

Por serem grupos organizados de pessoas que formam legalmente uma entidade, a qual tem como objetivo a participação na vida democrática de um Estado, objetivando também mudança ou transformação social, os partidos políticos confirmam o pluralismo social que caracteriza as democracias modernas. Nesse tocante, vemos que a política brasileira forma um panorama bastante diversificado, não somente no plano federal, mas também nos estados e munícipios, no qual, ademais, as posições partidárias nem sempre se apresentam com unanimidade em todas as esferas políticas. Após o fim da ditadura, o Partido do Movimento Democrático Brasileiro (PMDB), com projetos de mudança de cunho democrático, passa a engajar inúmeros políticos, chegando a acumular a Presidência da República, com José Sarney, e a maior bancada no Congresso Nacional, além de governar quase todos os estados brasileiros, dentre os quais a Bahia. Já as eleições de 1990 diminuem um pouco a hegemonia partidária do PMDB (que conserva, porém, a maioria no Congresso e o governo de oito estados), com a eleição à Presidência de Fernando Collor de Mello (Partido da Renovação Nacional), enquanto na Bahia é eleito governador Antônio Carlos Magalhães, principal figura do Partido da Frente Liberal (PFL), formação política que conservará o poder no estado até o ano de 2006. Sobre o período 1993-2004, registramos que, na Câmara Municipal de Taperoá, a maioria dos vereadores pertence aos partidos que constituem a situação no estado: além do PFL, o Partido Trabalhista Brasileiro (PTB), o Partido Progressista (PP) e o Partido Liberal (PL). Podemos notar como, porém, nos anos que se seguiram, só em duas ocasiões (2008 e 2012) o partido do prefeito de Taperoá foi o mesmo que o do presidente da República e apenas em três (2000, 2008 e 2012) foi o mesmo do governador da Bahia. Esses dados ressaltam certa discrepância em relação ao cenário nacional e estadual, entretanto, durante os pleitos municipais de 1996 e 2000 – quando o presidente é Fernando Henrique Cardoso, do Partido da Social Democracia Brasileira (PSDB), e o governador é Paulo Souto, do PFL – os vereadores do PFL passam a constituir a maioria relativa na Câmara e foi eleito, pela única vez na história do município, um edil do PSDB: Norival Vieira da Silva. Após comícios de transição, no ano de 2004, em que a discrepância política entre as três esferas é total (presidente Lula, do Partido dos Trabalhadores (PT); governador Paulo Souto, do PFL; prefeito Ito Meireles, do Partido Republicano Progressista (PRP)), em 2008 e 2012 foi eleito Antônio Fernando Brito Pinto, do PT, o mesmo partido dos presidentes Luiz Inácio Lula da Silva e Dilma Rousseff e do governador Jaques Wagner. Nesse período o Partido dos Trabalhadores detém ainda a maioria relativa na Câmara Municipal. Em 2016, por fim, é eleito como prefeito o ex-vereador Rosival Lopes dos Santos, do DEM (partido aliado do presidente Michel Temer e opositor do governador Rui Costa), enquanto a sigla mais representada entre os vereadores é o Partido Social Democrático (PSD), que integra a situação tanto na esfera nacional como na estadual.

CONSIDERAÇÕES FINAIS

Ao longo da pesquisa constatou-se que a política de Taperoá, no período de 1988 a 2016, passou por inúmeras mudanças. Diante disso, percebeu-se também que essas transformações representaram uma nova roupagem para a estrutura da democracia brasileira como um todo, que analisamos no contexto da sociedade taperoense. Após as eleições de 1988, marco inicial da nossa pesquisa, junto com o Poder Executivo municipal, chefiado pelo prefeito Ito Meireles, tomam posse também os representantes do Poder Legislativo, que compõem a Câmara Municipal. Em relação ao quadro dos vereadores, vemos como a conjuntura política democrática é ainda imatura, se formando com algumas defasagens no que se refere, por exemplo, às relações de gênero, raça e religião na representação da sociedade taperoense. Em 1989, pelo fato de o país ter atravessado um longo período sem a participação popular, não há de se espantar, infelizmente, do pequeno número de mulheres, negros e protestantes na política taperoense. Esses grupos não obtiveram grande participação no período imediatamente sucessivo ao fim da ditadura, no entanto, na medida em que a democracia foi se consolidando, foram ganhando visibilidade, até se inserirem plenamente no espaço político local.

Consideramos pertinente também verificar quais foram os prefeitos e vereadores eleitos ao longo do período especificado, a fim de pesquisar os partidos e as coligações que os apoiaram, no intuito de conhecer a carreira política de cada um deles, mas também de analisar dados referentes às suas biografias, como sexo, cor da pele, idade, escolaridade, profissão, residência e religião. Nesse sentido, acreditamos que nosso levantamento estatístico possa servir como base para novas pesquisas de cunho qualitativo, objetivando uma análise mais detalhada dos dados obtidos, através da abordagem prosopográfica, a qual se destina a investigar as características comuns de um grupo de atores na história por meio de um estudo coletivo de suas vidas:[13] isso possibilitaria avaliar as ações dos representantes políticos sobre a base dos interesses de grupo.

Concluímos destacando que a política de Taperoá, dentro de sua singularidade, revela o grande desenvolvimento da democracia, em uma dimensão que por hora parece simples, mas que traz consigo o histórico do exercício da cidadania, tão sonhado pelos brasileiros desde 1964. O processo eleitoral sugere, então, uma concorrência contra o autoritarismo, tornando possível que os cidadãos sejam chamados sempre à luta pelo exercício dos seus direitos e a fazer aflorar o sentimento de ser agentes transformadores da sociedade. O retrato do exercício da democracia na sociedade taperoense é, portanto, também um reflexo dos processos democráticos brasileiros, após um longo período marcado por liberdades negadas e supressão de direitos constitucionais. O processo eleitoral significou um avanço na trajetória da luta democrática do povo no Brasil e esse grito de liberdade, em forma de eleição, também faz parte da vida política local.

NOTAS

[1] ORTEGA Y GASSET, José. *A rebelião das massas*. São Paulo: Martin Fontes, 2002, p. 82.
[2] *Eleições e Política*. Número total de Eleitores. Bahia. Taperoá. Disponível em: <https://www.eleicoesepolitica.net/numero-total-de-eleitores/taperoa-ba/>. Acesso em: 23 jun. 2018.
[3] TEIXEIRA, Pedro Marques. *Democracia representativa brasileira e sua efetividade no âmbito legislativo*. Trabalho de conclusão de curso (graduação). Universidade de Santa Maria, Santa Maria-RS, 2012, p. 10. Disponível em: <http://www.alcidessaldanha.adv.br/artigos/democracia_.pdf>. Acesso em: 15 mar. 2015.
[4] PREFEITURA MUNICIPAL DE TAPEROÁ. *Lei n. 344*, 16 de junho de 2015. Disponível em: <http://taperoa.ba.gov.br/contasPublicas/download/783145/771/2015/6/publicacoes/1F754F0D-F815-C009-5615A6E5C8C24CA2.pdf>. Acesso em: 23 jun. 2018.
[5] Idem.
[6] Não foi possível encontrar a data de nascimento da vereadora Maria de Fátima Guimarães da Silva, eleita em 1992.
[7] DIGIOVANNI, Alayde Maria Pinto; DE SOUZA, Marilene Proença Rebello. Políticas públicas de educação, psicologia e neoliberalismo no Brasil e no México na década de 1990. *Cadernos Prolam/USP*. São Paulo, v. 13 n. 24, p. 53-54, [2014]. Disponível em: <https://www.revistas.usp.br/prolam/article/view/88777/108581>. Acesso em: 15 mar. 2015.
[8] Não foi possível encontrar dados sobre a escolaridade da vereadora Maria de Fátima Guimarães da Silva, eleita em 1992.
[9] KERBAUY, Maria Teresa Miceli. As câmaras municipais brasileiras: perfil de carreira e percepção sobre o processo decisório local. *Opinião Pública*. Campinas, v. XI, n° 2, p. 337-365, out. 2005, p. 341. Disponível em: <http://www.scielo.br/pdf/op/v11n2/26418.pdf>. Acesso em: 15 mar. 2015.
[10] *A Tarde*, Salvador, 11 out. 2009. Bahia produz especiarias e abastece mercados asiáticos. Disponível em: <http://atarde.uol.com.br/economia/noticias/1306425-bahia-produz-especiarias-e-abastece-mercados-asiaticos>. Acesso em: 6 out. 2018.
[11] BRASIL. Instituto Brasileiro de Geografia e Estatística (IBGE). *O Brasil em síntese*. Op. cit. Acesso em: 3 set. 2014.
[12] Idem.
[13] STONE. Op. cit., p. 115.

A ELEIÇÃO DA CLASSE POLÍTICA NOS MUNICÍPIOS DA BAHIA: UMA AMOSTRAGEM

Giuseppe Federico Benedini

Os municípios de Muniz Ferreira, Dom Macedo Costa, Boquira, Laje, Mutuípe e Taperoá, locais onde foram realizadas as pesquisas de campo, pertencem a três diferentes mesorregiões da Bahia (Metropolitana de Salvador, Centro-Sul e Sul), mas guardam muitas similaridades entre si. Trata-se de comunas de pouca população residente (Dom Macedo Costa, com 3.874 habitantes, é a menor do estado nesse quesito, enquanto Laje, com 22.201, é a maior das seis), majoritariamente concentrada na zona rural (numa proporção de 54% em Muniz Ferreira e Taperoá, até os 73% de Laje), de IDH médio ou baixo (compreendido entre o 0,632 de Dom Macedo Costa e o 0,566 de Taperoá) e taxa de alfabetização relativamente diminuta (entre 64,5% em Laje e 74,9% em Dom Macedo Costa), todavia inferiores, em ambos os casos, às médias estadual e nacional.[1] As comunidades que formaram o ambiente do presente estudo poderiam ser definidas como típicos municípios do interior da Bahia (a distância mínima de Salvador é de cerca 100 km, no caso de Muniz Ferreira, enquanto Boquira se encontra a 651 km da capital do estado), onde o setor primário, o comércio varejista, os transportes privados, o emprego na prefeitura e os programas sociais governamentais representam as principais fontes de renda de uma população, em geral, carente. Não será inútil, portanto – após ter tratado das características de cada uma delas nos capítulos anteriores – proceder a um confronto estatístico entre as classes políticas das seis comunas, o que poderá constituir uma base de comparação com pesquisas que tratem de outros municípios, para verificar em que medida os dados obtidos podem ser generalizados.

ELEIÇÕES ESTADUAIS E POLÍTICA LOCAL

É notório que o ano de 2006 marca um divisor de águas na política partidária estadual: o Partido dos Trabalhadores (PT), o qual já chegara à Presidência da República em 2003, com Luiz Inácio Lula da Silva, conduz o seu candidato, Jaques Wagner, ao governo da Bahia. Essas eleições estaduais representam, portanto, o fim dos 16 anos de domínio da coligação chefiada pelo líder incontestado do Partido da Frente Liberal (PFL), Antônio Carlos Magalhães, o ACM, quem, aliás, falece no ano seguinte. O PT, que também conseguirá vencer quatro pleitos estaduais consecutivos, não sucederá, porém, o PFL como partido hegemônico nos municípios baianos. Sabemos que, por exemplo, entre 1996 e 2004, o PFL conquistou, respectivamente, 124, 125 e 153 prefeituras em todo o estado, enquanto as outras siglas que faziam parte da mesma coligação tiveram de se contentar com o papel de parceiros menores.[2] O PT, porém, que desde 2007 é também o partido do governador do estado, só resultou em primeiro lugar, quanto às prefeituras administradas, em 2012 (com 93), chegando em segundo em 2008 (com 66)[3] e em quarto lugar em 2016 (com apenas 39).[4]

As mesmas tendências se refletem nos municípios que foram objeto das nossas pesquisas. Primeiramente, observamos que, uma vez apurados os pleitos municipais de 1988, nenhum dos prefeitos das seis comunas pertencia à coligação de partidos que, dois anos antes, levara Waldir Pires ao governo do estado.[5] Em Dom Macedo Costa, o prefeito era filiado ao Partido Municipalista Brasileiro (PMB), uma sigla que então fazia parte da situação estadual, mas que em 1986 apresentara um candidato próprio; todos os outros integravam partidos da oposição: o Partido Trabalhista Brasileiro (PTB), em Taperoá, e o PFL, em Boquira, Laje, Muniz Ferreira e Mutuípe. A influência de ACM e de seus coligados sobre as comunas do interior da Bahia permaneceu muito forte também nos anos sucessivos, como é possível verificar nos casos estudados aqui. De fato, no período 1993-1996, quatro dos seis municípios ainda tinham um prefeito do PFL, enquanto outros dois (Boquira e Taperoá) eram administrados pelo Partido Democrata Cristão (PDC), aliado do governador. Após as eleições de 1993, a situação em nível estadual ainda governa, através de um representante do PFL, em Laje, Muniz Ferreira e Mutuípe, enquanto outros dois partidos coligados – o PTB e o Partido Progressista Brasileiro (PPB) – administram as prefeituras de Boquira e de Dom Macedo Costa, respectivamente; somente uma comuna permanece na oposição ao governador: Taperoá, com o Partido do Movimento Democrático Brasileiro (PMDB). A primeira década do novo milênio mostra, por outro lado, os primeiros sintomas da decadência da hegemonia carlista e, assim, no ano de 2000, se metade dos municípios pesquisados (Dom Macedo Costa, Laje e Taperoá) elege um prefeito do PFL, a outra é agora governada pela oposição estadual: pelo PMDB em Boquira e Muniz Ferreira e pelo PT em Mutuípe. A conjuntura é praticamente a mesma após os pleitos municipais de 2004, quando a coligação que levara Paulo Souto ao governo, dois anos antes, é representada nas prefeituras de Dom Macedo Costa (PFL), Laje (PFL) e Muniz Ferreira (Partido Liberal, PL), enquanto Boquira (PMDB), Mutuípe (PT) e Taperoá (Partido Republicano Progressista, PRP) escolhem um prefeito da oposição.

Em 2008, nas primeiras eleições municipais disputadas com Jaques Wagner como governador, o PT ganha a prefeitura de Taperoá e se confirma naquela de Mutuípe; a de Laje é conquistada pelo PMDB, depois de vinte anos de domínio da "família Almeida" (pefelista); Dom Macedo Costa se mantém fiel ao antigo partido hegemônico, enquanto Boquira e Muniz Ferreira elegem um representante do Partido da República (PR), formação recém-chegada à base aliada de Wagner, mas cujo componente majoritário, o extinto PL, tinha apoiado o candidato derrotado em 2006. Paralelamente ao que ocorreu no restante do estado, a predominância da coligação do governador se confirma entre 2013 e 2016, quando o PT passa a administrar três prefeituras: Laje, Mutuípe e Taperoá, às quais têm de se somar outras duas regidas por partidos aliados, isto é, Dom Macedo Costa (Partido Social Democrático, PSD) e Muniz Ferreira (Partido Comunista do Brasil, PCdoB); só Boquira (PMDB) é apanágio da oposição. Em 2016, todavia, o processo de impedimento contra a presidente Dilma Rousseff parece ter influenciado o resultado dos pleitos municipais disputados em outubro, assim como aconteceu em outras localidades da Bahia e no restante do país. A base aliada do novo governador, Rui Costa, vence na maioria dos municípios pesquisados: em Boquira e Laje, com o PSB (partido que, porém, dois anos antes, tinha lançado uma candidatura alternativa ao governo do estado), em Muniz Ferreira (PSD) e em Dom Macedo Costa, mas somente esta última comuna elege um prefeito filiado ao PT. O Partido dos Trabalhadores, aliás, perde a prefeitura de Taperoá (a favor dos Democratas, DEM, a nova denominação do PFL) e, sobretudo, o "feudo" de Mutuípe, município que tinha administrado por quatro mandatos consecutivos desde o ano de 2001, ou seja, desde antes da chegada de Lula à Presidência da República e de Wagner ao governo do estado. A comuna de Mutuípe, aliás, foi o único entre os seis no qual, considerando o intervalo 1988-2016, verificamos uma clara prevalência do PT sobre os outros partidos, pois, além das quatro vitórias eleitorais para o cargo de prefeito, esse ocupou também a vice-prefeitura em três oportunidades; em Taperoá o Partido dos Trabalhadores ganhou duas eleições para prefeito, o mesmo número que o PFL local. Em Boquira, a predominância municipal pertenceu ao PMDB (três mandatos de prefeito e dois de vice), enquanto, nas outras três, o partido hegemônico foi o PFL/DEM, começando por Laje (5 mandatos de prefeito e 5 de vice) e prosseguindo com Dom Macedo Costa (4 e 3) e Muniz Ferreira (3 e 0).

Partidos, coligações e governabilidade

Vale salientar que, durante a era democrática, nada menos que 18 siglas diferentes estiveram representadas na prefeitura ou na vice-prefeitura das seis cidades e, sendo que as candidaturas aos cargos executivos foram, sobretudo a partir do novo milênio, expressão de uma ou mais coligações locais de partidos, nasceram alianças entre candidatos as quais, frequentemente, em nada refletiam os equilíbrios da política estadual ou federal. Formaram-se, assim, coalizões espúrias ou totalmente inéditas em outros âmbitos, como aquelas entre liberais (PL) e comunistas (PCdoB), como em Boquira, em 2004, ou entre PSDB e PT (no mesmo município, em 2008, e em Mutuípe, em 2004) ou ainda, entre PSDB, PT e PCdoB (Laje, 2008 e 2012), PCdoB e DEM (Boquira, 2016), PCdoB, PT e DEM (Dom Macedo Costa, 2016), DEM e PDT (Taperoá, 2000 e 2016). Isso certifica como a identificação ideológico-partidária de candidatos e eleitores, que já é bastante fluida no panorama federal,[6] perca quase todo seu significado quando é declinada na política local. Por outro lado, e da mesma maneira que ocorre no Congresso Nacional e nas assembleias estaduais, a presença de amplas coligações de apoio aos candidatos a cargos majoritários não foi, por si só, garantia de governabilidade. Aliás, se formos analisar a composição das câmaras municipais resultantes de todos os pleitos realizados entre 1988 e 2016, veríamos que somente em 17 casos de 48 (35,1%) a maioria absoluta dos edis empossados tinham respaldado o prefeito eleito durante a campanha eleitoral, além de outras 18 ocorrências (37,5%) nas quais o partido, coligação ou coligações vencedores detinham nada mais do que a maioria relativa dos assentos. Nesse tocante, as prefeituras com maior governabilidade foram as de Laje, entre os sufrágios de 1996 e os de 2012 (excluídos esses últimos), e Dom Macedo Costa, desde 2000 até 2016, com a formação de seis e cinco câmaras municipais com maioria absoluta em cada um dos municípios, respectivamente. Nas situações restantes (outras 13 ocorrências), a oposição elegeu a maioria dos vereadores, podendo impedir, em tese, a aprovação de qualquer medida de interesse dos prefeitos. Nesses casos, apenas o apelo aos interesses superiores da comunidade ou adesão à coligação do prefeito por parte dos seus antigos adversários – com todas as eventuais práticas escusas que o fisiologismo carrega consigo – poderiam garantir a governabilidade. Entende-se, portanto, como também a política municipal seja prejudicada pela perniciosa combinação – que distingue o Brasil entre as democracias ocidentais – de voto majoritário para os cargos executivos e voto proporcional (com a possibilidade de formar coligações) para os cargos legislativos. O fato de um prefeito recém-empossado não poder sempre dispor de uma maioria clara na Câmara Municipal e de ser obrigado a negociar o apoio dos vereadores – atendendo, muitas vezes, aos interesses destes antes que aos do eleitorado deles – resulta num verdadeiro absurdo se pensarmos que, das 36 eleições disputadas nos últimos vinte anos nas seis comunas, somente em 1996, em Taperoá, em 2012, em Boquira e em 2016, em Laje, o prefeito vencedor obteve menos de 50% dos votos, ou seja, não foi o escolhido pela maioria absoluta dos cidadãos. Resulta evidente que isso é a consequência de um sistema eleitoral que permite votar por um candidato a prefeito e, ao mesmo tempo, por um candidato a vereador de outra coligação, sem com isso prever nenhum prêmio, em termos de assentos na Câmara, para a coalizão vencedora da eleição majoritária. Há de se convir, por outro lado, que as eleições para os cargos executivos municipais foram bastante disputadas, com dois ou mais binômios no páreo, e que, desde 1996, tão somente em seis circunstâncias, metade das quais ocorreram em Taperoá, os candidatos vencedores ultrapassaram 60% das preferências.[7]

UM PERFIL DA ELITE POLÍTICA MUNICIPAL

Passamos agora às análises dos dados pessoais relativos às classes políticas dos seis municípios. A partir das informações disponíveis, verificamos, primeiramente, que as médias de idade de prefeitos e vice-prefeitos, por um lado, e dos vereadores, do outro, foi de 48,4 e 42,8 anos, respectivamente.[8] Tais médias seriam ainda mais baixas se considerássemos apenas a idade que eles tinham quando foram eleitos pela primeira vez, pois constatou-se que a taxa de renovação das câmaras municipais de todas as seis cidades foi de apenas 52,7%, isto é, quase a metade dos vereadores conseguiram se eleger, pelo menos, por dois mandatos consecutivos. Ademais, em todas as localidades pesquisadas, houve dois ou mais candidatos que ocuparam um mandato no Executivo municipal em, no mínimo, duas oportunidades, ao longo do período considerado. Em Boquira, Laje e Mutuípe encontramos, aliás, prefeitos eleitos três vezes (num total de oito pleitos municipais disputados), em Dom Macedo Costa houve um prefeito, mas também um vice-prefeito, trimandatários, e, em Taperoá, um candidato foi eleito uma vez vice e duas vezes prefeito.[9] Os prefeitos e vices da era democrática não são, porém – talvez com a única exceção do falecido Raimundo José de Almeida, que já fora prefeito de Laje outras duas vezes, durante a ditadura, e cuja família tem uma longa tradição de atuação pública na cidade – dominadores absolutos da política local, a exemplo dos antigos mandões e coronéis. Prova disso pode ser o fato de que, em 2016, nenhum dos prefeitos trimandatários ainda vivos que se candidataram à reeleição (Marco Túlio, de Boquira, Zé Fróes, de Dom Macedo Costa, e Carlinhos, de Mutuípe) tiveram sucesso nessa missão.

Junto com essas figuras principais, em cada um dos municípios há outros políticos que detiveram mais de uma vez um cargo executivo,[10] isso sem contar os vereadores de carreira, como definimos um grupo de 28 candidatos, distribuídos no conjunto das seis cidades, que foram escolhidos, no mínimo, por quatro vezes para ocupar uma cadeira na Câmara Municipal.[11] Dentre estes últimos se destacam Edivar Rodrigues dos Santos, de Boquira, Geraldo Jorge Souza Sales, de Dom Macedo Costa e Gilvan Sousa Santos, de Mutuípe, eleitos nada menos que por sete mandatos consecutivos, além de Rosival Lopes dos Santos, quem, após 24 anos na Câmara Municipal, tornou-se prefeito de Taperoá em 2016. Trata-se, porém, neste último caso, de uma ocorrência bastante inusitada para essa tipologia de políticos, pois, além de Rosival Lopes, somente Edimundo Xavier dos Santos (eleito vice-prefeito de Dom Macedo Costa em três oportunidades: 2000, 2004 e 2016) e Sinval Vieira de Sousa (vice-prefeito de Boquira em 2008) chegaram a ocupar um cargo no Executivo municipal; todos os outros prefeitos e vices que já foram edis alguma vez permaneceram na Câmara por três mandatos, no máximo, se é que passaram por ela. Os vereadores de carreira, ao contrário, são autênticos profissionais da política local: eleitos, pela primeira vez, ainda bastante jovens (33,4 anos de média), eles conservam um eleitorado cativo quando já têm, em média, 50,4 anos, ou seja – supondo que todos os que assumiram em 2016 vão terminar seus mandatos – transcorrem 17 anos na Câmara Municipal. Verificamos também que no mínimo 50% dos vereadores de carreira, em todas as comunas pesquisadas, residem fora da sede municipal – o que os torna líderes e porta-vozes naturais das instâncias dos respectivos distritos – e que, ademais, cerca de sete entre dez deles são nativos do município (com as notáveis exceções de Laje e Mutuípe, onde 66,6% são forasteiros). Aliás, a ligação com o território é uma constante também entre prefeitos e vices, 63% dos quais são oriundos das seis cidades e quase todos, com raríssimas exceções, aí residem. Uma outra característica comum aos políticos locais é que, igual aos seus colegas do cenário estadual e federal, trocam frequentemente de partido. Entre os prefeitos e vices plurimandatários, além dos "caciques" Marco Túlio (PMDB), Raimundo Almeida (PFL) e Carlinhos (PT), outros seis, Dê (de Dom Macedo Costa), Dr. Dilson (de Muniz Ferreira), Beu Rocha (de Mutuípe), Toinho do Banco (de Taperoá), Emiran (de Laje) e Joseni (de Boquira) venceram ambas as suas eleições como candidatos do mesmo partido, respectivamente: pelo PFL, os primeiros três, pelo PT, os dois sucessivos, e pelo PMDB, o último. Os outros nove,[12] isto é, um número idêntico, decidiram mudar de sigla entre uma eleição vitoriosa e outra. Os trimandatários Zé Fróes e Senhorzinho (de Dom Macedo Costa) foram eleitos por duas vezes pelo PFL e outra por uma agremiação diferente, respectivamente o PSD e o Solidariedade (SD). A infidelidade partidária foi ainda mais pronunciada entre os vereadores de carreira (82,1% da nossa amostra):[13] nisso poderia residir um dos segredos da sua longa sobrevida política, para além das mudanças, às vezes abruptas, ocorridas no Poder Executivo local e estadual.

Nomes, sobrenomes e apelidos

Com a introdução, a partir dos sufrágios municipais de 1996, do dispositivo conhecido como "urna eletrônica", em substituição das antigas cédulas, foi concedida aos candidatos a possibilidade de escolher um nome com o qual se apresentar aos eleitores. As razões dessa opção poderiam ter-se originado da constatação de que existem muitíssimos casos de homonímia entre a população, devido à repetitividade dos sobrenomes portugueses ou ao fato de que os próprios candidatos são mais conhecidos, entre os conterrâneos, pelo próprio apelido. Aliás, não se pode negar como, no Brasil, a identificação pelo sobrenome seja muito pouco comum e que esse possa ser ignorado até por quem mantém relações bastante estreitas com uma determinada pessoa. Tem-se o hábito, mesmo nas relações formais, de se tratar pelo primeiro nome, como já foi notado nas páginas magistrais de Sérgio Buarque de Hollanda – quando este se refere à natureza do brasileiro como "homem cordial" –, onde é fornecida a seguinte explicação:

> Seria talvez plausível relacionar tal fato à sugestão de que o uso do simples prenome importa em abolir psicologicamente as barreiras determinadas pelo fato de existirem famílias diferentes e independentes umas das outras. Corresponde à atitude natural aos grupos humanos que, aceitando de bom grado uma disciplina da simpatia, da "concórdia", repelem as do raciocínio abstrato ou que não tenham como fundamento, para empregar a terminologia de Tönnies, as comunidades de sangue, de lugar ou de espírito.[14]

Também no domínio da política, a abolição psicológica da distância entre candidato e eleitor pode, decerto, constituir uma explicação válida ou até uma escolha estratégica, em que as diferenças culturais e econômicas entre as partes são, ao contrário, muito acentuadas. De todas as maneiras, a necessidade de facilitar o reconhecimento do candidato é uma exigência prioritária, num ambiente no qual a grande maioria do eleitorado nem conhece os nomes dos partidos – que ele identifica através do número eleitoral atribuído pelo TSE e que consta, ao lado da fotografia do candidato, na urna eletrônica – como já foi assinalado na pesquisa sobre Laje. De fato, no que concerne os "nomes de urna" de prefeitos e vices eleitos a partir de 1996, temos somente uns 18,8% de ocorrências da combinação de nome e sobrenome, aos quais podem se somar outros 5,7% em que se encontram juntos o apelido e o sobrenome. O sobrenome foi utilizado, então, por menos de um quarto dos candidatos; bem mais popular foi o uso isolado do primeiro nome (28,9%) ou do apelido (27,5%). Outra particularidade encontrada nas denominações de prefeitos e vices foi a anteposição ou posposição, ao nome (13%) e ao apelido (5,7%), do título de estudo ou da qualificação profissional, um hábito bastante difuso entre os médicos candidatos.[15] Por outro lado, os vereadores de carreira identificaram-se nas urnas através de um apelido, acompanhado ou não pelo nome ou pelo sobrenome, em dois terços dos casos estudados. Isso poderia ser um indício de maior proximidade com a massa dos votantes ou da intenção difusa, entre esta segunda categoria de políticos locais, em acentuá-la deliberadamente, como verdadeiros "representantes do povo".

Sexo e parentesco

No elenco dos prefeitos e vices plurimandatários chama a atenção o fato de não aparecer nenhum político de sexo feminino. De fato, somente Mutuípe (em 1992) e Laje (em 2004) elegeram prefeitas, ambas pelo PFL; Taperoá (em 2012, pelo PT) e Muniz Ferreira (duas vezes, em 2012, pelo PP, e em 2016, pelo PSD) tiveram vice-prefeitas, enquanto, até hoje, nem Boquira nem Dom Macedo Costa escolheram mulher alguma para comandar o Executivo municipal. Das cinco prefeitas e vices, verificamos, também, que três eram familiares de outros políticos de sexo masculino e que quatro eram filiadas a partidos de direita ou centro-direita. O perfil dessas mulheres condiz, portanto, com as características apontadas por Ana Alice Alcântara Costa, na sua pesquisa sobre a representatividade política feminina no interior da Bahia, publicada em 1998:

> Essas [...] pertencem a famílias de políticos que tradicionalmente controlam o poder no município por séculos [sic], através de práticas clientelistas e de compadrio, ou pela distribuição e controle dos cargos públicos entre parentes e correligionários. Raras são aquelas mulheres que ocupam um lugar na Câmara Municipal ou na chefia da prefeitura como reconhecimento do seu labor partidário ou da sua atuação em um movimento social. A regra geral é ser "convidada" por um parente ou amigo.
>
> [...] o partido político desempenha um papel secundário, representando a mera satisfação de uma exigência legal. Esse contexto se fortalece pela própria dinâmica política brasileira, onde a prática partidária não está submetida a nenhuma disciplina ou concepção programática. [...] Na Bahia, são os grandes partidos e os mais conservadores os que elegem as mulheres.[16]

Mesmo recusando terminantemente a visão feminista da autora, pois é nossa opinião que qualquer pesquisa no campo da Ciência Política deveria ter um corte descritivo e não prescritivo, é um dado de fato que as mulheres são a categoria mais sub-representada na esfera pública, e não somente naquela municipal. Ao mesmo tempo, nas seis comunas pesquisadas, verificamos uma leve tendência ao aumento da presença feminina nas câmaras dos vereadores (v. Gráfico 1), numa variável independente, ao que tudo indica, da aplicação da Lei 9.504/97, que estabeleceu as cotas de gênero em todos os pleitos eleitorais.[17]

GRÁFICO 1

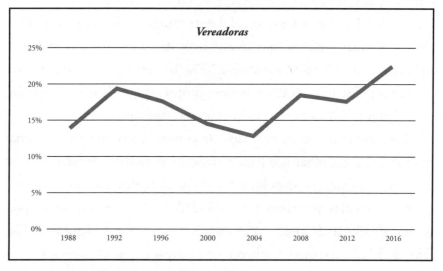

Fonte dos dados brutos: BRASIL. Tribunal Superior Eleitoral (TSE).

Assim, se nos cargos executivos as mulheres não passaram dos 5,3% da amostra, entre os edis alcançaram os 17,2%, (incluindo três vereadoras de carreira),[18] com um pique de 20,2% em Mutuípe e Taperoá, os dois municípios com o histórico mais de esquerda entre os seis. Uma marca característica das vereadoras foi a taxa mais elevada de fidelidade partidária em comparação com a dos seus colegas homens: 45% entre as edis plurimandatárias foram eleitas todas as vezes sob as insígnias de um mesmo grupo político. O que se pôde ainda constatar é que a grande maioria das vereadoras (nos 83,1% dos mandatos) era, sim, filiada a partidos de direita e centro, seguindo o perfil das mulheres políticas baianas desenhado por Costa, mas que, diferente do caso das prefeitas e vices, os laços de parentesco parecem ter influído muito menos na sua eleição. Há obviamente exceções, como Dom Macedo Costa, onde 4 vereadoras de 4 eram parentes de outros políticos, ou Muniz Ferreira, comuna na qual 5 das 7 mulheres eleitas entre 1988 e 2016 (compreendidas as duas vice-prefeitas) tiveram outros membros das suas famílias fazendo parte do Executivo municipal ou da Câmara de Vereadores. Em Laje e Mutuípe, porém, não foi encontrada nenhuma política (incluindo as duas prefeitas) que tivesse laços de parentesco com homens públicos locais. No total, somente 22,2% das vereadoras eram parentes de outros políticos ou ostentavam, no próprio nome de urna, a ligação com algum membro de sexo masculino da sua família.[19]

Para tentar encontrar um traço em comum à maioria das edis seria mais interessante olharmos para o dado profissional, considerando as observações, feitas na pesquisa sobre Boquira, acerca das "profissões de cuidado", aquelas que garantem visibilidade social e, ao mesmo tempo, no imaginário tradicional, estão associadas ao universo feminino. De fato, de 37 edis das quais conhecemos a ocupação, encontramos 35,1% provenientes da área da educação (9 professoras, 2 professoras aposentadas e 2 pedagogas) e 27% da área da saúde (1 médica, 1 enfermeira, 5 técnicas e 1 auxiliar de enfermagem, 1 assistente social e 1 servidora da Secretaria Municipal da Saúde). Muito mais raros são os casos de profissionais liberais (somente 3: 2 advogadas e a já citada médica, todas encontradas na Câmara Municipal de Taperoá) ou em outras "profissões de cuidado", mas com menor exposição social (1 dona de casa e 1 auxiliar de escritório). Portanto, tudo indica que a popularidade e o mérito profissional das candidatas vereadoras tiveram mais peso do que os laços de parentesco, especialmente quando suas atividades se desenvolviam em âmbitos que os votantes interioranos reconhecem e associam à atuação da mulher no espaço público.

Diga-se, por outro lado, que a promoção na carreira política por meio de laços de parentesco não representa, de maneira alguma, uma exclusividade feminina. Verificamos, pois, nas quatro comunas onde esse aspecto foi investigado, a existência de verdadeiras dinastias de políticos locais.[20] A maior concentração foi na cidade de Muniz Ferreira, na qual 11 famílias abrigaram, pelo menos, 2 ocupantes de um cargo no Executivo municipal ou de um assento na Câmara, com destaque para uma que teve um próprio membro eleito em todos os últimos sete pleitos: primeiro o pai (em 1992 e 1996), depois a mãe (2000 e 2004) e, por fim, o filho (2008, 2012 e 2016). A dinastia política mais numerosa e conhecida foi, porém, a família Almeida, da comuna de Laje, com cinco componentes, todos homens, eleitos entre 1988 e 2004. Para além das gerações de uma mesma família que se sucederam na representação da cidadania, não faltaram tampouco casos de parentes que ocuparam cargos simultaneamente. Temos assim primos ou cunhados ambos vereadores, prefeitos e vereadores que eram irmãos ou primos, vice-prefeitos e edis primos ou irmãos, ou ainda, respectivamente, tio e sobrinho, marido e mulher, pai e filho ou mãe e filho, durante a mesma legislatura. Nenhum dos casos citados se configura, todavia, como nepotismo, pois não se trata aqui de cargos de confiança obtidos através de nomeação, mas de mandatos eletivos, ocupados pela vontade popular, expressa livre e democraticamente. Haveria de se interrogar, no entanto, acerca dos motivos da persistência, até os dias de hoje, de tais dinastias políticas e tentar descobrir se isso se deve a alguma crença na hereditariedade dos dotes pessoais (inclusive da habilidade como político) – algo como nas lideranças tradicionais weberianas – ou ao suposto "familismo amoral" dos povos latinos,[21] ou ainda, quem sabe, a algum resíduo monarquista no inconsciente coletivo do eleitorado brasileiro. Para determinar isso seria, porém, necessário um estudo mais aprofundado sobre a mentalidade do eleitor e as suas motivações, o que ultrapassaria bastante os objetivos desta pesquisa. O que podemos excluir, com toda certeza, é que a sucessão de membros de uma mesma família nos cargos eletivos seja um fenômeno limitado à esfera local, pois é encontrado, com bastante frequência, também em órgãos estaduais e federais.

Raça ou cor da pele

Além das mulheres, constituem outra maioria politicamente sub-representada na política municipal, pelo menos se olharmos para o perfil étnico do estado da Bahia,[22] os indivíduos cuja cor da pele é parda ou preta, que na nossa amostra formam, respectivamente, 28,5% e 6,5% do total de prefeitos e vices e 36,8% e 17,6% dos vereadores. Para determinar a raça ou cor da pele dos políticos locais nos fundamentamos, todas as vezes que isso foi possível, nas suas declarações ao Tribunal Superior Eleitoral.[23] Nesse tocante, porém, os dados disponíveis remetem somente àqueles que participaram das eleições municipais de 2016, as primeiras nas quais os candidatos tiveram de responder a esse quesito; foram os nossos pesquisadores que completaram o quadro, a partir do próprio conhecimento pessoal dos sujeitos em questão, de depoimentos ou de fotografias. Essa classificação é, porém, bastante discutível e por motivos diversos do critério escolhido ou da notória miscigenação racial brasileira, que tange, obviamente, também os homens políticos. Se, de fato, é tarefa ingrata a de tentar determinar a raça ou a cor da pele de uma pessoa a partir de uma fotografia, também as autodeclarações dos candidatos (que tomamos ao pé da letra e utilizamos como critério prevalente, sempre que disponível) deixam espaço a dúvidas. Notamos, por exemplo, uma tendência geral, sobretudo entre os vereadores, a se declararem mais brancos do que aparecem em foto – talvez como reflexo de um "racismo estético" ainda muito difuso, infelizmente, no Brasil –, mas com a exceção de alguns políticos brancos de esquerda que, ao contrário, se apresentaram como negros ou pardos, em obséquio ao programa antirracista dos seus partidos ou, quem sabe, a uma certa demagogia para com o eleitorado.

Feitas essas premissas, chama a atenção a diferença de quase vinte pontos percentuais entre prefeitos e vices (64,8%) e vereadores (45,4%) de pele branca. Isso poderia levar à conclusão de que subsistem, por um lado, antigos preconceitos racistas na designação dos líderes municipais e como, do outro, os edis representam melhor o conjunto da população também do ponto de vista da cor da pele. Isso, todavia, nem sempre corresponde à verdade. Posto que todas as seis cidades pesquisadas tiveram, pelo menos, um prefeito não branco, diante de comunas como Muniz Ferreira e Dom Macedo Costa, que elegeram uma porcentagem de vereadores brancos superior aos 60%, temos outras duas em que a composição étnica da Câmara Municipal reflete muito mais fielmente a da população em geral. De acordo com o censo de 2010,[24] Boquira tinha 31,7% de habitantes que se declararam brancos, 62,5% pardos e 4,5% negros, e, segundo nossas pesquisas, os vereadores eleitos entre 1988 e 2016 foram por exatos 31,7% brancos, por 56% pardos (maior percentual entre os seis municípios) e por 12,1% negros. Em Mutuípe, as porcentagens chegaram, respectivamente, aos 18,1%, 56,2% e 24,4% quanto à população em geral, e aos 13,4%, 52,2% e 34,3%, no que concerne os vereadores. Neste último município, o qual tem um histórico mais de esquerda que os outros, os percentuais de edis negros e brancos foram, respectivamente, o maior e o menor das seis cidades estudadas e os primeiros se encontram sobrerrepresentados, com respeito ao total populacional, em quase dez pontos percentuais. Entre os vereadores de carreira, no conjunto das seis comunas, as porcentagens de brancos, pardos e negros resultaram, respectivamente, de 32,1%, 50% e 17.8%, com razoável aproximação (+1%) no que diz respeito a essa última categoria e uma discrepância proporcional de cerca de nove pontos percentuais, respectivamente para mais e para menos, das primeiras duas, se comparadas com a população total do estado. Por fim, queremos aqui reiterar como, em nossa opinião, essa classificação fundamentada na raça seja matéria delicada e suscetível de infinitas discussões. Pensemos apenas na categoria "indígena", num país onde, apesar de boa parte da população (e não somente daquela que se autodefine parda) ter incontestavelmente algum grau de ascendência ameríndia, a figura do índio é ainda hoje associada mais com um estilo de vida – oposto àquele da civilização urbana – que com o pertencimento ou a derivação de uma particular etnia. Não deve, portanto, surpreender como nenhum dos políticos estudados tenha declarado ser indígena, já que em todo o Brasil, assim como em outros países latino-americanos, a negação das origens ameríndias é uma corrente que, temperada no preconceito, se arrasta há mais de cinco séculos.

Religião

A última minoria política da qual vamos tratar é a dos cristãos protestantes, cerca de dois milhões e meio de pessoas em todo o estado (17,4% dos habitantes), segundo o censo de 2010.[25] Nos municípios pesquisados, o percentual de evangélicos oscila entre os 6,9% de Boquira e os 18,3% de Laje, o único dos seis municípios no qual este ultrapassa a média estadual. No que tange, porém, a representatividade política, observamos situações bastante discrepantes. Os protestantes foram, com certeza, sub-representados nos cargos executivos (6,7% da amostra), pois apenas Laje e Muniz Ferreira (um prefeito e um vice em cada cidade) e Dom Macedo Costa (um vice-prefeito) elegeram candidatos evangélicos entre 1988 e 2016.[26] No que se refere, então, à composição das câmaras municipais, vai-se dos extremos de Boquira, que nunca abrigou um vereador sequer que não fosse católico, ou de

Dom Macedo Costa (2,8% da amostra, numa comunidade onde os evangélicos somam 14,1% dos habitantes), até Taperoá (17,5%) e Laje (21,3%), nas quais os protestantes foram, ao contrário, sobrerrepresentados com respeito à sua incidência no total da população (12,2% e 18,3% respectivamente). Ademais, no conjunto dos municípios pesquisados e ao longo de todo o período considerado, não foi possível observar uma direção clara na curva do percentual de vereadores evangélicos com respeito ao total, principalmente porque não dispomos de dados acerca das eleições de 2016 quantitativamente côngruos com aqueles referentes aos pleitos precedentes (v. Gráfico 2).[27]

GRÁFICO 2

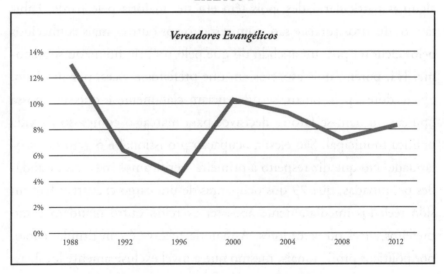

Fonte dos dados brutos: BRASIL. Tribunal Superior Eleitoral (TSE).

A afirmação, contida na pesquisa sobre Taperoá, acerca de uma crescente participação dos cristãos protestantes na política local – que de fato foi constatada nessa cidade, ao menos até os últimos pleitos – precisaria ser verificada em outros municípios, pois aqueles que foram analisados só oferecem dados contraditórios. Ao contrário, a evidência de que todos os vereadores de carreira são católicos sugere que aquela que é a maioria religiosa nas seis comunas permanece hegemônica também no âmbito político.

Profissão e escolaridade

Se quisermos traçar, a partir dos dados fornecidos até agora, um perfil médio de prefeitos, vice-prefeitos e vereadores, poderíamos apontar para um grupo de homens brancos, de religião católica, de idade superior aos 40 anos, naturais da comuna onde foram eleitos e residentes na sede municipal. Dentre os edis, os vereadores de carreira guardam algumas particularidades, pois têm em sua maioria pele parda, habitam os distritos rurais e são, com respeito aos outros, mais conhecidos pelos eleitores por um apelido do que pelo próprio nome ou sobrenome. Há, porém, dois aspectos em que prefeitos e vices, por um lado, e vereadores, pelo outro, se diferenciam claramente e que, em nossa opinião, tornam-se fatores decisivos para marcar o compasso da vida política municipal. São eles: a ocupação profissional e o grau de escolaridade. No que diz respeito à primeira, verificamos, nas seis localidades pesquisadas, que 29 dos ocupantes de um cargo executivo haviam sido reeleitos imediatamente após ter exercido outro mandato como prefeitos, vices ou vereadores. A maioria relativa é constituída, então, por políticos profissionais, mesmo que a nível exclusivamente local, assim como o são os vereadores de carreira. Atinando para a ocupação profissional dos prefeitos e vices, antes de serem eleitos pela primeira vez, encontramos 17 comerciantes, 10 trabalhadores ligados ao campo (entre agrônomos, agricultores e fazendeiros e pecuaristas), 8 à área da saúde (médicos, enfermeiros, dentistas e veterinários), 7 à função pública (servidores públicos, tabeliões e professores) e 5 ao setor da economia (bancários e contadores). Entre os vereadores de carreira a maioria relativa também pertence aos comerciantes (10), seguidos por 9 ocupados no setor primário (entre agricultores, pecuaristas e técnicos em agronomia), 2 motoristas, 2 servidores públicos municipais, 1 aposentado, 1 professora e 1 engenheiro. Considerando que todas as pesquisas foram conduzidas em municípios do interior, não deve surpreender a presença maciça, em ambos os grupos, de especialistas no setor agropecuário, mas é patente, por outro lado, a diferença na quantidade de profissionais liberais, com apenas um engenheiro formado entre os vereadores de carreira. Esse dado remete ao âmago da questão, que é o desequilíbrio entre o nível de instrução formal de quem governa os municípios e daqueles cuja missão é, entre outras coisas, fiscalizar essas administrações. Obviamente foram encontrados, também entre prefeitos e vices, indivíduos que cursaram apenas o ensino fundamental (11,9%) ou que nem chegaram a completá-lo (21,9%), mas a regra, nesse grupo, é possuir o nível médio (28,4%) ou até superior (37,3%) de instrução.[28] Trinta e oito é, ao contrário, a porcentagem de edis que não terminaram o ensino fundamental, praticamente a mesma daqueles com nível médio completo (38,2%), enquanto os graduados resultaram ser apenas 3,5% entre os vereadores de carreira e 6,1% no total. Ora, não vamos cometer aqui o erro crasso de confundir ignorância com falta de inteligência ou, pior, de menosprezar a experiência de vida dos sujeitos em questão, atribuindo valor unicamente à instrução formal. É evidente que, porém, quando se trata de votar o orçamento municipal, abrir um concurso público, lançar uma licitação, participar de um edital estadual ou federal ou até levantar dados para um diagnóstico sobre as necessidades particulares de cada comuna, um baixo grau de escolaridade pode se tornar um grave empecilho. Ademais, se pensarmos somente na quantidade de processos pelos quais os prefeitos respondem, a cada ano, diante dos Tribunais de Contas do Estado, por desvio de verbas, violação da lei de responsabilidade fiscal e outras improbidades administrativas ou, ainda, aos recursos que se perdem por carências na gestão, não devemos automaticamente cogitar que os mesmos gestores, ou as câmaras municipais, estejam de má-fé e mancomunados com quem prejudica os interesses locais. É verdade, como já vimos, que o fisiologismo político não poupa nem os pequenos municípios, impelindo os edis sob a asa protetora dos prefeitos, quando não os transforma em elementos de instabilidade, que decidem, a cada vez e por interesse próprio, se é mais ou menos conveniente apoiar os projetos que lhes são apresentados. Todavia, por razões que podemos atribuir à diferença cultural, há também um receio ou uma incapacidade, por parte dos vereadores, em exercer um controle eficaz sobre o aparato executivo, seja político ou burocrático. Os prefeitos, por sua vez, quando não se trata de pessoas capacitadas, são levados a confiar no discernimento de especialistas, ou supostos tais, nomeados para tomar posse das várias secretarias municipais, os quais, frequentemente, não são nem mesmo originários da comuna onde exercem seu cargo político.

    As múltiplas falhas na administração local, endossadas por aqueles que deveriam representar a cidadania, parecem dar razão a quem, desde tempos remotos, tenta cercear sua autonomia, minguando-lhe os recursos, impondo-lhe tutelas de vários tipos e reduzindo os prefeitos a mendigar benefícios, em prol da sua comunidade, nas antessalas do governador ou de algum deputado. Sabemos que existem a Associação Brasileira de Municípios, a Confederação Nacional de Municípios ou, para limitar-nos ao âmbito estadual, a União Baiana de Municípios, para lhes fornecerem auxílio, inclusive sob forma de assessoria jurídica. Fazem-no, todavia, somente quando solicitadas pelos municípios e sem manter representantes próprios no território, senão na pessoa dos mesmos prefeitos que compõem as diretorias dessas organizações, cuja função principal, no final das contas, é exercer *lobbying* em prol das comunas, reforçando seu poder de contratação na partilha do orçamento nacional. Uma alternativa a tal situação poderia surgir se a constituição brasileira previsse, como acontece em vários países da Europa continental, uma figura nomeada pela União ou pelos estados para residir em cada comuna, onde exerceria funções de assessoria e controle sobre a administração local. Esse secretário ou chanceler municipal deveria ser um especialista em direito administrativo – compensando, de tal maneira, a carência na preparação específica de prefeitos, vices e vereadores – escolhido por concurso – e, portanto, independente das pressões políticas locais –, o qual exerceria um controle preventivo sobre todas as leis e regramentos municipais – desonerando, assim, os tribunais prepostos ao controle corretivo sobre os mesmos – e uma espécie de função pedagógica continuada sobre os próprios administradores. Resta a saber, caso essa figura venha um dia a ser instituída, se haveria um número suficiente de "doutores" dispostos a residir anos a fio em remotas localidades do interior, mesmo que devidamente remunerados. Então, para resolver o problema nas condições atuais, não há outro caminho a seguir além do investimento na qualificação dos administradores municipais. Posto que a educação é o maior desafio do Brasil para com as próximas gerações, seu sucesso ou insucesso vai refletir necessariamente na formação das futuras classes políticas, sobretudo daquelas locais, que são as que se encontram mais próximas da população e podem defender melhor os seus interesses.

NOTAS

[1] ORGANIZAÇÃO DAS NAÇÕES UNIDAS. Programa das Nações Unidas para o Desenvolvimento (PNUD). *Ranking IDH Municípios 2010*. Disponível em: <http://www.br.undp.org/content/brazil/pt/home/idh0/rankings/idhm-municipios-2010.html>. Acesso em: 31 mar. 2019 e BRASIL. Ministério da Saúde. *Portal da Saúde* (DATASUS). Disponível em: <http://tabnet.datasus.gov.br/cgi/deftohtm.exe?ibge/censo/cnv/alfbr.def>. Acesso em: 31 mar. 2019.
[2] Como o PTB, segundo classificado em 1996 e 2000, com 86 e 74 prefeitos, respectivamente; o PL, terceiro classificado em 1996 e 2000, com 64 e 71 eleitos, respectivamente, e segundo em 2004, com 66, além do Partido Progressista (PP, antigo PPB), terceiro em 2004, com 56 prefeitos.

³ Precedido pelo então aliado PMDB, que nessa oportunidade conquistara 115 municípios.
⁴ Atrás dos aliados PSD, com 82, e PP com 56, além do oposicionista PMDB, com 48 prefeituras. Todos os dados são de BRASIL. Tribunal Superior Eleitoral (TSE). *Eleições anteriores*. Disponível em: <http://www.tse.jus.br/eleitor-e-eleicoes/eleicoes/eleicoes-anteriores/eleicoes-2016/eleicoes-2016>. Acesso em: 30 dez. 2017.
⁵ Coligação de centro-esquerda, composta por PMDB, PSC, PDT, PCB e PCdoB.
⁶ BENEDINI, Giuseppe Federico. I Partiti Gassosi: aspetti storici, alleanze elettorali e dinamiche parlamentari dei partiti politici brasiliani (1985-2016). *Mondo Contemporaneo*. Roma, n. 1-2018, p. 139-169.
⁷ Em 1996, em Mutuípe, o candidato a prefeito Gilberto dos Santos Rocha (PFL) e o seu vice, Mário Cháves Rocha, venceram com 65,7% dos votos. Em 2008, em Laje, Luiz Hamilton de Couto Júnior (candidato prefeito do PMDB) e José Emiran Carvalho Feitosa (candidato vice do PT) obtiveram 62,5% dos sufrágios. Em 2016, em Boquira, Luciano de Oliveira e Silva (PSB) e Danilo Vasconcelos Oliveira Santos (PP) ganharam com 62,9% dos votos. Nas últimas três eleições municipais de Taperoá, todos os binômios vencedores obtiveram porcentagens muito expressivas: em 2008, Antônio Fernando Brito Pinto (PT) e Norival Vieira da Silva (PMN) chegaram a 66,5%; em 2012, o mesmo candidato a prefeito e a sua vice, Teresinha da Conceição Souza Reis, ambos do PT, fixaram um marco histórico em 71,8%; por fim, em 2016, Rosival Lopes dos Santos (DEM) e Ticiano Lisboa Mattos (PDT) venceram com 61,3% dos votos.
⁸ Edvaldo Oliveira Souza, que já fora eleito vice-prefeito de Dom Macedo Costa em 2008, nos 90 anos, em janeiro de 2012 tomou posse como prefeito da cidade, em consequência da morte de Deraldo Barreto Piton, que exercia o mandato até esse momento. Com isso ele, que "já foi apontado pelo Tribunal Superior Eleitoral (TSE) como o vereador mais velho do Brasil em 2004, aos 86 anos", se tornou o decano entre os prefeitos de todo o país. Cf.: *Blog do Valente*, 10/3/2017. Morre, aos 99 anos, o ex-prefeito de Dom Macedo Costa, Edvaldo Oliveira Souza. Disponível em: <http://blogdovalente.com.br/destaque/2017/03/morre-aos-99-anos-o-ex-prefeito-de-dom-macedo-costa-edvaldo-oliveira-souza/>. Acesso em: 19 mar. 2018.
⁹ Trata-se, respectivamente, de Marco Túlio Vilasbôas (nome na urna: "Marco Túlio" ou "Dr. Marco", prefeito de Boquira em 2000, 2004 e 2012, sempre pelo PMDB), Raimundo José de Almeida ("Mundinho" ou "Raimundo Almeida", prefeito de Laje em 1988, 1996 e 2000, pelo PFL), Luís Carlos Cardoso da Silva ("Carlinhos" ou "Carlinhos do PT", prefeito de Mutuípe em 2000, 2004 e 2012), José dos Santos Fróes ("Zé Fróes", prefeito de Dom Macedo Costa em 2000 e 2004 pelo PFL e em 2012 pelo PSD), Edimundo Xavier dos Santos Filho ("Senhorzinho", vice-prefeito da mesma cidade em 2000 e 2004 pelo PFL e em 2016, pelo Solidariedade, SD) e Paulo Roberto Saldanha Viana ("Paulo Viana", de Taperoá, vice-prefeito em 1992 e prefeito em 1996, pelo PMDB, reeleito ao máximo cargo municipal em 2000, desta vez pelo PFL).
¹⁰ Em Boquira, Edmilson Rocha de Oliveira (nome na urna: "Edmilson") foi eleito prefeito em 1992, pelo PDC, e novamente em 2008, pelo PR, enquanto Joseni Alves de Menezes foi vice de Marco Túlio em 2000 e 2004, pelo PMDB). Na cidade de Dom Macedo Costa, Deraldo Barreto Piton ("Dê") foi prefeito em 1992, pelo PMB, e em 2008, pelo DEM; Joel Barreto Moreira ("Joel Moreira") foi vice em 1988, também pelo PMB, e em 1996 pelo PPB. Em Laje, José Emiran Carvalho Feitos ("Emiran") foi vice-prefeito e depois prefeito, sempre pelo PT, em 2008 e 2012, respectivamente. O município de Muniz Ferreira, o único dos seis sem prefeitos ou vices com três mandatos, teve, porém, quatro bimandatários: Dilson Carlos Barreto Souza ("Dr. Dilson"), prefeito em 1988 e 1996, pelo PFL; Antônio Gerson Quadros de Andrade ("Gerson"), prefeito em 2000, pelo PMDB, e reeleito em 2004, desta vez pelo PL; Antônio Humberto Souza Prazeres ("Humberto"), prefeito em 1992, pelo PFL e vice de Gerson em 2004, pelo Partido Trabalhista do Brasil (PTdoB); Wellington Sena Vieira ("Wellington"), vice de Humberto em 1992 e prefeito em 2016, pelo PSD. Em Mutuípe, Gilberto dos Santos Rocha ("Beu Rocha") foi duas vezes prefeito pelo PFL: em 1988 e 1996. Enfim, em Taperoá, Ito Guimarães Meireles ("Dr. Ito") foi prefeito em 1988, pelo PTB, e em 2004, pelo PRP, Antônio Fernando Brito Pinto ("Toinho do Banco") foi prefeito em 2008 e 2012, sempre pelo PT, enquanto Everardo Lima Ramos ("Dr. Everardo", em 1996 pelo Partido Popular Socialista, PPS, e em 2000 pelo Partido Democrático Trabalhista, PDT) e Norival Vieira da Silva ("Norival", "Nô", em 2004, pelo PP e em 2008, pelo Partido da Mobilização Nacional, PMN) foram, cada um, vice-prefeito por dois mandatos.

[11] São eles: Edivar Rodrigues dos Santos (apelidado de "Divá", eleito vereador por 7 mandatos, de 1988 a 2012), Josinélio Lima Soares ("Lelho", 6 mandatos, de 1992 a 2012), Márcio Vasconcelos Oliveira (6 mandatos, de 1992 a 2012), José Agustinho de Souza ("Zezão do Bar Mercado", 5 mandatos, de 1996 a 2016), Sinval Vieira de Sousa (4 mandatos entre 1996 e 2016 e que foi também eleito vice-prefeito em 2008), José Milton Gonçalves ("Tom de Vicente", 4 mandatos, de 2004 a 2016), Mário Cezar Nunes (4 mandatos, de 1988 a 2000) e Nilson Alves da Conceição ("Nilson Galego", 4 mandatos, de 2000 a 2012), por Boquira; Geraldo Jorge Souza Sales ("Bahia", 7 mandatos, de 1992 a 2016), Edimundo Xavier Santos Filho ("Senhorzinho", 4 mandatos de vereador entre 1988 e 2012 e que foi eleito vice-prefeito em 2000, 2004 e 2016), Antônia de Souza Lemos ("Toinha de Hugo", 4 mandatos de 2004 a 2016), Elízio Justiniano de Jesus (4 mandatos entre 1988 e 2004), Gilsé Souza Brito (4 mandatos, de 2000 a 2012) e José Humberto de Souza Barretto ("Zeca Barretto", 4 mandatos, de 1988 a 2000), por Dom Macedo Costa; Everaldo Barreto dos Santos ("Vel", 4 mandatos, de 1996 a 2004), Salvador Rodrigues dos Santos ("Sal", 4 mandatos, de 1992 a 2004) e Sandoval Pereira de Almeida ("Val", 4 mandatos, de 2000 a 2012), por Laje; Ivonice Figueiredo dos Santos Prazeres ("Ivone", 6 mandatos, de 1996 a 2016), Joselito Conceição de Jesus ("Zelito do Onha", 6 mandatos entre 1988 e 2012), Natan Ferreira Brito (6 mandatos, de 1988 a 2008) e Adilson de Santana Pinto (5 mandatos entre 1996 e 2016), por Muniz Ferreira; Gilvan Sousa Santos ("Gil", 7 mandatos, de 1992 a 2016), Edvaldo Santos ("Didi Mocó", 5 mandatos entre 1992 e 2016), Osvaldo Andrade do Nascimento ("Osvaldo", 4 mandatos, de 1988 a 2000), Lenildo Alves dos Santos ("Gazo", 4 mandatos, de 1996 a 2008), Jesulino Santos Júnior ("Júnior Cardoso", 4 mandatos entre 2000 e 2016) e Márcia Cristina Farias dos Santos ("Marcinha", 4 mandatos de 2000 a 2012), por Mutuípe; Rosival Lopes dos Santos ("Rô", 6 mandatos, de 1992 a 2012, eleito prefeito em 2016), por Taperoá.

[12] Não dispomos da informação acerca do partido pelo qual se apresentou Wellington, vice-prefeito de Muniz Ferreira eleito em 1992.

[13] As únicas exceções, ou seja, os vereadores de carreira monopartidários, são representadas por um edil de Mutuípe, Osvaldo (PFL), por um vereador de Laje, Sal (PDT), e por três da cidade de Boquira: Zezão (PMDB), Mário Cezar Nunes (PFL) e Nilson Galego (PFL).

[14] HOLLANDA, Sérgio Buarque de. *Raízes do Brasil*. [1ª ed.: 1936]. São Paulo: Companhia das Letras, 2005, p. 148.

[15] Temos assim: Dr. Marco e Luciano da Farmácia em Boquira; Guito da Saúde em Dom Macedo Costa; Dr. Luiz em Laje; Dr. Dilson e Clóvis do Cartório em Muniz Ferreira; Dr. Celso em Mutuípe; Dr. Everaldo, Dr. Ito, Toinho do Banco e Teresa da Educação em Taperoá.

[16] COSTA. Op. cit., p. 228-229.

[17] De fato, foi observado que a representação feminina, que começara a decair já em 1996, diminui abruptamente nos dois pleitos sucessivos à promulgação da lei de cotas (2000 e 2004), para depois se recuperar a partir das eleições de 2008.

[18] Em Dom Macedo Costa: Antônia de Souza Lemos (apelidada de "Toinha de Hugo", por 4 mandatos, de 2004 a 2016). Em Mutuípe: Ivonice Figueiredo Santos Prazeres ("Ivone", 6 mandatos, de 1996 a 2016). Em Mutuípe: Márcia Cristina Farias dos Santos ("Marcinha", 4 mandatos, de 2000 a 2012). Ilma Maria Barreto foi por três vezes vereadora de Laje, de 1992 a 2000, antes de ser eleita prefeita por um único mandato, em 2004.

[19] Temos assim, em Boquira: Sandra Silva Santana, "Sandra de Nivaldo", agricultora, eleita em 2016 pelo PSB. Em Dom Macedo Costa: Antônia de Souza Lemos, "Toinha de Hugo", comerciante, eleita em 2004 pelo PFL, em 2008 pelo DEM, em 2012 e 2016 pelo PSD e Catiane Conceição dos Santos Silva, "Cate de Campeiro", agente administrativa, eleita em 2016 pelo PSD. Em Muniz Ferreira: Maria das Graças de Jesus Santos, "Maria de Memeu", servidora pública estadual, eleita em 2000 pelo PMDB e em 2004 pelo PL, esposa do ex-edil Bartolomeu Alves dos Santos e mãe do atual vereador Bartolomeu Alves dos Santos Júnior. Em Taperoá: Mirian dos Santos, "Mirian de Setúbal", agricultora, eleita em 2008 pelo PRP. As outras vereadoras com laços de parentesco com políticos locais de sexo masculino foram, em Boquira: Maria Rosa da Conceição, "Maria Rosa", professora, eleita em 2008 pelo PCdoB, esposa do ex-vice-prefeito e atual vereador Sinval Vieira de Sousa. Em Dom Macedo Costa: Cristiane Souza Santos, "Tiane", eleita em 2000 pelo PPB, prima do ex-vereador Antônio Carlos de Souza Santos e Lucilene Piton Silva Santos, "Professora Lene", eleita em 2016 pelo SD, sobrinha do ex-prefeito Deraldo Barreto

Piton, esposa do atual vice-prefeito Edimundo Xavier Santos Filho e mãe do ex-vereador, Diego Piton Santos. Em Muniz Ferreira: Ivonice Figueiredo Santos Prazeres, "Ivone", professora, eleita em 1988 pelo PTB; em 1992, 1996, 2000 e 2004 pelo PFL e em 2008 PMDB, esposa do ex-vice-prefeito Jorge Coelho Prazeres e cunhada do ex-vereador Haroldo Coelho Prazeres e Ana Cristina Cardoso Santos Penine, "Ana Penine", professora, eleita em 2008 pelo PRP, esposa do ex-prefeito Clóvis dos Santos Penine. Nesta cidade, as últimas duas vice-prefeitas eleitas são parentes de outros políticos: Jamile Perez de Andrade, "Jamile", comerciante, eleita em 2012, é esposa do ex-prefeito Antônio Gerson Quadros de Andrade e Almerinda Menezes Lírio, "Minde", aposentada, eleita em 2016 pelo PSD, é mãe do atual vereador Alan Menezes Lírio.

[20] A pesquisa sobre os laços de parentesco entre políticos foi realizada apenas em Boquira, Dom Macedo Costa, Laje e Muniz Ferreira. Seguem os resultados, nos quais cada família de políticos é indicada com um número progressivo. Em Boquira: 1) Almir Bastos Cardoso, vereador (1988, 1996, 2000) – Almir Leonardo Alves Cardoso (filho), vice-prefeito (2012). 2) Sinval Vieira de Sousa, vereador (1996, 2000, 2004, 2016); vice-prefeito (2008) – Maria Rosa da Conceição (esposa), vereadora (2008). 3) Edivar Rodrigues dos Santos, vereador (1988, 1992, 1996, 2000, 2004, 2008, 2012) – Antônio Almeida dos Santos (filho), vereador (2016). Em Dom Macedo Costa: 1) José Alfredo de Souza, vereador (1988, 1992, 1996) – Renato de Souza Lemos (filho), vereador (2008). 2) João Barboza Vilas Boas, vereador (1988, 1992, 2000) – Jocélio Figueiredo Vilas Boas (filho), vereador (2004, 2012). 3) José Arnaldo de Souza Lemos, vice-prefeito (1992) – Joel Barreto Moreira (cunhado), vice-prefeito (1988, 1996); vereador (2004) – Antônia de Souza Lemos (prima), vereadora (2004, 2008, 2012, 2016) – Egnaldo Piton Moura (primo), vereador (2008); prefeito (2016). 4) Edvaldo Oliveira Souza, vereador (1992, 2000, 2004); vice-prefeito (2008) – Noel da Paz Figueira (sobrinho), vereador (2000). 5) Deraldo Barreto Piton, prefeito (1992, 2008) – Edimundo Xavier Santos Filho (marido da sobrinha), vereador (1988, 1992, 2008, 2012); vice-prefeito (2000, 2004, 2016) – Lucilene Piton Silva Santos (sobrinha), vereadora (2016) – Diego Piton Santos (sobrinho-neto), vereador (2004). 6) Mário Souza Brito, vereador (1996) – Gilsé Souza Brito (irmão), vereador (2000, 2004, 2008, 2012). 7) Cristiane Souza Santos, vereadora (2000) – Antônio Carlos de Souza Santos (primo), vereador (2008). Em Laje: 1) Raimundo José Dd Almeida, prefeito (1988, 1996, 2000) – Ranulfo José de Almeida (irmão), vereador (1988, 1992, 1996) – Antônio Rosa de Almeida (primo), vice-prefeito (1992) – Márcio Almeida de Almeida (primo), vice-prefeito (2004) – Antônio Ruy Rocha de Almeida (sobrinho), vereador (2004). 2) Ilma Maria Barreto, vereadora (1992, 1996, 2000); prefeita (2004) – George Santana Leão (filho), vereador (2012); vice-prefeito (2016). Em Muniz Ferreira: *Dalmácio Brito de Souza, ex-prefeito* – Dilson Carlos Barreto Souza (filho), prefeito (1988, 1996) – 1) Antônio Humberto Souza Prazeres (sobrinho), vereador (1988); prefeito (1992); vice-prefeito (2004) – Rogério Mascarenhas Prazeres (sobrinho-neto), vereador (2012). 2) *Zeca Brito, ex-prefeito* – Natan Ferreira Brito (filho), vereador (1988, 1992, 1996, 2000, 2004, 2008). 3) Wellington Sena Vieira, vereador (1988); vice-prefeito (1992); prefeito (2016) – Wilton Sena Vieira (irmão), vereador (1992, 1996, 2000). 4) *Valfrido José Ramos Lima, ex-prefeito* – Valdeci Conceição Almeida (genro), vereador (1992, 1996); vice-prefeito (2000). 5) Jorge Coelho Prazeres, vereador (1992); vice-prefeito (1996) – Ivonice Figueiredo Santos Prazeres (esposa), vereadora (1996, 2000, 2004, 2008, 2012, 2016) – Haroldo Coelho Prazeres (irmão), vereador (2008). 6) *Bartolomeu Alves dos Santos, ex-vereador* – Maria das Graças de Jesus Santos (esposa), vereadora (2000, 2004) – Bartolomeu Alves dos Santos Júnior (filho), vereador (2008, 2012, 2016). 7) *Albino da Silva Penine, ex-vice-prefeito* – Clóvis dos Santos Penine (filho), vereador (2004); prefeito (2012) – Ana Cristina Cardoso Santos Penine (nora), vereadora (2008). 8) *Salvador Ribeiro da Silva Filho, ex-vereador* – Josiel de Santana da Silva (filho), vereador (2004, 2008). 9) *João Amâncio dos Santos, ex-vereador* – Olavo de Souza Barreto Neto, vereador (2004); vice-prefeito (2008). 10) Antônio Gerson Quadros de Andrade, prefeito (2000, 2004) – Jamile Perez de Andrade, vice-prefeita (2012). 11) Almerinda Menezes Lírio, vice-prefeita (2016) – Alan Menezes Lírio, vereador (2016). [Em *itálico* os políticos eleitos em épocas anteriores a 1988].

[21] BANFIELD, Edward C. *Le basi morali di una società arretrata*. Bologna: Il Mulino, 1976.

[22] Segundo os dados coletados durante o último censo, em 2009 a população baiana era composta por 23% de indivíduos com pele branca (menor porcentagem em nível nacional) e por 16,8% de sujeitos com pele preta (maior porcentagem em todo o Brasil), enquanto a maioria dos entrevistados se declarou

parda (59,8% do total) e somente 0,3% amarela ou indígena. BRASIL. Instituto Brasileiro de Geografia e Estatística (IBGE). *Síntese de Indicadores Sociais*. Uma análise das condições de vida da população brasileira 2009. Rio de Janeiro: IBGE, 2009, p. 188. Disponível em: <https://biblioteca.ibge.gov.br/visualizacao/livros/liv42820.pdf>. Acesso em: 30 dez. 2017.

[23] Cf.: *Gazeta do Povo*, [s.d.], Curitiba. Eleições 2016. Guia dos candidatos. Disponível em: http://www.gazetadopovo.com.br/vida-publica/eleicoes/2016/guia-candidatos/bahia/. Acesso em: 30 dez. 2017.

[24] INSTITUTO BRASILEIRO DE GEOGRAFIA E ESTATÍSTICA (IBGE). *Censo Demográfico 2010*. População residente, por cor ou raça, segundo a situação do domicílio, o sexo e a idade. Disponível em: <https://sidra.ibge.gov.br/tabela/3175>. Acesso em: 8 abr. 2018.

[25] BRASIL. Instituto Brasileiro de Geografia e Estatística (IBGE). *O Brasil em síntese*. Op. cit. Acesso em: 4 nov. 2018.

[26] Respectivamente: Enedino Costa dos Santos (PSDB, eleito vice-prefeito em 2012) e Kledson Duarte Mota (PSB, prefeito em 2016), por Laje; Antônio Humberto Souza Prazeres (prefeito em 1992, pelo PFL e vice em 2004 pelo PTdoB), por Muniz Ferreira; Bartolomeu dos Santos Filho (PSD, vice-prefeito em 2012), por Dom Macedo Costa. Não dispomos de nenhum dado acerca da religião dos políticos de Mutuípe.

[27] São 32 vereadores de 51 (62,7%) em 2016, no conjunto de cinco municípios, quando a amostragem referente aos pleitos precedentes é sempre superior a 90% do total.

[28] Dom Macedo Costa (73,3% de ensino fundamental incompleto) e Boquira (56,2% de ensino superior completo) se acham nos dois extremos da classificação dos prefeitos e vices por nível de instrução. Não foi verificada, por outro lado, uma correlação positiva entre esses dados e a taxa de analfabetismo da população dos dois municípios, já que na primeira localidade esta é de 25,1% enquanto na segunda consta 30%. BRASIL. Ministério da Saúde. Op. cit. Acesso em: 31 mar. 2019.

APÊNDICE

LOCALIZAÇÃO DOS MUNICÍPIOS DE BOQUIRA, DOM MACEDO COSTA, LAJE, MUNIZ FERREIRA, MUTUÍPE E TAPEROÁ, NO ESTADO DA BAHIA

Fontes: IBGE, 2019 e QGIS 3.4.7

APÉNDICE

REFERÊNCIAS

FONTES BIBLIOGRÁFICAS

ABREU, Alzira Alves de et al. *Dicionário histórico-biográfico brasileiro pós-1930*. Rio de Janeiro: CPDOC/FGV, 2001.

ALBERTI, Verena. *Indivíduo e biografia na história oral*. Rio de Janeiro: CPDOC, 2000.

ALMEIDA, Cosma Ribeiro de. *O carisma no espetáculo da política: a contribuição de Max Weber* [s.l.]: [s.e.]. Disponível em: <http://www.fiponline.com.br/eventos/vinheta/textos/carisma_politica.pdf>. Acesso em: 17 jul. 2014.

ALMEIDA, Odete Valverde Oliveira. *A disputa de grupos familiares pelo poder local na cidade de Cataguases*. Dissertação (mestrado em História). Universidade Federal de Minas Gerais, Belo Horizonte, 2004, p. 80. Disponível em: <http://sv2.fabricadofuturo.org.br/memoriaepatrimonio/a_disputa_de_grupos_familiares_pelo_poder_local_na_cidade_de_cataguases.pdf>. Acesso em: 4 dez. 2018.

ALVES, Leonardo do Amaral. *"Pingafogo" nas ruas de Itupeva-BA*: história política local, 1950-1970. Trabalho de conclusão de curso (graduação). Universidade do Estado da Bahia, Teixeira de Freitas, 2011.

ANDRADE, Darlene Silva Vieira; SANTOS, Helena Miranda dos (Org.). *Gênero na psicologia:* articulações e discussões. Salvador: [s. e.], 2013. Disponível em: <http://newpsi.bvs-psi.org.br/ebooks2010/pt/Acervo_files/genero_na_psicologia.pdf>. Acesso em: 9 abr. 2016.

ANTONIO, Alice Barroso de. O nepotismo sob a ótica da Súmula Vinculante nº 13 do STF: críticas e proposições. *Revista de Administração Municipal - IBAM*, Rio de Janeiro, a. 57, n. 277, p.37-51, abr./set. 2009. Disponível em: <https://lam.ibam.org.br/predownload.asp?area=4&arq=nepotismo5.pdf>. Acesso em: 13 dez. 2014.

AZAMBUJA, Darcy. *Teoria geral do estado*. 24ª ed. Rio de Janeiro: Globo, 1985.

BARROS, José D'Assunção. *O campo da história*: especialidades e abordagens. Petrópolis: Vozes, 2004.

BATISTA, Marcos Souza. *Beija-flor e Jacu:* grupos políticos que dominaram o município de Santo Antônio de Jesus-Bahia entre 1962 e 1988. Trabalho de conclusão (graduação). Universidade do Estado da Bahia, Santo Antônio de Jesus, 2016.

BENEDINI, Giuseppe Federico. I Partiti Gassosi: aspetti storici, alleanze elettorali e dinamiche parlamentari dei partiti politici brasiliani (1985-2016). *Mondo Contemporaneo*. Roma, n. 1-2018, p. 139-169.

BOBBIO, Norberto; MATTEUCCI, Nicola; PASQUINO, Gianfranco. *Dicionário de política*. 2 v. Brasília: UnB; São Paulo: Imprensa Oficial do Estado de São Paulo, 2000.

BOBBIO, Norberto. *Direita e esquerda*: razões e significados de uma significação política. 3ª ed. São Paulo: Editora Unesp, 2011.

BULST, Neithard. Sobre o objeto e o método da prosopografia. *Revista Politéia*: História e Sociedade. Vitória da Conquista-BA, v. 5, n. 1, 2005, p. 47-67.
BURKE, Peter. *A escrita da história*: novas perspectivas. São Paulo: Editora da Unesp, 1992.
CARNOY, Martin. *Estado e teoria política*. 3. ed. Campinas: Papirus, 1990.
CARDOSO, Ciro Flamarion; VAINFAS, Ronaldo (Org.). *Domínios da história*: ensaios de teoria e metodologia. Rio de Janeiro: Campus, 1997.
CARDOSO, Ciro Flamarion Santana. História do poder, história política. *Estudos Ibero-Americanos*. Porto Alegre, v. 23, n. 1, p. 123-141, jun. 1997. Disponível em: <http://revistaseletronicas.pucrs.br/ojs/index.php/iberoamericana/article/view/28436/15926> Acesso em: 13 abr. 2019.
CARDOSO, Fernando Henrique; MARTINS, Carlos Estevam (Org.). *Política e sociedade*, v. I. 2. ed., São Paulo: Nacional, 1983.
CARNOY, Martin. *Estado e teoria política*. 3, ed., Campinas: Papirus, 1990.
CARREIRÃO, Yan de Souza; KINGO, Maria D'Alva G. Partidos Políticos, Preferência Partidária e Decisão Eleitoral no Brasil (1989/2002). *Revista de Ciências Sociais*. Rio de Janeiro, v. 47, n. 1, p. 131-168, 2004. Disponível em: <http://www.scielo.br/scielo.php?pid=S0011-52582004000100004&script=sci_abstract&tlng=pt>. Acesso em: 30 nov. 2018.
CARVALHO, José Murilo de. *Cidadania no Brasil*: o longo caminho. 15. ed. Rio de Janeiro: Civilização Brasileira, 2012.
CARVALHO, José Murilo de. Mandonismo, coronelismo, clientelismo: uma discussão conceitual. *Dados*, Rio de Janeiro, v. 40, n. 2, 1997. Disponível em: <http://www.scielo.br/scielo.php?script=sci_arttext&pid=S0011-52581997000200003>. Acesso em: 3 nov. 2018.
CARVALHO, José Murilo de. *Pontos e bordados:* escritos de história política. Belo Horizonte: Ed. UFMG, 1998.
CASTRO, Jorge Abrahão de; ARAÚJO, Herton Ellery (Org.). *Situação social brasileira*. Monitoramento das condições de vida. v. 2. Brasília: Instituto de Pesquisa Econômica Aplicada - IPEA, 2012. Disponível em: <http://repositorio.ipea.gov.br/bitstream/11058/3090/1/Livro_Monitoramento%20das%20 condi%C3%A7%C3%B5es%20de%20vida%202.pdf>. Acesso em: 12 abr. 2016.
CHARAUDEAU, Patrick. *Discurso político*. São Paulo: Contexto, 2006.
COELHO, Leila Machado; BAPTISTA, Marisa. A história da inserção política da mulher no Brasil: uma trajetória do espaço privado ao público. *Psicologia Política*. São Paulo, v. 9, n. 17, p. 85-99, jun. 2009. Disponível em: <http://pepsic.bvsalud.org/scielo.php?script=sci_arttext&pid=S1519-549X2009000100006>. Acesso em: 30 abr. 2016.
CORADINI, Odaci Luiz. *A extração social dos candidatos*: as eleições de 1990 e de 1994 no Rio Grande do Sul. Rio de Janeiro: NAU, 1999.
CORADINI, Odaci Luiz. *Em nome de quem?* Recursos sociais no recrutamento das elites políticas. Rio de Janeiro: Relume Dumará, 2001.
CORBELLINI, Juliano. *O poder como vocação:* o PFL na política brasileira (1984-2002). Tese (doutorado). Universidade Federal do Rio Grande do Sul, Porto Alegre, 2005. Disponível em: <http://www.lume.ufrgs.br/bitstream/handle/10183/15569/000685556.pdf?sequence=1>. Acesso em: 20 abr. 2013.
COSTA, Ana Alice Alcântara. *As donas do poder*. Mulheres e política na Bahia. Salvador: FFCH/UFBA, 1998.
COUTINHO, Carla de Morais. As apostas eleitorais das concessionárias de serviço público: captação ilícita de recursos como abuso de poder econômico em campanha eleitoral. *Estudos Jurídicos*. São Paulo, v. 8, n. 34, p. 204-217, jul./ag. 2010. Disponível em: <https://www.portaldeperiodicos.idp.edu.br/direitopublico/article/view/1820/1003>. Acesso em: 20/10/2013.
COUTINHO, Carlos. *Dualidade de poderes*. 2ª ed. São Paulo: Brasiliense, 1987.
DAHL, Robert. *Who Governs?* Democracy and Power in an American City. New Haven: Yale University Press, 2005.
DALLARI, Dalmo de Abreu. *O que é participação política*. São Paulo: Abril Cultural; Brasiliense, 1984.
DANTAS NETO, Paulo Fábio. *Tradição, autocracia e carisma:* a política de Antônio Carlos Magalhães na modernização da Bahia (1954-1974). Belo Horizonte: Editora UFMG; Rio de Janeiro: IUPERJ, 2006.
DE DECA, Edgar Salvadori. *1930, o silêncio dos vencidos*: memória, história e revolução. São Paulo: Brasiliense, 1994.
DELL'ERBA, Nunzio. *Gaetano Mosca*: socialismo e classe política. Franco Angeli, Milano, 1991.

REFERÊNCIAS

DIGIOVANNI, Alayde Maria Pinto; DE SOUZA, Marilene Proença Rebello. Políticas públicas de educação, psicologia e neoliberalismo no Brasil e no México na década de 1990. *Cadernos Prolam/USP*. São Paulo, v. 13 n. 24, p. 53-54, [2014]. Disponível em: <https://www.revistas.usp.br/prolam/article/view/88777/108581>. Acesso em: 15 mar. 2015.

DUVERGER, Maurice. *Os partidos políticos*. Rio de Janeiro: Zahar, 1970.

FAORO, Raimundo. *Os donos do poder*. Formação política do patronato político brasileiro. 7ª reimpr. [1ª ed.: 1957]. Rio de Janeiro: Globo, 2017.

FERRARI, Marcela. Prosopografia e história política: algunas aproximaciones. *Antíteses*. Londrina-PR, v. 3, n. 5, p. 529-550. jan./jun. de 2010. Disponível em: <http://www.uel.br/revistas/uel/index.php/antiteses/article/view/3469/4923>. Acesso em: 13 abr. 2019.

FERREIRA, Aurélio Buarque de Holanda. *Mini Aurélio século XXI*: o minidicionário da língua portuguesa. Rio de Janeiro: Nova Fronteira, 2001.

FERREIRA, Hamilton Almeida. *Dominação política*: liderança carismática e populismo. Um estudo sobre a dominação e a transição do poder político em Montes Claros na década de 80. Dissertação (mestrado). Universidade Federal de Santa Catarina, Florianópolis, 2001. Disponível em: <https://repositorio.ufsc.br/bitstream/handle/123456789/79403/182017.pdf?sequence=1> Acesso em: 10 dez. 2014.

FERREIRA, Jorge. *O populismo e sua história*: debate e crítica. Rio de Janeiro: Civilização Brasileira, 2001.

FERREIRA, Manoel Rodrigues. *A evolução do sistema eleitoral brasileiro*. 2. ed. rev. e alt. Brasília: TSE/SDI, 2005.

FERREIRA, Maria Helena Vitena. *A migração da população de Dom Macedo Costa-BA de 1980 a 2000*. Trabalho de conclusão de curso (graduação). Universidade do Estado da Bahia, Santo Antônio de Jesus, 2004.

FERREIRA, Marieta de Moraes; AMADO, Janaína (Org.). *Usos e abusos da história oral*. Rio de Janeiro: FGV, 1998.

FIUZA, Solange C. R.; COSTA, Lucia Cortes da. O direito à assistência social: o desafio de superar as práticas clientelistas. *Revista Serviço Social*. Londrina-PR, v. 17, n. 2, p. 64-90, jan./jun. 2015. Disponível em: <http://www.poteresocial.com.br/wp-content/uploads/2018/11/19220-107813-1-PB.pdf>. Acesso em: 5 dez. 2018.

FONSECA, João Jose Saraiva. *Metodologia da pesquisa científica*. Apostila. Fortaleza: UEC, 2002.

FREUND, Julien. *Sociologia de Max Weber*. Rio de Janeiro: Forense, 1987.

GASTALDI, Hélio Filho; ROSENDO, Rosi. Urna eletrônica: mudanças no processo eleitoral e no comportamento dos eleitores. *IV Congresso Latino-Americano de Opinião Pública da Wapor – World Association of Public Opinion Research*. Belo Horizonte, 2011, p. 7. Disponível em: <http://www.waporbh.ufmg.br/papers/Helio_Gastaldi.pdf>. Acesso em: 13 dez. 2014.

GINZBURG, Carlo. *O fio e os rastros*: verdadeiro, falso, fictício. São Paulo: Companhia das Letras, 2007.

GIRARDET, Raoul. *Mitos e mitologias políticas*. São Paulo: Companhia das Letras, 1987.

GOLDENBERG, Mirian. *A arte de pesquisar*: como fazer pesquisa qualitativa em ciências sociais. 10. ed. Rio de Janeiro: Record, 2007.

GOMES, Ângela de Castro (Org.). *Escrita de si, escrita da história*. Rio de Janeiro: FGV, 2004.

GOMES, Ângela de Castro; SCHMIDT, Benito Bisso (Org.). *Memórias e narrativas (auto) biográficas*. Rio de Janeiro: FGV, 2009.

GOUVÊA, Maria de Fátima Silva. A história política no campo da história cultural. *Revista de História Regional*. Ponta Grossa-PR, v. 3, n. 1, p. 25-36, 1998. Disponível em: <http://revistas2.uepg.br/index.php/rhr/article/view/2051/1533>. Acesso em: 13 abr. 2019.

GRAMSCI, Antonio. *Maquiavel, a política e o Estado moderno*. Rio de Janeiro: Civilização Brasileira, 1984.

GRUPPI, Luciano. *O Conceito de hegemonia em Gramsci*. Rio de Janeiro: Graal, 1978.

GRUPPI, Luciano. *Tudo começou com Maquiavel*: as concepções de Estado em Marx, Engels, Lênin e Gramsci. Porto Alegre: L&PM, 1980.

GRYNSZPAN, Mário. *Ciência, política e trajetórias sociais*: uma sociologia histórica da teoria das elites. Rio de Janeiro: Ed. Fundação Getúlio Vargas, 1999.

HEINZ, Flávio M. *Por outra história das elites*. Rio de Janeiro: FGV, 2006.

HEREDIA, Beatriz Maria Alásia de; TEIXEIRA, Carla Costa; BARREIRA Irlys Alencar Firmo (Org.). *Como se fazem as eleições no Brasil*. Rio de Janeiro: Relume Dumará, 2002.
HOBSBAWM, Eric J. *Era dos extremos*: o breve século XX (1914-1991). São Paulo: Companhia das Letras, 1995.
HOLLANDA, Cristina Buarque de. *Teoria das elites*. Rio de Janeiro: Jorge Zahar, 2011.
HOLLANDA, Sérgio Buarque de. *Raízes do Brasil*. [1a ed.: 1936]. São Paulo: Companhia das Letras, 2005.
HUNTER, Floyd. *Community Power*. A Study of Decision Makers. Chapel Hill-NC: The University of North Carolina Press, 1969.
KERBAUY, Maria Teresa Miceli. As câmaras municipais brasileiras: perfil de carreira e percepção sobre o processo decisório local. *Opinião Pública*. Campinas-SP, v. XI, n. 2, p. 337-365, out. 2005, p. 341. Disponível em: <http://www.scielo.br/pdf/op/v11n2/26418.pdf>. Acesso em: 15 mar. 2015.
LAMOUNIER, Bolívar. *Partidos e utopias*: o Brasil no limiar os nos 90. São Paulo: Edições Loyola, 1989.
LAPLANTINE, François; TRINDADE, Liana. *O que é imaginário*. São Paulo: Brasiliense, 2003.
LASSWELL, Harold. *Política*: quem ganha, o que, quando, como. Brasília: UnB, 1984.
LEAL, Paulo Roberto Figueira. *PT e o dilema da representação política*: os deputados federais são representantes de quem? Rio de Janeiro: FGV, 2005.
LEAL Victor Nunes. *Coronelismo, enxada e voto*: o município e o regime representativo no Brasil. [1ª ed.: 1949] São Paulo: Alfa-Ômega, 1975.
LE GOFF, Jacques. *A História nova*. São Paulo: Martins Fontes, 2001.
LE GOFF, Jacques. *História e memória*. Campinas: Ed. Unicamp, 2003.
LEVI, Giovanni. A História é uma busca da ciência infinita. *Revista de História*. Rio de Janeiro: Biblioteca Nacional, 13 fev. 2009. Disponível em: <https://pt.scribd.com/document/251551901/Giovanni-Levi-Revista-de-Historia>. Acesso em: 22 abr. 2013.
LEVI, Giovanni. *Le pouvoir au village:* Histoire d'un exorciste dans le Piémont du XVIIe siècle. Paris: Gallimard, 1989.
LINS, Marcelo da Silva. *Os vermelhos nas terras do cacau*: a presença comunista no Sul da Bahia. Dissertação (Mestrado em História). Faculdade de Filosofia e Ciências Humanas da Universidade Federal da Bahia, Salvador, 2007.
LIPSET, Seymour Martin. *O homem político*. Rio de Janeiro: Zahar, 1967.
LIPSET, Seymour M. *Política e ciências sociais*. Rio de Janeiro: Zahar, 1972.
MAINWARING, Scott; MENEGUELLO, Rachel; POWER, Timothy J. *Partidos conservadores no Brasil contemporâneo*: quais são, o que defendem, quais são suas bases. São Paulo: Paz e Terra, 2000.
MALFATTI, Selvino Antonio. A teoria das elites como uma ideologia para a perpetuação no governo. *Thaumazein*. Santa Maria-RS, v. 2, p. 1-12, 2008. Disponível em: <https://www.periodicos.unifra.br/index.php/thaumazein/article/view/185>. Acesso em: 9 dez. 2014.
MEIHY, José Carlos Sede Bom. *(Re)Introduzindo a história oral no Brasil*. São Paulo: Xamã, 1996.
MELO, Vilma de Lourdes Barbosa e. *História local*. Contribuições para pensar, fazer e ensinar. João Pessoa: UFPB, 2015.
MICHELS, Robert. *Sociologia dos partidos políticos*. Brasília: UnB, 1982.
MILL, John Stuart. *Considerações sobre o governo representativo*. Porto Alegre: L&PM Pocket, 2017.
MILLS, Charles Wright. *L'elite del potere*. Milano: Feltrinelli, 1973.
MORO, Renato. *La formazione dela classe dirigente cattolica*. Bologna: Il Mulino, 1979.
MOSCA, Gaetano. *Elementi di scienza politica*. Torino: UTET, 1982.
MOTTA, Rodrigo Patto Sá. *Culturas políticas na história*: novos estudos. Belo Horizonte: Argumentum, 2009.
MOTTA, Rodrigo Patto Sá. *Introdução à história dos partidos políticos no Brasil*. Belo Horizonte: UFMG, 1999.
NANJARÍ, Cecília Castillo. Gênero como categoria de análise para desvendar a violência contra as mulheres: um desafio para a educação teológica. *Caminhando*. São Paulo, v. 14, n. 2, p. 141-151, jul./dez. 2009.
NASCIMENTO, Stephanie Ferreira dos Santos. *Gênero e democracia:* a representação política feminina no Poder Legislativo de Salvador. Trabalho de conclusão de curso (graduação). Universidade Federal do Recôncavo da Bahia, Cachoeira, 2014.
NEGRO, Antonio Luigi. Paternalismo, populismo e história social. Salvador, *Cadernos AEL*, v. 11, n. 20/21, p. 13-38, 2004. Disponível em: <https://repositorio.ufba.br/ri/bitstream/ri/24672/1/2004%20negro%20CADs%20AEL.PDF>. Acesso em: 9 dez. 2014.

REFERÊNCIAS

NEVES, Erivaldo Fagundes. *História regional e local*: fragmentação e recomposição da história na crise da modernidade. Feira de Santana-BA: Universidade Estadual de Feira de Santana; Salvador: Arcádia, 2002.

NICOLAU, Jairo. *Representantes de quem?* Os (des)caminhos do seu voto da urna à Câmara dos Deputados. Rio de Janeiro: Zahar, 2017.

O'DONNELL, Guillermo. *Reflexões sobre os estados burocráticos autoritários*. São Paulo: Vértice; Editora Revista dos Tribunais, 1987.

OLIVEIRA, Kamila Pagel de. *A trajetória da mulher na política brasileira*: as conquistas e a persistência de barreiras. Texto para discussão. Belo Horizonte: Fundação João Pinheiro; FAPEMIG, 2013. Disponível em: <http://www.eg.fjp.mg.gov.br/index.php/docman/publicacoes-2013/6-a-trajetoria-da-mulher-na-politica-brasileiraas-conquistas-e-a-persistencia-de-barreiras/file>. Acesso em: 1 abr. 2016.

OLIVEIRA, Monica Ribeiro de; ALMEIDA, Carla Maria Carvalho de. *Exercícios de micropolítica*. Rio de Janeiro: FGV; 2009.

ORIÁ, Ricardo. Mulheres no parlamento brasileiro: Carlota Pereira de Queiroz. *Plenarium*. Brasília, v.1, n.1, p. 240-246, nov. 2004.

ORTEGA Y GASSET, José. *A rebelião das massas*. São Paulo: Martin Fontes, 2002.

OTTMAN, Goetz. Cidadania mediada. Processos de democratização da política municipal no Brasil. *Novos Estudos*, São Paulo, n. 74, p. 155-175, mar. 2006. Disponível em: <http://www.scielo.br/pdf/nec/n74/29645.pdf>. Acesso em: 22 abr. 2013.

PALMEIRA, Moacir G. S. (Coord.). *Do Local ao Internacional*: práticas políticas, relações pessoais, facções. Cadernos do Núcleo de Antropologia da Política, v. 4. Rio de Janeiro: NAU, 1999.

PARETO, Vilfredo. *Manual de economia política*. São Paulo: Nova Cultural, 1987.

PASQUARELLI, Bruno. Redemocratização e partidos políticos no Brasil e no Chile: incentivos institucionais, sistema partidário e processo decisório. *Teoria e Pesquisa*: Revista de Ciência Política. São Carlos-SP, v. 25, n. 3, p. 65-95, 2016. Disponível em: <http://doi.editoracubo.com.br/10.4322/tp.25306>. Acesso em: 2 dez. 2018.

PINSKY, Carla Bassanezi (Org.). *Fontes históricas*. São Paulo: Contexto, 2006.

REBOUÇAS, Helena Pires. *Prisioneiros e descendentes*. Mutuípe: [s.e.], 1992.

REIS, Antônio Carlos Palhares Moreira. *As duras eleições nordestinas*. Recife: Editora ASA, 1985.

RÉMOND, René. Por que a história política? *Estudos Históricos*. Rio de Janeiro, v. 7, n. 13, p. 7- 20, jan./jun. 1994. Disponível em: <http://bibliotecadigital.fgv.br/ojs/index.php/reh/article/view/1969/74384>. Acesso em: 13 abr. 2019.

RÉMOND, René (Org.). *Por uma história política*. Rio de Janeiro: UFRJ; FGV, 1996.

REVEL, Jacques (Org.). *Jogos de escala*: a experiência da microanálise. Rio de Janeiro: FGV, 1998.

RIBEIRO, Darcy. *O povo brasileiro*: formação e o sentido do Brasil. São Paulo: Companhia das Letras, 1995.

RICOEUR, Paul. *A memória, a história, o esquecimento*. Campinas: Ed. Unicamp, 2007.

RODRIGUES, Leôncio Martins. *Partidos, ideologia e composição social*: um estudo das bancadas partidárias na Câmara dos Deputados. São Paulo: Edusp, 2002.

ROSANVALLON, Pierre. *Por uma história do político*. São Paulo: Alameda Casa Editorial, 2010.

ROTHBARD, Murray N. O individualismo metodológico. *Instituto Ludwig von Mises Brasil*, 15 mar. 2012. Disponível em: <http://www.mises.org.br/Article.aspx?id=1253>. Acesso em:: 22 abr. 2013.

ROUSSEAU, Jean-Jacques. *O contrato social e outros escritos*. São Paulo: Cultrix, 1995.

SANTANA, Charles D'Almeida. *Fartura e ventura camponesas*: trabalho, cotidiano e migrações – Bahia, 1950-1980. São Paulo: Annablume; Feira de Santana: UEFS, 1998.

SANTOS, Aroldo Rodrigues dos. *Memórias de Macacos a Boquira*. Boquira: [s. e.], 2007.

SARTORI, Giovanni. *Partidos e sistemas partidários*. Rio de Janeiro: Zahar; Brasília: Editora Universidade de Brasília, 1982.

SCHÜTZ, Alfred. *The Phenomenology of the Social World*. Evanston-Il: Northwestern University Press, 1967.

SILVA, Antônio dos Santos; CARVALHO NETO, Antônio. Uma contribuição ao estudo da liderança sob a ótica weberiana de dominação carismática. *Revista Administração Mackenzie*, São Paulo, v. 13, n. 6, p. 20-47, nov./dez. 2012. Disponível em: <http://www.scielo.br/pdf/ram/v13n6/a03v13n6.pdf>. Acesso em: 10 dez. 2014.

SILVA, Paulo Santos (Org.). *Desarquivamento e narrativas*: história, literatura e memória. Salvador: Quarteto, 2010.

SOUZA, Edinelia Maria de Oliveira. *Memórias e tradições:* viveres de trabalhadores rurais no município de Dom Macedo Costa-Bahia, 1930-1960. Dissertação (mestrado em História Social). Pontifícia Universidade Católica, São Paulo, 1999.
STONE, Lawrence. Prosopografia. *Revista de Sociologia Política.* Curitiba, v. 19, n. 39, p. 115-137, junho 2011. Disponível em: <https://revistas.ufpr.br/rsp/article/view/31689/20209>. Acesso em: 22 abr. 2013.
TAVARES, Luís Henrique Dias. *História da Bahia.* São Paulo: Unesp, 2001.
TEIXEIRA, Pedro Marques. *Democracia representativa brasileira e sua efetividade no âmbito legislativo.* Trabalho de conclusão de curso (graduação). Universidade de Santa Maria, Santa Maria-RS, 2012, p. 10. Disponível em: <http://www.alcidessaldanha.adv.br/artigos/democracia_.pdf>. Acesso em: 15 mar. 2015.
TOLEDO, Caio Navarro de. *1964*: o golpe contra as reformas e a democracia. *Revista Brasileira de História.* São Paulo, v. 24, n. 47, p. 13-28, 2004.
TRIPODI, Tony. *Análise da pesquisa social.* 2ª ed. Rio de Janeiro: F. Alves, 1981.
VENTURA, Roberto. *Retrato interrompido da vida de Euclides da Cunha.* Org.: Mario Cesar Carvalho e José Carlos Barreto de Santana. São Paulo: Cia. das Letras, 2003.
VIANNA, Cláudia Pereira. O sexo e o gênero da docência. *Cadernos Pagu.* Campinas-SP, n. 17-18, p. 81-103, 2002. Disponível em: <http://www.scielo.br/scielo.php?pid=S0104-83332002000100003&script=sci_abstract&tlng=PT>. Acesso em: 9 abr. 2016.
WEBER, Max. *Ciência e política*: duas vocações. 2ª ed. São Paulo: Cultrix, 1999.
WEBER, Max. *Economia e sociedade*: fundamentos da sociologia compreensiva. Brasília: Editora Universidade de São Paulo, 1999.
WEBER, Max. *Ensaios de sociologia.* Rio de Janeiro: Guanabara, 1982.
WEBER, Max. *Três tipos puros de poder legítimo.* [s.l.]: [s.e.], p. 4. Disponível em: <http://www.lusosofia.net/textos/weber_3_tipos_poder_morao.pdf>. Acesso em: 13 dez. 2014.
WEFFORT, Francisco Correia. *O populismo na política brasileira.* Rio de Janeiro: Guerra e Paz, 1980.

FONTES DOCUMENTAIS

BLOG DO VALENTE, 10/3/2017. Disponível em: <http://blogdovalente.com.br/destaque/2017/03/morre-aos-99-anos-o-ex-prefeito-de-dom-macedo-costa-edvaldo-oliveira-souza/>. Acesso em: 19 mar. 2018.
BRASIL. Constituição (1988). Art. 203. Disponível em: <http://www2.camara.leg.br/legin/fed/consti/1988/constituicao-1988-5-outubro-1988-322142-publicacaooriginal-1-PL.html>. Acesso em: 28 nov. 2018.
BRASIL. Instituto Brasileiro de Geografia e Estatística (IBGE). *O Brasil em síntese.* Conheça cidades e estados do Brasil. Disponível em: <https://cidades.ibge.gov.br>. Acesso em: 13 abr. 2019.
BRASIL. Instituto Brasileiro de Geografia e Estatística (IBGE). *Censo 2000.* Tabela - População residente, por sexo e situação de domicílio. Disponível em: <http://www.ibge.gov.br/home/estatistica/populacao/censo2000/universo.php?tipo=31o/tabela13_1.shtm&paginaatual=1&uf=29&letra=M>. Acesso em: 24 maio 2015.
BRASIL. Instituto Brasileiro de Geografia e Estatística (IBGE). *Censo 2010.* Tabela - Total População Bahia. Disponível em: <http://www.ibge.gov.br/home/estatistica/populacao/censo2010/tabelas_pdf/total_populacao_bahia.pdf>. Acesso em: 24 maio 2015.
BRASIL. Instituto Brasileiro de Geografia e Estatística (IBGE). *Sinopse do Censo Demográfico 2010. Bahia.* Disponível em: <https://censo2010.ibge.gov.br/sinopse/index.php?dados=21&uf=29>. Acesso em: 13 dez. 2014.
BRASIL. Instituto Brasileiro de Geografia e Estatística (IBGE). *Síntese de Indicadores Sociais.* Uma análise das condições de vida da população brasileira, 2009. Rio de Janeiro: IBGE, 2009.
BRASIL. Ministério Público. Procuradoria da República na Bahia. *Ex-prefeito de Muniz Ferreira é condenado por improbidade administrativa.* Disponível em: <http://www.mpf.mp.br/ba/sala-de-imprensa/noticias-BA/migracao/patrimonio-publico-e-social/201207171556100200-ex-prefeito-de-muniz-ferreira-BA-e-condenado-por>. Acesso em: 10 dez. 2014.

REFERÊNCIAS

BRASIL. Ministério da Saúde. *Portal da Saúde* (DATASUS). Disponível em: <http://tabnet.datasus.gov.br/cgi/deftohtm.exe?ibge/censo/cnv/alfbr.def>. Acesso em: 31 mar. 2019.

BRASIL. Presidência da República. Casa Civil. Subchefia para Assuntos Jurídicos. Lei no 11.340, de 7 de agosto de 2006. Disponível em: http://www.planalto.gov.br/ccivil_03/_ato2004-2006/2006/lei/l11340.htm. Acesso em: 12 abr. 2016.

BRASIL. Presidência da República; Secretaria Nacional de Enfrentamento à Violência contra as Mulheres; Secretaria de Políticas para as Mulheres. *Rede de Enfrentamento à Violência contra as Mulheres.* Brasília: Coleção Enfrentamento à Violência contra as Mulheres, 2011. Disponível em: <https://www12.senado.leg.br/institucional/omv/entenda-a-violencia/pdfs/politica-nacional-de-enfrentamento-a-violencia-contra-as-mulheres>. Acesso em: 9 abr. 2016.

BRASIL. Presidência da República; Secretaria Nacional de Enfrentamento à Violência contra as Mulheres; Secretaria de Políticas do Trabalho e Autonomia Econômica das Mulheres; Secretaria de Articulação Institucional e Ações Temáticas; Secretaria de Políticas para as Mulheres. *Relatório Anual Socioeconômico da Mulher* (RASEAM). Brasília, mar. 2015, p. 20. Disponível em: <http://www.biblioteca.presidencia.gov.br/publicacoes-oficiais/catalogo/dilma/spm_livro-relatorio-anual-socioeconomico-da-mulher_2015.pdf/view>. Acesso em: 2 jun. 2016.

BRASIL. Tribunal Superior Eleitoral (TSE). *Eleições anteriores*. Disponível em: <http://www.tse.jus.br/eleitor-e-eleicoes/eleicoes/eleicoes-anteriores>. Acesso em: 13 abr. 2019.

ELEIÇÕES E POLÍTICA. Eleições 2004. Candidatos a vereador em Boquira. Disponível em: <https://www.eleicoesepolitica.net/candidatos-a-vereador-2004/boquira-BA>. Acesso em: 9 fev. 2015.

ELEIÇÕES E POLÍTICA. Número total de Eleitores. Bahia. Taperoá. Disponível em: <https://www.eleicoesepolitica.net/numero-total-de-eleitores/taperoa-ba/>. Acesso em: 23 jun. 2018.

A GAZETA DO POVO, [s.d.], Curitiba. Eleições 2016. Guia dos candidatos. Disponível em: http://www.gazetadopovo.com.br/vida-publica/eleicoes/2016/guia-candidatos/bahia/. Acesso em: 30 dez. 2017.

ORGANIZAÇÃO DAS NAÇÕES UNIDAS. Programa das Nações Unidas para o Desenvolvimento (PNUD). *Ranking IDH Municípios 2010*. Disponível em: <http://www.br.undp.org/content/brazil/PT/home/idh0/rankings/idhm-municipios-2010.html>. Acesso em: 31 mar. 2019.

PREFEITURA MUNICIPAL DE DOM MACEDO COSTA. Câmara Municipal. *Livro de Ata n. 08*. Dom Macedo Costa, 22 mar. 1996.

PREFEITURA MUNICIPAL DE DOM MACEDO COSTA. *Portal da Prefeitura de Dom Macedo Costa*. História. Aspectos Históricos. Disponível em: <http://www.dommacedocosta.BA.io.org.br/historia>. Acesso em: 18 nov. 2018.

PREFEITURA MUNICIPAL DE MUNIZ FERREIRA. Câmara Municipal. *Atas de Posse*, jan. 2001.

PREFEITURA MUNICIPAL DE MUNIZ FERREIRA. Departamento de Recursos Humanos. *Folhas de pagamento e processos de pagamento* (2000-2008).

PREFEITURA MUNICIPAL DE TAPEROÁ. Lei n. 344, de 16 de junho de 2015. Disponível em: <http://taperoa.BA.gov.br/contasPublicas/download/783145/771/2015/6/publicacoes/1F754F0D-F815-C009-5615A6E5C8C24CA2.pdf>. Acesso em: 23 jun. 2018.

SENADO NOTÍCIAS, 03/10/2018. Eleição não terá voto impresso, mas autoridades garantem segurança na urna. Disponível em: https://www12.senado.leg.br/noticias/materias/2018/10/03/eleicao-nao-tera-voto-impresso-mas-autoridades-garantem-seguranca-da-urna. Acesso em: 20 out. 2018.

A TARDE, Salvador, 11 out. 2009. Bahia produz especiarias e abastece mercados asiáticos. Disponível em: <http://atarde.uol.com.br/economia/noticias/1306425-bahia-produz-especiarias-e-abastece-mercados-asiaticos>. Acesso em: 6 out. 2018.

UOL. Eleições 2008. Candidatos. Disponível em: <https://eleicoes.uol.com.br/2008/candidatos/>. Acesso em: 12 dez. 2013.

UOL. Eleições 2012. Candidatos. Disponível em: <https://eleicoes.uol.com.br/2012/candidatos/>. Acesso em: 12 dez. 2013.

VALE MAIS NOTÍCIAS. Mutuípe Completa 91 anos de emancipação política. Confira os 7 fatos curiosos da história da cidade. Disponível em: <http://valemaisnoticias.com.br/mutuipe-completa-91-anos-de-emancipacao-politica-confira-os-7-fatos-curiosos-da-historia-da-cidade>. Acesso em: 5 jun. 2016.

FONTES ORAIS

ALBUQUERQUE, Pedro. *Pedro Albuquerque*, 21 anos, estudante: depoimento [nov. 2014]. Entrevistadora: J. Borges Santos. Entrevista concedida ao Programa de Iniciação Científica da Universidade do Estado da Bahia.

ALMEIDA SOBRINHO, José Rosa de. *José Rosa de Almeida Sobrinho*, eleitor do Município de Laje: depoimento [set. 2014]. Entrevistadora: R. Alves dos Santos. Entrevista concedida ao Programa de Iniciação Científica da Universidade do Estado da Bahia.

ANDRADE, Antônio Gerson Quadros de. *Antônio Gerson Quadros de Andrade*, 52 anos, ex-prefeito de Muniz Ferreira: depoimento [set. 2014]. Entrevistadora: T. dos Reis Souza. Entrevista concedida ao Programa de Iniciação Científica da Universidade do Estado da Bahia.

A.S.M., moradora de Muniz Ferreira: depoimento [out. 2014]. Entrevistadora: T. dos Reis Souza. Entrevista concedida ao Programa de Iniciação Científica da Universidade do Estado da Bahia.

BARBOSA, Maria das Graças Santos. *Maria das Graças Santos Barbosa*, funcionária aposentada do Correios, nascida em Dom Macedo-BA em 25 de agosto de 1948: depoimento [nov. 2015]. Entrevistador: J. Alves Moreira. Entrevista concedida ao Programa de Iniciação Científica da Universidade do Estado da Bahia.

BARRETO, Ilma Maria. *Ilma Maria Barreto*, ex-prefeita do Município de Laje: depoimento [dez. 2014]. Entrevistadora: R. Alves dos Santos. Entrevista concedida ao Programa de Iniciação Científica da Universidade do Estado da Bahia.

BISPO, Carlos. *Carlos Bispo*, 56 anos, comerciário: depoimento [jan. 2015]. Entrevistadora: J. Borges Santos. Entrevista concedida ao Programa de Iniciação Científica da Universidade do Estado da Bahia.

BORGES, Lúcia. *Lúcia Borges*, 24 anos, estudante: depoimento [jul. 2015]. Entrevistadora: J. Borges Santos. Entrevista concedida ao Programa de Iniciação Científica da Universidade do Estado da Bahia.

CARDOSO, Maria Josefina Alves de Menezes. *Maria Josefina Alves de Menezes Cardoso*: depoimento [set. 2015]. Entrevistadora: L. Silva Sousa. Entrevista concedida ao Programa de Iniciação Científica da Universidade do Estado da Bahia.

CONCEIÇÃO, Bartolomeu da. *Bartolomeu da Conceição*, 71 anos, aposentado: depoimento [set. 2014]. Entrevistadora: J. Borges Santos. Entrevista concedida ao Programa de Iniciação Científica da Universidade do Estado da Bahia.

CONCEIÇÃO, Manoel Firmino da. *Manoel Firmino da Conceição*, 68 anos, agricultor: depoimento [jan. 2015]. Entrevistadora: J. Borges Santos. Entrevista concedida ao Programa de Iniciação Científica da Universidade do Estado da Bahia.

CONCEIÇÃO, Rosa Maria da. *Maria Rosa da Conceição*: depoimento [set. 2015]. Entrevistadora: L. Silva Sousa. Entrevista concedida ao Programa de Iniciação Científica da Universidade do Estado da Bahia.

FERREIRA, Lucas N. *Lucas N. Ferreira*, 28 anos, estudante: depoimento [jan. 2015]. Entrevistadora: J. Borges Santos. Entrevista concedida ao Programa de Iniciação Científica da Universidade do Estado da Bahia.

GLÓRIA, Expedito Mário da. *Expedito Mário da Glória*, ex-vereador do Município de Taperoá: depoimento [fev. 2014]. Entrevistadora: M. de Jesus Santos. Entrevista concedida ao Programa de Iniciação Científica da Universidade do Estado da Bahia.

GUIMARÃES, Ana Maria das Graças Ferreira. *Ana Maria das Graças Ferreira Guimarães*, vereadora do Município de Taperoá: depoimento [jan. 2014]. Entrevistadora: M. de Jesus Santos. Entrevista concedida ao Programa de Iniciação Científica da Universidade do Estado da Bahia.

JESUS, José Carlos de. *José Carlos de Jesus*, 85 anos, aposentado: depoimento [set. 2014]. Entrevistadora: J. Borges Santos. Entrevista concedida ao Programa de Iniciação Científica da Universidade do Estado da Bahia.

JESUS, Lourenço Pimentel de. *Lourenço Pimentel de Jesus*, 56 anos, agricultor: depoimento [jan. 2015]. Entrevistadora: J. Borges Santos. Entrevista concedida ao Programa de Iniciação Científica da Universidade do Estado da Bahia.

JESUS, Maria Cosmerina Santana de. *Maria Cosmerina Santana de Jesus*, 72 anos, aposentada: depoimento [set. 2014]. Entrevistadora: J. Borges Santos. Entrevista concedida ao Programa de Iniciação Científica da Universidade do Estado da Bahia.

REFERÊNCIAS

JUSTINO, Manoel. *Manoel Justino*, 60 anos, agricultor: depoimento [mar. 2015]. Entrevistadora: J. Borges Santos. Entrevista concedida ao Programa de Iniciação Científica da Universidade do Estado da Bahia.

LEMOS, José Arnaldo de Souza. *José Arnaldo de Souza Lemos*, comerciante, nascido em Dom Macedo Costa-BA em 30 de maio de 1947: depoimento [nov. 2015]. Entrevistador: J. Alves Moreira. Entrevista concedida ao Programa de Iniciação Científica da Universidade do Estado da Bahia.

LISBOA, André dos Santos. *André dos Santos Lisboa*, ex-vereador do Município de Taperoá: depoimento [fev. 2014]. Entrevistadora: M. de Jesus Santos. Entrevista concedida ao Programa de Iniciação Científica da Universidade do Estado da Bahia.

MACEDO, Terezinha Xavier de. *Terezinha Xavier de Macedo*: depoimento [set. 2015]. Entrevistadora: L. Silva Sousa. Entrevista concedida ao Programa de Iniciação Científica da Universidade do Estado da Bahia.

MEIRELES NETO, Victor. *Victor Meireles Neto*, morador do Município de Taperoá, parente do ex-prefeito Ito Meireles: depoimento [fev. 2014]. Entrevistadora: M. de Jesus Santos. Entrevista concedida ao Programa de Iniciação Científica da Universidade do Estado da Bahia.

MOREIRA, Joel Barreto. *Joel Barreto Moreira*, vereador aposentado, nascido em Dom Macedo Costa-BA em 2 de março de 1951: depoimento [nov. 2015]. Entrevistador: J. Alves Moreira. Entrevista concedida ao Programa de Iniciação Científica da Universidade do Estado da Bahia.

OLIVEIRA, Nailde de Souza Rego. *Nailde de Souza Rego Oliveira*: depoimento [set. 2015]. Entrevistadora: L. Silva Sousa. Entrevista concedida ao Programa de Iniciação Científica da Universidade do Estado da Bahia.

PEREIRA, Acácio Andrade. *Acácio Andrade Pereira*, eleitor do Município de Laje: depoimento [set. 2014]. Entrevistadora: R. Alves dos Santos. Entrevista concedida ao Programa de Iniciação Científica da Universidade do Estado da Bahia.

PEREIRA, Gildo. *Gildo Pereira*, eleitor do Município de Laje: depoimento [out. 2014]. Entrevistadora: R. Alves dos Santos. Entrevista concedida ao Programa de Iniciação Científica da Universidade do Estado da Bahia.

SANTOS, Agenor dos. *Agenor dos Santos*, 42 anos, agricultor: depoimento [nov. 2014]. Entrevistadora: J. Borges Santos. Entrevista concedida ao Programa de Iniciação Científica da Universidade do Estado da Bahia.

SANTOS, Antônio de Jesus. *Antônio de Jesus Santos*, 59 anos, agricultor: depoimento [set. 2014]. Entrevistadora: J. Borges Santos. Entrevista concedida ao Programa de Iniciação Científica da Universidade do Estado da Bahia.

SANTOS, Carmélia Maria dos. *Carmélia Maria dos Santos*, eleitora do Município de Laje: depoimento [jun. 2014]. Entrevistadora: R. Alves dos Santos. Entrevista concedida ao Programa de Iniciação Científica da Universidade do Estado da Bahia.

SANTOS, Cosme dos. *Cosme dos Santos*, 78 anos, aposentado: depoimento [set. 2014]. Entrevistadora: J. Borges Santos. Entrevista concedida ao Programa de Iniciação Científica da Universidade do Estado da Bahia.

SANTOS, Cosme dos. *Cosme dos Santos*, vereador do Município de Taperoá: depoimento [jan. 2014]. Entrevistadora: M. de Jesus Santos. Entrevista concedida ao Programa de Iniciação Científica da Universidade do Estado da Bahia.

SANTOS, Francisco. *Francisco Santos*, 74 anos, aposentado: depoimento [jul. 2015]. Entrevistadora: J. Borges Santos. Entrevista concedida ao Programa de Iniciação Científica da Universidade do Estado da Bahia.

SANTOS, Joaquim da Silva. *Joaquim da Silva Santos*, 44 anos, comerciante: depoimento [nov. 2014]. Entrevistadora: J. Borges Santos. Entrevista concedida ao Programa de Iniciação Científica da Universidade do Estado da Bahia.

SANTOS, Lourival. *Lourival Santos*, ex-vereador do Município de Taperoá: depoimento [fev. 2014]. Entrevistadora: M. de Jesus Santos. Entrevista concedida ao Programa de Iniciação Científica da Universidade do Estado da Bahia.

SANTOS, Marco Henrique dos. *Marco Henrique dos Santos*, eleitor do Município de Laje: depoimento [set. 2014]. Entrevistadora: R. Alves dos Santos. Entrevista concedida ao Programa de Iniciação Científica da Universidade do Estado da Bahia.

Santos, Pedro de Jesus. *Pedro de Jesus Santos*, 69 anos: depoimento [mar. 2015]. Entrevistadora: J. Borges Santos. Entrevista concedida ao Programa de Iniciação Científica da Universidade do Estado da Bahia.

Santos, Rosival Lopes dos. *Rosival Lopes dos Santos*, vereador do Município de Taperoá: depoimento [jan. 2014]. Entrevistadora: M. de Jesus Santos. Entrevista concedida ao Programa de Iniciação Científica da Universidade do Estado da Bahia.

Santos Júnior, Bartolomeu Alves dos. *Bartolomeu Alves dos Santos Júnior*, 44 anos, vereador de Muniz Ferreira: depoimento [nov. 2014]. Entrevistadora: T. dos Reis Souza. Entrevista concedida ao Programa de Iniciação Científica da Universidade do Estado da Bahia.

Silva, Abelardo Alves da. *Abelardo Alves da Silva*, eleitor do Município de Laje: depoimento [set. 2014]. Entrevistadora: R. Alves dos Santos. Entrevista concedida ao Programa de Iniciação Científica da Universidade do Estado da Bahia.

Silva, Norival Vieira da. *Norival Vieira da Silva*, ex-vice-prefeito do Município de Taperoá: depoimento [fev. 2014]. Entrevistadora: M. de Jesus Santos. Entrevista concedida ao Programa de Iniciação Científica da Universidade do Estado da Bahia.

Sousa, Jucinalva Viana de. *Jucinalva Viana de Sousa*: depoimento [set. 2015]. Entrevistadora: L. Silva Sousa. Entrevista concedida ao Programa de Iniciação Científica da Universidade do Estado da Bahia.

Souza, Daniel. *Daniel Souza*, 55 anos, pedreiro: depoimento [jan. 2015]. Entrevistadora: J. Borges Santos. Entrevista concedida ao Programa de Iniciação Científica da Universidade do Estado da Bahia.

Souza, João Ramalho Borges de. *João Ramalho Borges de Souza*, agricultor e repentista, nascido em Dom Macedo Costa em 18 de novembro de 1958: depoimento [jun. 2016]. Entrevistador: J. Alves Moreira. Entrevista concedida ao Programa de Iniciação Científica da Universidade do Estado da Bahia.

Souza, Maria Lúcia de. *Maria Lúcia de Souza*, 72 anos, aposentada: depoimento [jan. 2015]. Entrevistadora: J. Borges Santos. Entrevista concedida ao Programa de Iniciação Científica da Universidade do Estado da Bahia.

xx, ex-vereadora de Muniz Ferreira: depoimento [set. 2014]. Entrevistadora: T. dos Reis Souza. Entrevista concedida ao Programa de Iniciação Científica da Universidade do Estado da Bahia.

OS AUTORES

Giuseppe Federico Benedini é professor titular da Universidade do Estado da Bahia (UNEB). Mestre em história pela Universidade de Turim, é doutor com pós-doutorado em Ciência Política pela Universidade de Roma 3. Escreveu livros e artigos científicos sobre a história da Argentina e a imigração italiana na América Latina. Desde 2014 lidera o grupo de pesquisa da UNEB "Elites, Democracia e Política Local", que aplica o método quantitativo ao estudo das classes políticas municipais no estado da Bahia.

Jamire Borges Santos, graduada em História pela Universidade do Estado da Bahia. Faz especialização em Educação em direitos humanos, diversidade e questões étnico-sociais ou raciais pela Faculdade Dom Alberto. Atualmente, leciona em uma escola pública, com turmas do ensino fundamental II na cidade onde reside.

Jeovanio Alves Moreira é graduado em licenciatura em História, pela Universidade do Estado da Bahia (Campus-V). Possui pós-graduações em História, Cultura e Literatura Afro-Brasileira e Indígena e Ensino de História e Geografia e suas Linguagens pelo Centro Universitário de Maringá (Unicesumar).

Luciana Sousa é graduanda em Pedagogia pela Faculdade Norte do Paraná, licenciada em História pela Universidade do Estado da Bahia e especialista em História e Cultura Afro-Brasileira pela Faculdade de Educação São Luís. Tem experiência na área de História no ensino fundamental II e ensino médio.

Milane Santos Rocha é licenciada em História pela Universidade do Estado da Bahia, pós-graduada em Educação, Política e Sociedade pela Faculdade de Educação São Luís. Foi coordenadora pedagógica e professora da Escola Manoel Pereira dos Santos em Taperoá-Bahia, além de atuar como professora em outras instituições de ensino na cidade de Santo Antônio de Jesus (BA).

Roseane Alves dos Santos é graduada em História pela Universidade do Estado da Bahia, com especialização em História do Brasil pela Universidade Cândido Mendes, e em Políticas Públicas pela Faculdade Einstein. Atualmente leciona em duas escolas no município.

Taize Souza é graduada em licenciatura em História, pela Universidade do Estado da Bahia, com pós-graduação em Relações Étnico-raciais. Atualmente é mediadora judicial pela Universidade Corporativa do Tribunal de Justiça da Bahia (Unicorp), atuando no Centro Judiciário de Solução Consensual de Conflitos (Cejusc) – Comarca de Nazaré-Bahia.

GRÁFICA PAYM
Tel. [11] 4392-3344
paym@graficapaym.com.br